비유와 상징으로 풀어 보는
철학 이야기

비유와 상징으로 풀어 보는
철학이야기

편저자	윤은숙
발행인	신재석
발행일	1판 1쇄 발행 2007년 10월 31일
	1판 2쇄 발행 2007년 11월 30일
마케팅 영업	이금윤 · 이영찬 · 유재혁 · 박찬희
제작	박철형
북디자인	Ciel

펴낸곳	삼양미디어
등록번호	제 10-2285호
주소	서울시 마포구 서교동 394-67
전화	02 335 3030
팩스	02 335 2070
홈페이지	www.samyangm.com

ISBN | 978-89-5897-095-8 (03100)

잘못 만들어진 책은 구입하신 서점에서 바꾸어 드립니다.

비유와 상징으로 풀어 보는 철학 이야기

윤은숙 편저

삼양미디어

한눈에 파악되는 철학의 흐름

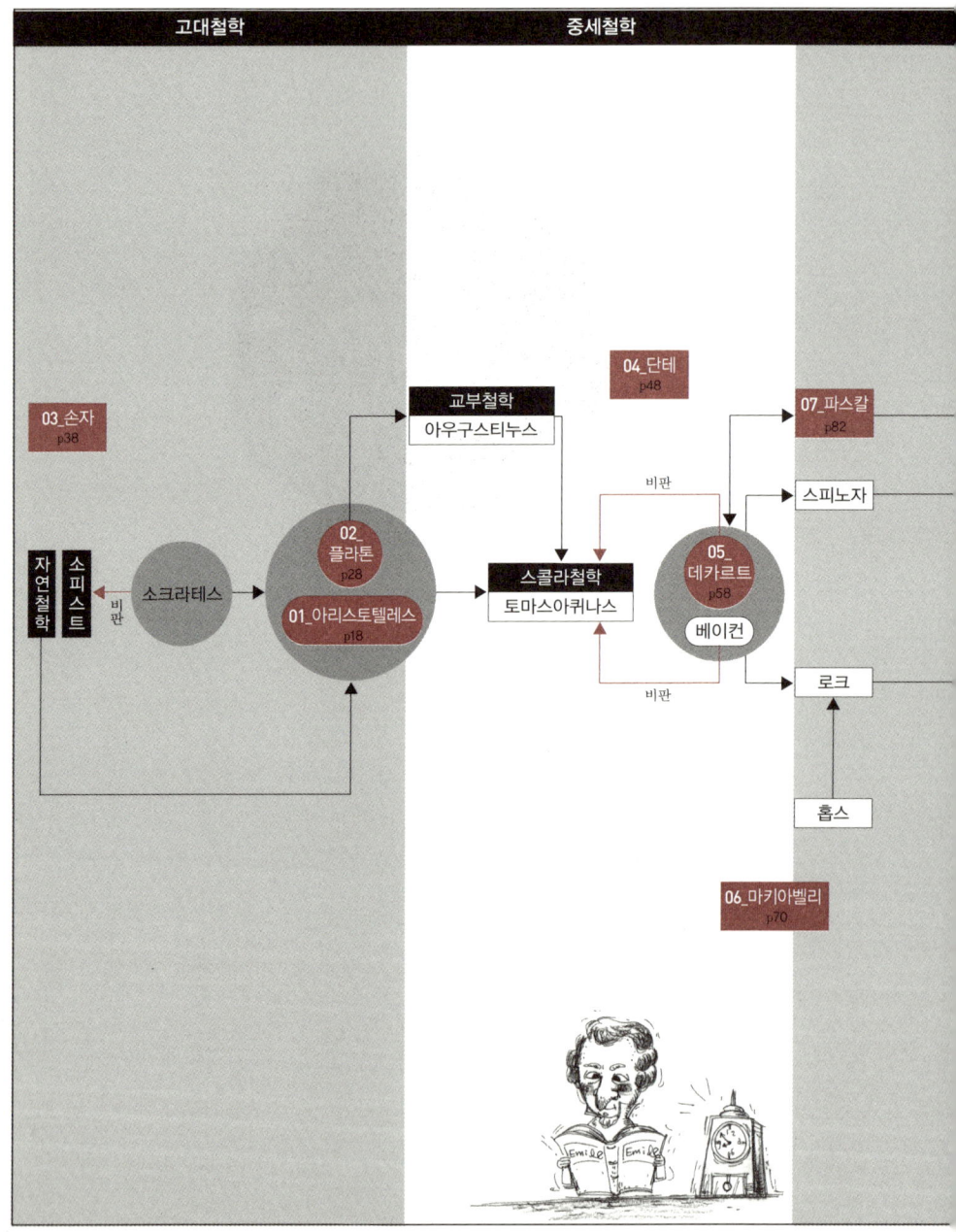

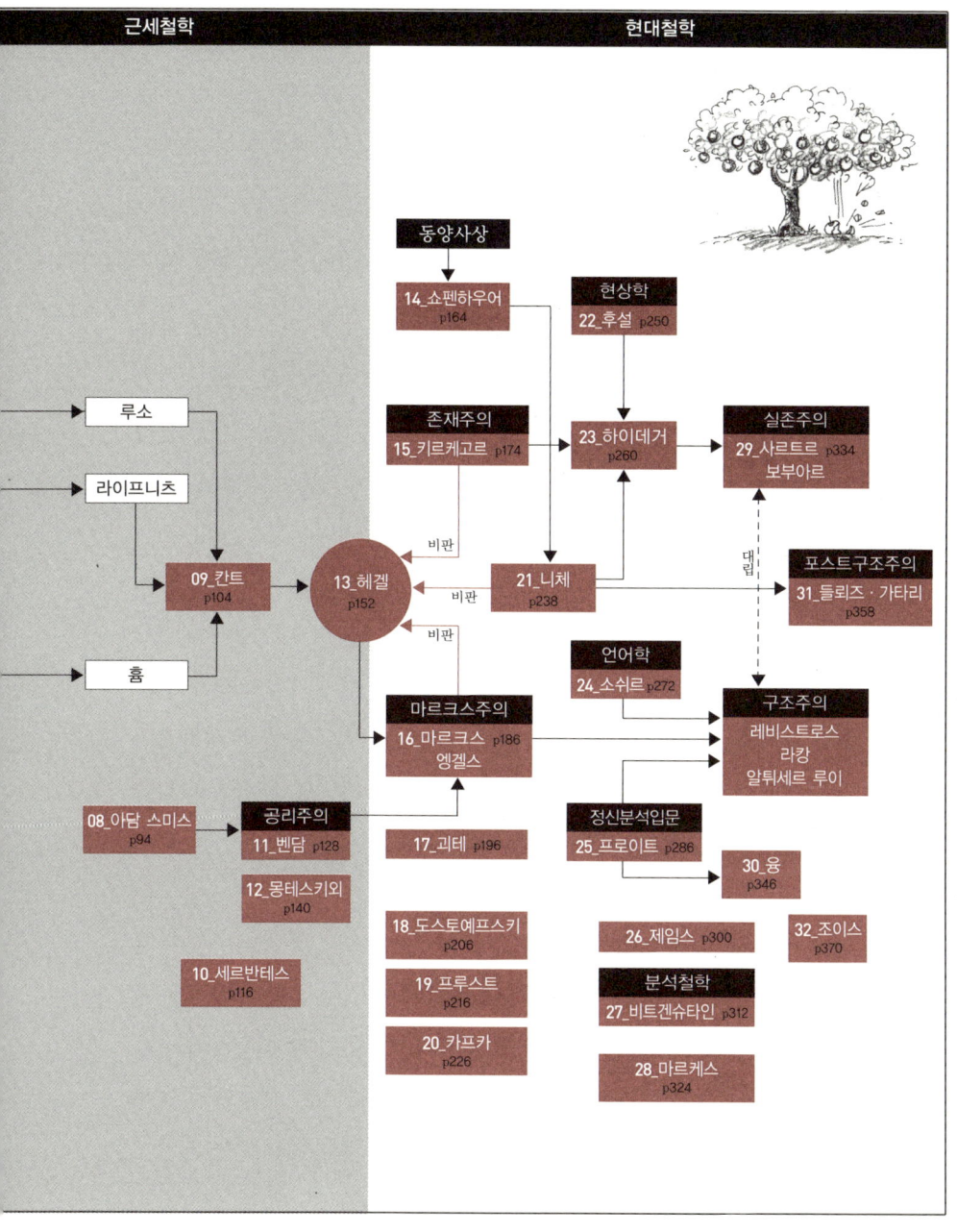

 머 리 말

 축축하고 습했던 긴 장마가 지나가고 잠시 동안의 뜨겁던 폭염도 보내고 서늘한 가을이 시나브로 우리 곁으로 다가왔다. 세상이 복잡하고 시끄럽게 마구마구 돌아가도 자연은 제 위치에서 역할을 해내며 섭리대로 돌아가고 있는 것 같다. 벌써부터 바람이 서늘한 게 이제 가을이 정말 온 거구나, 하는 생각이 드니 말이다.

 서초동 시민의 숲을 빠져 나와 양재천을 따라 과천 쪽으로 걸어 내려가다 보면 하늘거리는 코스모스가 눈에 가득 번지는 것이 가을의 냄새가 온몸으로 느껴지곤 한다. 그러면 문득, 어린 조카들이 뛰어 놀던 게 떠오르며 이제는 어엿하게 성인으로 성장해 가는 것이 새삼스레 가슴을 뭉클하게 하곤 한다.

 어느 날 까만 뿔테 안경을 쓴 조카 녀석이 내 쪽으로 얼굴을 바짝 디밀며 두껍디 두꺼운 책을 한 권 내밀었다. 이름조차 길어서 한참을 읽어 내야 하는 『짜라투스트라는 이렇게 말했다』였다. "도무지 아무리 읽어도 무슨 말인지 모르겠어요." 콧등으로 내려오는 안경을 치켜 세우며 골똘해 있는 모습이 귀여울 정도였다. "신은 죽었다"는 얘기를 하고 있는 거라는

데 그래서 어쨌다는 거예요?

조카에게 긴 시간을 들여 설명해 주었지만 도시 모르겠다는 표정은 여전했다. 그러면서 든 생각이 이 아이뿐만 아니라 대부분의 사람들이 이러한 책을 읽고 싶어 하는데 선뜻 엄두를 내지 못하겠구나, 하는 생각이 들었다. 그나마 글이라는 걸 써서 먹고 사는 내 머릿속에서 한 가지 영감이 번뜩 지나갔다. 어려운 책들을 쉽게 풀어봤으면 좋겠다, 일상에서 흔히 접할 수 있는 것을 통해 설명할 수는 없을까? 장난처럼 든 생각이 계기가 되어 이렇게 책을 내게 됐는데 무엇보다 바라는 것은 누구에게나 쉽게 다가갈 수 있었으면 하는 것이다.

앞서 말한 니체의 『짜라투스트라는 이렇게 말했다』나 칸트의 『순수이성비판』, 단테의 『신곡』, 가르시아 마르케스의 『백년 동안의 고독』 등은 누구나 한 번쯤 들어 봤고 꼭 읽어 보겠다고 생각했던 책들이었을 것이다. 우선 이러한 대표적인 책 32권을 묶어서 그것에 맞는 우리 문화 콘텐츠를 찾아 엮어 봤다. 너무나 놀랍게도 자연스럽고 쉽게 설명하는 것이 가능했다.

하나의 끼니거리로 자리 잡은 라면을 통해 마키아벨리의 『군주론』을 설

명할 수 있었으며 제목조차 무겁게 다가오는 몽테스키외의 『법의 정신』을 동대문의 패션 산업으로 알기 쉽게 조명해 낼 수 있었다. 뿐만 아니라 세기의 장편소설 도스토예프스키의 『죄와 벌』을 개그맨을 통해 해석할 수 있었다.

뿐만이 아니다. 서민들의 생활의 활력소가 되어 주는 꿈이 되어 주는 로또를 통해 비트겐슈타인의 『논리철학논고』를 통쾌하게 해석하는 것이 가능했는데 우리가 그동안 편견과 선입견에 묶여 감히 도전해보지 못한 훌륭한 사상서들이 우리나라의 문화 콘텐츠에 어우러져 독자들이 정말 단 몇 줄의 문장으로도 책의 내용 전체를 파악할 수 있게끔 일목요연하게 설명이 가능했다.

플라톤의 수제자 아리스토텔레스의 『형이상학』을 비가 주룩주룩 내리는 날 즐겨 찾는 막걸리를 통해 풀었는데, 한 알의 볍씨가 막걸리가 되어 가는 과정으로 그의 존재론을 시원하게 해석할 수 있었다.

"신은 죽었다"를 거론하면 떠오르는 인물, 니체의 『짜라투스트라는 이렇게 말했다』의 내용도 한 여자의 다이어트 과정을 통해서 그의 대표적인 도덕과 초인超人 사상을 풀었다.

  또한 뜨거운 육수를 부어 맛있게 끓여 먹는 전골요리를 통해 제임스 조이스의 『율리시스』를 분석해 낼 수 있었는데, 30종류 이상의 참신한 소설 기법이 녹아 있는 이 소설과 정말 흡사하게 구성되어 해석되어졌다.

  그렇게 어렵고 따분하고 힘들게만 느껴지던 사상, 철학, 소설들, 그 32권의 난해한 책과 조우하게 되는 순간 아마 독자들은 떨리는 감정을 억누르기 힘들 것이다. 처음부터 끝까지 부담스럽지 않게, 즐거운 마음으로 행복한 지적 즐거움을 맘껏 제대로 느낄 수 있을 것이다.

  이번 가을이 여러 독자들에게 훌륭한 책을 만나는 시기가 되어 좀 더 알차고 아름다운 삶으로 가는 길과 만나게 되길 간절히 염원해 본다.

 - 가을의 문턱에서 저자

차례

도표 – 한눈에 파악되는 철학의 흐름 _4
머리말 _6

01_ 막걸리로 풀어 본 아리스토텔레스의 형이상학

"형이상학"이란? _20
막걸리로 풀어 본 "존재" _22
술로 해석해 보는 "바르게 사는 법" _24
아리스토텔레스와 플라톤과의 관계 _25

02_ 여성 모델로 풀이한 플라톤의 향연

플라톤과 "향연" _30
플라톤과 소크라테스의 사제관계 _30
향연에 쓰인 참된 사랑 _32
플라톤의 사상, 에로스란 무엇인가? _34
향연에 쓰인 궁극의 사랑 _35

03_ 편의점 업계로 들여다본 손자의 병법

이 책을 읽으면 천하가 잡힌다? _40
현대에 있어서 병법의 실천 사례 _41
일상생활의 병법 _42
병법과 편의점 업계 _43
"손자"가 계속 읽혀 내려온 이유 _44

04_ 지옥 온천 돌아보기로 읽어 보는 단테의 신곡

단테의 "신곡"은? _50
단테는 어떤 사람인가? _51
『신곡』의 줄거리 _51
『신곡』의 내용 _52
베아트리체는 누구인가? _56

05_ 미식가로 알아보는 데카르트의 방법서설

"방법서설"이란? _61
"나는 생각한다. 고로 나는 존재한다." _63
물심이원론 _65
데카르트의 사상과 과학의 진보 _66
데카르트의 발명 _67

06_ 라면으로 들여다보는 마키아벨리의 군주론

군주론과 라면의 관계 _73
군주론의 실전편 _76
군주론을 쓴 남자 _78

07_ 엔터테인먼트로 바라보는 파스칼의 팡세

파스칼의 "팡세"란? _84
위대해진 모음집 _85
인간은 생각하는 갈대이다 _87
파스칼의 내기 _89
파스칼의 생애 _91

08_ 손목시계로 파악한 아담 스미스의 국부론

"국부론"이란? _96
로렉스의 탄생과 "국부론" _97
공감이야말로 성공의 지름길 _100
스미스와 와트의 만남 _102

차례

09_ 홈쇼핑으로 독해한 칸트의 순수이성비판
"순수이성비판"은? _106
홈쇼핑으로 바라본 "순수이성비판" _108
칸트의 도덕 법칙 _110
칸트가 『실천이성비판』을 쓴 이유 _113

10_ 패션잡지로 들여다본 세르반테스의 돈키호테
『돈키호테』란 책은 어떤 것일까? _118
패션잡지와 "돈키호테" _120
돈키호테의 인기 비밀 _122
돈키호테를 쓴 이유 _124

11_ 놀이공원으로 읽어 본 벤담의 도덕과 입법의 원리 서론
"도덕과 입법의 원리 서론"이란? _130
벤담의 사상, "선과 악" _131
벤담의 쾌락계산법 _134
벤담의 알려지지 않은 인생 _136

12_ 동대문 패션 산업의 성장으로 풀어 본 몽테스키외의 법의 정신
『법의 정신』은 어떤 책인가? _142
몽테스키외가 설명한 "법률"이란? _145
동대문 패션 산업의 성장으로 보는 3권 분립 _147
새로운 나라를 낳은 "법의 정신" _148

13_ 애완동물로 이해한 헤겔의 정신현상학
"정신현상학"이란? _154
헤겔의 사상이란? _156
역사와 변증법의 관련성 _158
정신현상학의 탄생 비화 _160

14_ 사우나로 해석한 쇼펜하우어의 의지와 표상으로서의 세계
『의지와 표상의 세계』는 어떤 책일까? _166
사우나로 풀어 보는 "의지와 표상으로서의 세계" _167
인생의 고통을 더는 방법 _169
쇼펜하우어가 집필을 시작한 이유 _171

15_ 카메라로 풀어 보는 키르케고르의 이것이냐 저것이냐
"이것이냐 저것이냐" _176
"이것도 저것도"와 "이것이냐 저것이냐" _178
"이것", 그리고 "저것" _180
키르케고르가 도달한 사상 _182
키르케고르의 진실 _183

16_ 케이크로 읽는 마르크스의 자본론
『자본론』이란 책은? _189
"자본론"을 통해 알리고 싶었던 것 _189
마르크스가 꿈꾼 사회 _191
마르크스의 비극 _193

차례

17_ 수집가로 읽어 보는 괴테의 **파우스트**
『파우스트』는 어떤 책인가? _198
『파우스트』 제1부 이야기 _199
『파우스트』 제2부 이야기 _201
괴테의 인생 _204

18_ 개그맨으로 바라보는 도스토예프스키의 **죄와 벌**
"죄와 벌"은? _208
살인의 동기 _209
『죄와 벌』을 재미있게 읽는 비법 _211
도스토예프스키가 생각한 선善 _213

19_ 찹쌀떡으로 풀어 보는 프루스트의 **잃어버린 시간을 찾아서**
『잃어버린 시간을 찾아서』는 어떤 책인가? _218
무의지적 기억이란 _220
"잃어버린 시간을 찾아서"의 내용 _222
프루스트의 사상 _223

20_ 점으로 풀어 보는 카프카의 **성**
카프카의 미묘한 세계 _228
점으로 해독한 카프카의 "성" _229
카프카의 매력과 점의 관계 _231
카프카와 밀레나 _234

21_ 다이어트로 해독한 니체의 **짜라투스트라는 이렇게 말했다**

"짜라투스트라"의 그 말 _240

"신은 죽었다"의 의미 _241

소리 내어 읽고 싶은 "짜라투스트라" _245

영원회귀 사상 _246

22_ 마술로 풀어 보는 후설의 **이덴**

『이덴』은 어떤 책일까? _252

현상학이란 무엇인가? _253

인간의 의식과 현상학 _255

후설의 인생 _257

23_ 불꽃놀이로 파악한 하이데거의 **존재와 시간**

『존재와 시간』이란 어떤 책일까? _262

존재란 어떤 것인가? _264

죽음을 바라보며 살다 _266

하이데거와 아렌트 _268

24_ 역전 도시락으로 해독한 소쉬르의 **일반언어학 강의**

"일반언어학 강의"란? _274

역전 도시락의 탄생으로 설명하는 일반언어학 강의 _275

언어는 세계를 넓힌다 _276

역전 도시락의 다양화와 구조주의 _279

소쉬르와 화성어 _282

25_ 텔레비전 업계로 해독하는 프로이트의 정신분석입문
『정신분석입문』이란 책은? _288
꿈과 텔레비전 _290
프로이트는 유명한 프로듀서? _293
정신분석의 사용법 _296

26_ 아로마테라피로 풀어 보는 제임스의 프래그머티즘
『프래그머티즘』은 어떤 책인가? _302
제임스의 사상 _304
"프래그머티즘"의 실천편 _307
제임스 사상의 근원 _309

27_ 로또로 바라본 비트겐슈타인의 논리철학논고
"논리철학논고"란? _314
철학을 파괴하는 법 _316
"논리철학논고"의 잘못이란? _318
비트겐슈타인의 삶 _320

28_ 초콜릿으로 들여다본 가르시아 마르케스의 백 년 동안의 고독
『백 년 동안의 고독』은 어떤 책일까? _326
초콜릿으로 풀어 보는 "백 년 동안의 고독" _327
매직 리얼리즘을 사용한 이유 _329
남미의 현실을 소설의 주제로 삼은 이유 _332

29_ 여자 아나운서로 독해한 사르트르의 존재와 무

사르트르의 "존재와 무"란? _336
여자 아나운서와 "존재와 무" _338
사르트르의 인생 고민 해결법 _341
사르트르의 연애와 실존주의 _343

30_ 차를 통해 풀어 보는 융의 인간과 상징

『인간과 상징』은 어떤 책인가? _348
융의 무의식의 세계 _349
집합적 무의식 _350
공시성 Synchronicity _352
융과 프로이트 _354

31_ 휴대전화로 풀어 보는 들뢰즈와 가타리의 안티 오이디푸스

"안티 오이디푸스"란 무엇인가? _360
80년대의 스타 들뢰즈와 가타리 _361
욕망은 생산한다 _362
욕망하는 기계 _362
자본주의 사회를 사는 법 _364
들뢰즈와 가타리 _366

32_ 전골요리로 해독한 조이스의 율리시스

"율리시스"는? _372
『율리시스』의 줄거리 _373
조이스의 소설 기법 _377
1904년 6월 16일 _379

더 읽어 봅시다 _382

01

막걸리로 풀어 본
아리스토텔레스의
형이상학

아리스토텔레스
(B.C. 384 ~ B.C. 322년)
고대 그리스의 철학자이다. 플라톤의 아카데미아에서 공부하였으며, 플라톤의 사후에는 마케도니아의 왕자 즉, 후일의 알렉산더 대왕의 가정교사로 일했다. 그 후 아테네에서 뤼케이온 학원을 열었다. 과학자이기도 하면서 논리학, 자연학, 윤리학, 미학, 일반 철학 등 당시의 모든 학문을 하나의 체계로 구성하여 "만학의 시조"로 불린다.

수학에서 미적분에 해당되는 응용문제를 다루면서 정작 덧셈 뺄셈과 같은 기초적인 문제를 소홀히 다루면 안 될 것이다. 마찬가지로 철학에서도 기초적인 부분을 간과할 수 없는데, 바로 철학의 기초가 아리스토텔레스의 『형이상학』이다.

아리스토텔레스의 『형이상학』은 이 세상에 존재하는 모든 학문의 원점이 되는 책이라고 할 수 있다. 철학에서 형이상학을 그냥 지나친다는 것은 흡사 물건을 사고 나서 물건은 놔두고 잔돈과 영수증만 받아 들고 오는 것만큼이나 우스운 일이다.

사물은 좋은 쪽으로 모양을 바꾸어 나간다는 아리스토텔레스의 사상은 현재의 시점에서 보면 참 어이없는 사고로밖에 여겨질 수도 있다. 이런 그의 사상을 쌀에서 맛있는 술로 변한 막걸리에 비유하여 살펴보도록 하자.

"형이상학"이란?

고대 그리스의 철학자 아리스토텔레스! 그가 얼마나 위대한 인물인지 알고 있는가? 모르는 분들을 위하여 일단 그의 공적을 살펴보자.

아리스토텔레스의 공적 1
천문학의 원점이 되었다.
2300년 전에 아리스토텔레스는 지구가 둥글다고 생각했는데, 이것이 천문학의 원점이 되었다.

아리스토텔레스의 공적 2

동물학의 원점이 되었다.

돌고래가 포유류라고 생각한 것은 아리스토텔레스가 처음이었는데, 이것이 동물학의 원점이 되었다.

이렇게 아리스토텔레스는 다양한 학문의 원점을 구축한 위대한 인물이다. 그런 그가 쓴 책이 『형이상학』으로 이 책은 모든 학문의 원점이 되었다. 그렇다면 이렇듯 학문의 원점이 된 "형이상학"이란 도대체 어떤 학문일까? 그것은 바로 사물의 본질, 존재의 근본 원리를 생각하는 학문이다. 다시 말해 "왜 그렇게 되는 거지?"라고 사물을 생각하는 학문이라고 말할 수 있다.

그렇다면 "왜 그렇게 되는 거지?"라고 사물을 생각하는 학문이 왜 학문의 원점이 되는 것일까?

그러면 여기서 다시 "왜 그렇게 되는 거지?"라고 사물을 생각하고 큰 학문을 이루었던 두 명의 저명인사를 살펴보자.

우선 첫 번째는 영국의 물리학자 뉴턴이다.

그는 "왜 사과는 떨어질까?"라고 생각했다가 중력을 발견했고, 고전역학을 탄생시켰다.

다음으로는 영국의 생물학자 다윈이다.

그는 "왜 생물의 종류는 다를까?"라고 생각하다 진화론을 탄생시켰다.

이처럼 "왜 그렇게 되는 걸까?"라고 사물을 생각하는 학문이 시작점이 되어서 거기서부터 여러 학문이 탄생하여 발전해 나갔던 것이다. 이게 바로 "형이상학"이 학문의 원점이라 불리는 이유이다.

쉽게 말해 아리스토텔레스가 쓴 "형이상학"은 "왜 그렇게 될까?"에 대해서 쓴 책이다. 그리고 "왜 그렇게 되는 걸까?"라는 그의 의문은 "존재"라는 말로 향하게 되었다. 즉, 존재가 "형이상학"의 주제가 된 것이다.

이렇게 쉽게 얘기하긴 했지만, "형이상학"은 꽤 두툼한 대작이다. 이를 독파하고 이해하는 것은 그리 쉬운 일이 아니다. "형이상학"의 주제인 존재에 대해 우리나라 사람과 특히 친근한 술에 비유하여 쉽게 풀어 보자.

막걸리로 풀어 본 "존재"

모든 학문의 원점이라 불리는 아리스토텔레스의 "형이상학"에는 앞서 밝혔듯이 존재와 관련된 내용이 적혀 있다.

그러면 아리스토텔레스가 생각한 "존재"란 과연 무엇일까? 존재라는 것은 형상과 질료(형식을 갖춤으로써 비로소 일정한 것이 되는 재료)로 구성된다. 이 형상(모양)과 질료를 쌀 막걸리에 비유하여 보자. 쌀 막걸리의 형상이란 막걸리 그 자체이다. 즉, 형상이란 것은 그 물건의 상태가 무엇인지를 묻는 것이다. 그리고 쌀 막걸리의 질료란 쌀이다. 즉, 질료라는 것은 그 물건의 재료가 무엇이냐는 것이다. 이제 존재하는 것은 형상과 질료로 구성되어 있다고 하는 말이 무슨 뜻인지 이해할 수 있을 것이다.

이 존재라는 것을 아리스토텔레스는 다음과 같이 정의한 적이 있다.

"존재하는 것은 모두 좋은 방향으로 목적을 가지고 변화한다."

위와 같이 아리스토텔레스가 정의한 존재를 쌀 막걸리로 변화하는 과정에 비유하여 보자. 여기에 한 알의 볍씨가 있다. 이것을 심으면 싹을 틔우고 벼 줄기로 성장한다. 그런데 이것을 아리스토텔레스 식으로 표현하면 이때 볍씨는 벼 줄기로 변화한다는 것이다.

이 변화로 인하여 사람들은 벼 줄기를 감상하며 즐길 수 있다. 앞서 얘기했듯이 좋은 방향으로 변화한 것이다. 이제 벼 줄기로 자랐으니 좀 더 지나면 벼 줄기에 열매가 맺힐 것이다. 이것도 아리스토텔레스 식으로 말하면, 별 영양가 없는 벼 줄기로부터, 맛있고 영양가 있는 열매로 변화한 것이니 좋은 방향으로 변화한 것이라 할 수 있다.

그럼 한 톨의 쌀에서 쌀 막걸리로 변화한 것은 좋은 방향으로 변화한 것이라 할 수 있을까? 아리스토텔레스 식으로 말하면 당연히 그렇다. 벼 열매인 쌀로 취할 수는 없지만, 쌀 막걸리로 빚어져서 사람들을 즐겁게 취하도록 만들어 준다는 것이다.

이것이 바로 "존재하는 것들은 모두 좋은 방향으로 목적을 가지고 변화한다"는 의미이다. 즉, 볍씨가 변화를 계속하면서 쌀 막걸리로 변화한 것처럼, 이 세상에 존재하는 것들은 모두 좋은 방향으로 목적을 가지고 변화한다는 사고방식인 것이다.

이 존재의 변화를 아리스토텔레스는 목적론적 자연관이라고 이름 붙였다. 목적론적 자연관이란 존재하는 사물은 모두 좋은 방향으로 목적을 가지고 변화한다는 것이다. 예를 들면 책상도 씨로부터 나무로, 나무로부터 책상으로, 순서대로 좋은 방향을 향하여 변화해 온 것이다. 만약 책상이 씨와 나무 본연

의 모습으로 있었다면, 그 위에 책을 펼쳐서 볼 수는 없었을 것이다. 이런 사물의 변화에 주목한 아리스토텔레스는 사람의 삶에도 이 사상을 적용했다.

술로 해석해 보는 "바르게 사는 법"

아리스토텔레스는 인간이 바르게 사는 법에 대해 다음과 같이 말했다.

"이성으로 욕망을 통제하고, 과대와 과소의 양극단 사이의 올바른 중간을 정하는 것이다."

무슨 의미인지 잘 이해가 안 간다면 바르게 사는 법에 대해서도 막걸리 한 잔으로 비유하여 보자. 매년 열리는 꽃구경 자리에 처음으로 참여하게 된 신입사원 A씨. 그는 오늘 밤은 죽을 때까지 마셔 보자는 분위기에 젖어서 마구 술잔을 비우기 시작한다.

결국 필름이 끊긴 그는 평소에 불만이 많았던 상사에게 여태까지의 서운했던 감정을 솔직하게 토로하고 만다. 다음 날 그는 창피한 마음에 얼굴을 푹 숙인 채 동료들의 눈치를 받으며 전날 욕했던 상사의 눈치를 봐야만 했다.

그리고 나서 다음 회식 자리에 앉게 된 A씨는 오늘은 절대 술을 마시지 않겠다고 마음을 먹는다. 하지만 회식 분위기라는 것이 술을 안 먹게 그냥 놔두지 않는 것이 보통이다. 계속 안 먹겠다고 거부하던 A씨는 결국엔 계속 술을 권하는 사람들에게 "안 먹는다잖아!"라고 화까지 내버린다. 직원들은 A씨를 이상한 눈으로 쳐다보는데 자칫 왕따당하는 상황에 직면하게 될 것 같다.

그렇다면 술을 지나치지 않게 적당하게 마시고 적당하게 분위기를 띄우면 어떨까? 이것이 이성으로 욕망을 통제하고, 과대와 과소의 양극단 사이의 올바른 중간을 정하는 행동이다.

아리스토텔레스는 사람은 뭐든지 지나치거나 아예 안 해도 안 된다고 보고 가장 올바른 방법은 뭐든지 적당히 하는 것이라고 생각했다. 이렇게 인간이 올바르게 사는 방법을 아리스토텔레스는 중용이라고 이름 붙였다.

아리스토텔레스와 플라톤과의 관계

고대 그리스의 대철학자 아리스토텔레스는 40살 즈음에 마케도니아 제국을 건설한 알렉산더 대왕*의 가정교사를 하고 있었다. 가르치는 쪽도 대가이고, 배우는 쪽도 대가였다. 일설에 의하면, 그 유명한 격언 "학문에는 왕도가 없다"는 말도 아리스토텔레스가 알렉산더 대왕에게 한 것이라고 한다.

기원전 384년에 마케도니아에서 태어난 아리스토텔레스는 17살 때에 아테네의 아카데메이아 학교에 입학했다. 여기서 그의 뛰어난 스승인 철학자 플라톤을 만났던 것이다.

여기서 아리스토텔레스는 플라톤의 제자가 되어 그의 철학을 흡수했다. 플라톤도 아리스토텔레스라는 뛰어난 제자를 얻게 되어 자신의 공부에

＊ **알렉산더 대왕** (BC 356-BC 323.6)
필리포스 2세와 올림피아스의 아들로 알렉산드로스 3세라고도 한다. 호메로스의 시를 애독하여 원정에도 늘 책을 지니고 다녔다고 한다. 323년 바빌론에 돌아와 아라비아 원정征을 준비하던 중 33세의 젊은 나이로 갑자기 죽었는데 자기가 정복한 땅에 알렉산드리아라고 이름 지은 도시를 70개나 건설했다.

많은 도움을 얻게 된다. 두 사람은 누구나 부러워하는 사제지간이 되었다.

하지만 두 사람은 사상적 차이로 인해 이별을 고하게 된다. 플라톤은 이상주의 철학자인 반면 아리스토텔레스는 현실주의 철학자였다. 그런 두 사람의 사상적 차이는 라파엘로가 그린 "아테나 학당"이라는 그림에서 엿볼 수 있다.

이 그림에서 플라톤은 손가락으로 하늘을 가리키고 있고, 아리스토텔레스는 손바닥을 땅으로 향하고 있다. 즉, 이상과 현실의 대립으로 인하여 플라톤과 아리스토텔레스의 사제 관계는 무너지고 말았던 것이다.

하지만 이것만은 기억해 두어야 한다. 아리스토텔레스는 플라톤이 있기 때문에 위대한 철학자가 될 수 있었다는 점을 말이다. 학문의 원점을 구축한 아리스토텔레스, 그의 원점은 위대한 스승 플라톤이었던 것이다.

아리스토텔레스의 "형이상학"이 이제 조금은 이해가 갈 것이다. 그렇다면 가끔 술잔과 함께 어떤 학문에 몰두해 보라. 생각지도 않은 발견이 우리를 기다리고 있을지도 모르는 일이다.

마지막으로 아리스토텔레스의 이 말을 소개해 보도록 하겠다.

"연회에서와 같이, 인생에서도 술을 지나치게 마시지 말고, 목이 마르기 전에 사라지는 것이 좋다."

지나치게 과음하는 사람들! 연회에서의 올바른 행동이, 인생에서의 올바른 행동이라는 점을 명심하자.

deep knowledge

형이상학적으로 보면

우리나라에서 특별한 시기였던 80년대는 "형이상학적으로 보면"이라는 말을 참 많이 썼다. "형이상학"은 쉽게 그 의미가 상상이 가지 않는, 약간은 무섭기까지 한 단어의 대명사였다.

형이상학은 영역적·부분적 지식이 아니라 보편적·전체적 지식을 구하는 것으로 모든 존재자에 근거를 부여하는 궁극적 실재근거實在根據의 지식을 말한다.

아리스토텔레스는 형이상학을 학문으로서 최초로 확립했으며 그는 존재자에 관하여 보편적으로 제1의 원리 원인을 탐구하는 학문을 "제1 철학"이라 부르고 그 학문 체계의 최고 위에 두었다.

세상의 여러 학문의 원천을 추구하다 보면 꼭 부딪히게 되는 만학의 시조 아리스토텔레스. 공부나 시험 때문에 고민하고 있는 우리의 고민은 어쩌면 아리스토텔레스 때문인지도 모른다. 이런 아리스토텔레스는 학문 외에도 위대한 공적을 남겼다. 술을 증류하는 방법을 발견했고 와인을 그리스에 보급했으며 세계 최초의 동물원을 만든 것도 바로 그였다.

결과적으로 대립하게 된 스승 플라톤과 제자 아리스토텔레스. 그런 제자를 스승은 이렇게 비판했다.

"어미 말의 젖을 다 먹고 나서 어미 말을 발로 찬 격이다!"

Platon

02

여성 모델로 풀이한
플라톤의
향연

플라톤
(B.C. 428 ~ B.C. 347년)
그리스의 철학자로 소크라테스의 제자이다. 스승의 죽음 후 각지를 여행하다가 BC 387년 아카데미아 학원을 설립해 직접 그곳에서 가르쳤다. 소크라테스의 사상을 발전시켜 이데아론을 전개했다. 서양철학의 전통은 "플라톤 철학에 대한 각주"라고 할 만큼 플라톤의 사상은 서양철학의 기원이 됐다. 저작으로는 「소크라테스를 위한 변명」, 「파이돈」, 「향연」, 「국가」 등이 있다.

플라톤과 "향연"

아득한 2400년 전, 혼돈의 세계에 진리를 추구한 플라톤은 스승인 소크라테스*가 다른 사람과 대화를 나누는 형식을 빌려 자기의 사상을 표현한 책 『향연』을 썼다. 참된 사랑을 권유하는 내용이 실려 있는 책이다.

플라톤이라고 하면 미리부터 어렵다는 생각이 먼저 들 텐데 이것을 여성 모델로 비유하여 풀어 보면 지극히 간단하게 해석될 수 있다. 이데아, 에로스 등의 단어들도 모델에 빗대어 풀이해 보면 쉽게 이해할 수 있을 것이다. 진실한 사랑을 추구하는 책 『향연』을 모델에 비유하면 천국에 있는 플라톤 씨가 웃을지 화낼지는 모르지만 말이다.

그러면 플라톤으로의 여행을 떠나기 전에 먼저 그의 스승인 소크라테스와의 관계에 대해 알아보자.

플라톤과 소크라테스의 사제관계

기원전 5세기경, 고대 그리스 시대에 "언제 어디서 누가 보더라도 옳은 것 즉, 객관적 진리가 있다"라고 주장하는 한 남자가 등장했다. 그가 바로 플라톤의 스승 소크라테스이다.

소크라테스가 그런 말은 한 이유는 당시 직업교사였던 소피스트**들이 "상대주의"를 주장함으로써 폴리스(그리스의 도시국가)의 논리관이 기준이 없이 혼란스러웠기 때문이다. "상대주의"란 간단하게 말하면 "모든 사람의 가치관이 각각 다르니까 당신은 당신, 나는 나"라는 논리이다. 쉽게 예를 들면 학교를 땡땡이치고 도시의 골목을 서성거리는 중고등생의 자기주장 같은 것이라 할 수 있다. 이러한 시대에 소크라테스는 남의 일에 참견하기 좋아하는 아버지처럼 "서로 얘기해 바른 것에 관해 합의해 보자"고 하면서 사람들과 문답하고 있었다.

소크라테스는 그가 죽고 약 2400년이 지난 지금도 중고등학교의 교과서에 실릴 정도로 초유명인이다. 그래서 두꺼운 책을 많이 남겼다고 생각하기 쉬울 것이다. 그러나 사실은 완전 그 반대다. 소크라테스는 생애에 1권의 책도 남기지 않았다.

그런데 어떻게 그리 유명한 사람이 되었을까? 그 이유는 무언가가 숨겨진 소크라테스의 죽음 이후, 그의 제자 플라톤이 스승으로부터 배운 학문에다 자기 스스로 발전시킨 철학을 대화 형식으로 만들어 열심히 책으로 썼고, 그것이 세계에 널리 알려졌기 때문이다.

이처럼 플라톤의 『향연』은 대화라는 형식을 빌려서 소크라테스가 많은 사람들과 대화 형식으로 의견을 밝혀가는 과정으로 되어 있다. 지금으로 말할 것 같으면 방송 드라마의 각본과 같은 형식인 셈이다. 플라톤이 그리스 시대의 시나리오 작가가 된 것이다.

그러면 플라톤이 각본했던 『향연』의 테마는 무엇인가? 단적으로 말한다면 "사랑이란 대체 무엇인가?"였다. 그러니 당신도 이 책을 읽으면 진실한 사랑에 대해 알게 될 것이다.

---

* 소크라테스
사람들의 무지를 깨우치는 것을 자신의 철학적 사명으로 본 고대 그리스의 철학자이다. 플라톤에 결정적 형향을 주었으며 이후 그리스 철학의 흐름을 결정했다.

** 소피스트
본래는 "현명한 사람"이란 의미다. 지식을 주고 사례를 받는 한 무리의 교사들이다. 정치, 법률, 음악, 문학, 철학, 변론술 등을 가르쳐 주었다. 프로타고라스의 인간 척도론이 유명하다.

한편 「향연」이라는 것은 그리스 시대에 여러 사람들이 와인을 마시면서 대화를 나누는 습관을 말한다. 현대풍으로 바꿔 말하자면 "오늘밤은 와인이라도 한 잔 마시면서 사랑에 대해 얘기해 보자"는 식의 미팅과 같은 것이다.

아무튼 「향연」은 아테네를 무대로 하는 사랑의 이야기이다. 그리고 사랑을 잃은 사람들이라면 누구라도 읽어야 하는 치유의 책이기도 하다. 하지만 실제로 이 책을 읽으려고 하면 금방 눈앞이 아득할 만큼 이해하기가 힘들고 상당히 난해하다. 그러나 모두가 좋아하는 여성 모델로 접근하면 매우 이해하기 쉽다. 아름다운 육체로 불황의 세상을 계속 치유하는 모델 여성들에게 참된 사랑에 가까워지는 키워드가 담겨 있다.

향연에 쓰인 참된 사랑

참된 사랑을 추구하며 치유하는 책 「향연」! 이 책에서 플라톤은 참된 사랑에 대해 "사람은 진실한 존재로서 이데아*를 사모하는 것이다"라고 하였다.

도대체 무슨 소리인지 짐작이 가지 않을 텐데 이를 여성 모델로 파악해 보자.

A양이라는 여성 모델이 있다. 이 여성은 팔등신의 완벽한 몸매와 얼굴을 가졌으면서도 여전히 끊임없는 운동과 식이요법으로 몸매를 가꾸고 있다. 그리하여 조각과 같은 몸매를 유지하면서도 항상 귀엽고 사랑스럽게 웃는 얼굴을 하고 있다. 쉽게 말해서 누구나 반할 수밖에 없는 이상적인 체형을 가지고 있다.

그러면 이제 이 이야기를 염두에 두고 플라톤이 주장하는 이데아를 생각해 보자.

플라톤은 사람들이 사는 세계는 현상계라 하고, 사람들이 이상으로 삼는 것이 존재하는 세계를 이데아계라고 보았다. 뭔가 잘 이해가 안 간다면 방금 전에 얘기한 A양을 떠올려 보자.

이상적인 체형을 가지고 있는 모델 A양은 우리들의 손이 닿지 않는 이상의 존재이다. 그 이상의 존재에 있는 A양을 플라톤은 이데아라고 보았다. 그리고 현상계를 A양의 모습이 찍힌 사진집으로 본 것이다. 이렇게 하면 간단하고 일목요연하다.

플라톤은 다음과 같이 설명하고 있다.

"이데아는 현상계에 있어 물질의 근본이고, 이상계에서의 은혜이다."

사진집에 찍힌 A양의 모습은 이데아계로부터 근본적인 매력과 은혜 등을 듬뿍 받아서 들어온 것이지만, 결국 A양이라는 이데아의 복사본이라고 말할 수 있다. 즉, 이데아계의 이데아는 진짜의 것이고, 현상계의 사람과 사물은 복사본이라는 것이다.

우리는 A양의 모습이 찍힌 사진집을 봤을 때 분명 사진집에 찍힌 그녀를 "아름답다"라고 생각했을 것이다. 하지만 플라톤은 그런 생각은 틀

---

* **이데아**
현상계를 넘어선 이데아계에 존재한다. 보편, 완전, 불변, 영원, 참, 실재의 것을 의미한다. 감각적 지각의 대상이 아닌, 이성적 인지의 대상이다. 감각적 세계의 개체는 이데아를 원형으로 하고, 그 모조로서 이데아에 끼어서만 존재한다.

린 것이라고 했다.

"사진집에서 뭘 만족할 수 있다는 것인가? A양의 아름다움의 본질은 사진집에서가 아니라 우리들의 손이 닿지 않는 이데아계에 존재하는 것"이라는 것이다.

그렇다면 도대체 그 이데아를 어떻게 하면 알 수 있는 것일까? 점점 흥미가 생기게 될 것이다. 이처럼 이데아를 알고 싶어 하는 기분! 바로 이것을 플라톤은 에로스*라고 불렀다. 그리고 이 에로스에 의해서 사람은 진짜 실존에 가까워진다고 말하고 있다.

플라톤의 사상, 에로스란 무엇인가?

"완전한 것(이데아)을 동경하는 막연한 사랑."

플라톤은 에로스에 대해서 위와 같이 말했다. 무슨 소리인지 잘은 모르겠지만 짐작은 좀 갈 것이다. 아마 한 번쯤 얼짱이나 몸짱이 되려고 시도한 적이 있을 것이다. 그렇다면 에로스의 경험자인 것이다. 이처럼 어떤 이상과 목적을 향해서 노력하는 것이 바로 에로스인 것이다.

그럼 에로스의 기분을 가지면 사람은 어떻게 변하게 되는 것일까? 플라톤은 『향연』에서 이렇게 서술하고 있다.

"에로스에 의해서 그 사람은 행복하게 된다."

즉, 플라톤은 "인간은 이상을 추구하는 가운데 행복이 있다"고 본 것이다. 에로스가 있으면 쌩쌩하게 활력이 생기게 된다는 것이다.

사람의 이상을 추구하려고 하는 에로스! 참된 사랑으로 이상을 사모하고 노력하면 사람은 언젠가 진실을 알고 행복하게 된다. 굉장히 감동적인 말인데 왜 그런지 신비한 느낌에 모호해지는 것을 지울 수가 없다.

그러면 『향연』에 나오는 궁극의 연애 스토리를 살펴보기로 하자.

향연에 쓰인 궁극의 사랑

플라톤의 대표작 가운데 하나인 『향연』은 전편에 걸쳐 사랑에 대해 얘기하고 있다. 그리고 거기에는 현대에도 통하는 궁극의 사랑이 그려져 있다. 그것은 아래의 문장에서 파악할 수 있다.

"소크라테스와 침대를 함께 썼음에도 불구하고 아버지 또는 형과 함께 잘 때와 같이 아무런 이상도 없이 자고 일어났다."

이것은 소크라테스가 애인(남자)과 함께 하룻밤을 같이 잤음에도 불구하고 애인에게 전혀 손을 대지 않았다는 것이다. 그래서 "자신에게 매력이 느끼지 못하기 때문인가?"라고 애인이 불평하고 있는 말이다.

이에 대해 소크라테스는 일절 대답을 하려고 하지 않았다. 그러다가 소크라테스는 순수하게 사랑하는 마음만을 느끼고 있으면 그것으로 행복하다고 조용히 대답을 한다. 결국 이런 이상이 나중에 "플라토닉 사랑"이라고 불려지게 된 것이다. 즉, 이것을 현대 상황으로 대치해 보면, 궁극의 사랑이란 것은 러브호텔에 가더라도 신체적인 접촉 없이 단지 함께 있는 것만으로도 행복한 기분에 젖을 수 있는 것이다. 이제 알겠는가? 궁극의

---

* 에로스

진실 존재인 이데아를 사모하는 것을 의미한다. 인간이 사는 현 세계에서는 모든 것이 생성 소멸하고 불변, 영원, 완전한 것은 존재하지 않는다. 인간은 이 불변, 영원, 완전한 이데아를 추구해 끝없는 사랑을 가진다. 이 사랑이 에로스이다.

사랑이란 것은 육체만을 사랑하는 것이 아니라 그것을 훨씬 초월한 사랑이라는 것을 말이다.

그럼 다시 한 번 이 궁극의 사랑을 여성 모델 A양으로 대치시켜 보자.

만약 좋아하는 모델 A양이 란제리 모델을 그만두고 여배우나 탤런트로 전향할 때, 이젠 풍만한 가슴을 볼 수 없다고 실망해서는 안 된다. 왜냐하면 당신이 사랑하고 있는 것은 란제리 차림의 여성 모델이 아니라 바로 A양 자체이기 때문이다. 아무리 란제리를 졸업했다고 해도 변하지 않는 이데아 세계의 A양을 언제까지라도 팬으로서 계속 사랑하는 것이 정확히 궁극의 사랑인 것이다.

이제 그리스 시대의 애정서인 플라톤의 『향연』이 조금은 이해가 갈 것이다. 지금 도시의 생활에 지치고 궁극의 사랑이 뭘까 고민하고 있다면 『향연』을 꼭 읽어 보길 바란다.

선의 이데아 세계

스승 소크라테스의 사형을 목격한 플라톤은 그 후 일시적으로 아테네를 떠나 이탈리아, 시칠리아섬, 이집트 등을 여행하였다. 기원전 367년, 플라톤은 시칠리아섬에 있으면서 디오뉘시오즈 2세를 지도해서 철학적인 통치의 실현을 목표로 했지만, 그 실험은 실패로 끝나 버렸다.

그는 "통치자는 단순한 정치가가 아닌 선의 이데아를 이 세계에 나타나게 할 수 있는 철학자가 되지 않으면 안 된다"라고 생각했던 것이다. 그것을 철인정치라고 말한다.

그 후 기원전 387년, 아테네 근교의 아카데모스의 숲에서 아카데미아를 열었다. 그것이 유럽의 최초의 대학으로, 현대 아카데미의 어원이 되었다.

한편 고대 그리스에서는 동성애 관계가 일반적인 풍토가 되기도 했다. 오히려 남성간의 우정이 최고조에 이른 것으로 보여진다.

플라톤의 『카루미데스』에서는 소크라테스와의 우정과 카루미테스라고 하는 미소년에 대해 말하고 있는 장면이 있다.

"소크라테스, 어때? 이 젊은 아이는? 척보면 아름다운 얼굴이 아닌가."

"예쁘네, 무척이나."

"만일 양해를 구해 이 아이가 벗는다면 자네는 '얼굴 따윈 없어도 되겠어'라고 생각할 걸세. 그 정도로 이 소년의 몸매는 나무랄 데 없이 아름답다네."

이런 걸 보면 플라톤의 작품을 읽어 보고 싶다는 생각이 들 것이다.

孫武

# 03

편의점 업계로
들여다본 손자의
병법

> **손자(손무)**
>
> 중국 제자백가 사상 중 병가兵家의 사상가이다. 손무(경칭은 손자)는 춘추시대 말 제齊 나라 사람으로 오吳의 왕 밑에서 서의 초楚를 무찌르고 북의 제齊, 진晉에 압력을 가하며 오吳의 정복 사업을 도왔다. 그가 저술했다고 하는 13편은 시계始計 · 작전作戰 · 모공謀攻 · 군형軍形 · 병세兵勢 · 허실虛實 · 군쟁軍爭 · 구변九變 · 행군行軍 · 지형地形 · 구지九地 · 화공火攻 · 용간用間의 각론으로 되어 있다. 그 사상은 군사적 전략뿐 아니라 현대를 살아가는 사람들의 인생 지침서로서도 가치를 잃지 않고 있다.

전란의 고대 중국, 장군으로서 살아남기 위한 필승必勝의 책략을 기록한 책이 있었는데 바로 손자*가 쓴 『병법』이다. 현존하는 병법서로는 세계에서 가장 오래된 책이기도 한데 최근에는 기업 경영 등 비즈니스 책으로도 계속 애독되고 있다.

여기서는 "병법"의 시점으로 세상을 둘러보면 성공의 비결이 보인다는 "병법"의 응용편을 풀어 본다. 만약 손자가 살아 있다면 편의점 업계를 이렇게 읽었을지도 모른다.

이 책을 읽으면 천하가 잡힌다?

『병법』, 이 책은 지금으로부터 약 2500년 전, 고대 중국의 손자가 전쟁에 지지 않기 위해 쓴 전략전술론이다. 그래서 이 책을 차지한다는 것은 승리자가 되는 마법의 지팡이를 획득한 것이나 다름없다.

세계 역사상 가장 유명한 장군으로 알려진 나폴레옹도 이 책을 비법으로 이용했다고 한다. 그가 사용한 싸움법은 우선 적군의 한군데를 철저히 공격하고 상대가 혼란스러워하며 뿔뿔이 흩어질 때 전원을 모조리 쓰러뜨려 간다는 것이었다. 이것이 『병법』의 "10으로 1을 공격하라"고 하는 전술에서 취한 것이다. 이 전술로 나폴레옹은 유럽의 대부분을 지배했다.

이렇게 나폴레옹 같이 쟁쟁한 사람이 손자의 『병법』을 읽고 비법으로 이용했다고 하는 것은 이 책의 가치를 단적으로 말해 준다고 할 수 있다. 게다가 이 책의 가치는 전쟁 상황으로만 끝나지 않고 있다. 현대에 일어나고 있는 여러 분쟁 가운데에도 "병법"의 전략전술이 의연히 녹아들어 있고 있다. 그래서 어쩌면 이 책을 읽은 자가 천하를 잡을 가능성이 높다고 감히 말할 수 있는 것이다.

현대에 있어서 병법의 실천 사례

스타급 축구 선구나 농구 선구들을 보면 공을 앞으로만 몰고 가지 않는다. 페인트 모션을 취하면서 상대편 선수를 따돌린 다음 순식간에 사람을 젖히고 나아가는 경우가 많다. 그런데 이것은 『병법』의 병세편 "전쟁은 속이기 나름"이라는 것과 딱 들어맞는다. 즉, "적의 허점을 찔러라"라는 병법을 교묘히 이용하는 고도의 테크닉인 것이다.

그리고 전설의 액션스타 이소룡의 영화 "용쟁호투**"에서도 손자의 "병법"이 등장한다. 어느 날 싸움에 휘말린 드래곤이 작은 배에서 결투하자고 제안한다. 적은 의기양양하게 배에 올라타지만 이 무적의 드래곤은 열심히 배에 묶인 밧줄을 느슨하게 풀기 시작한다. 그러자 적이 탄 배는 점점 바다로 침몰하기 시작한다.

드래곤은 이를 "싸우지 않고 이기는 예술성"이라고 말한다. 이것은 무력이 아닌 두뇌로 승리하라는 가르침인데, "병법"의 "싸우지 않고 승리하라"는 것과 통하는 대목이라고 할 수 있다.

---

* **손자** (孫子)
손자의 자(子)는 선생을 의미한다. 또한 병법서도 손자로 불린다.

** **용쟁호투** (Enter the Dragon, 1978년, 홍콩 · 미국, 감독 : 로버트 클루즈, 출연 : 이소룡, 존 색슨, 베티 칭, 짐 캐리)
비밀첩보원으로서 요새 섬에 쳐들어 간 이소룡. 스파이 서스펜스를 더해 쿵푸의 액션도 최고이다. 특히 이소룡의 "아-흐-흐~" 하는 이상한 괴음에 보는 이 모두가 압도당하게 한다.

일상생활의 병법

"적의 허점을 찔러라."
이렇게 손자의 『병법』에는 싸우는 것에 관해서는 전부 들어 있다고 할 정도로 무수한 명언이 나열되어 있다.

그런데 사실 이 교활~한 손자의 가르침을 우리 모두는 일상생활 속에서 의식적으로 실천하고 있다. 말하자면 현대사회는 바로 매일 매일이 투쟁의 나날들이니만큼 이런 혼란스런 현대를 사는 당신도 사실은 "병법"의 사용자인 셈이다.

한 번 기억을 더듬어 보자. 학창시절에 자신이 어떠했는가? 나름대로 시험공부를 했으면서도 "어떻게 해! 공부를 하나도 안 했어"라고 열심히 떠들고 다니지 않았는가. 이런 행동은 바로 "병법"에서 "비하하면서 교만하게 굴라"라고 하는 것과 같은 것이다. 즉, 자신을 비하하는 척하고 상대의 방심을 꾀한다는 "병법"의 실천인 것이다.

또 미팅 때 자신이 행한 모습을 상기해 보자. 처음에 찜했던 여자 애의 경쟁률이 높아 자신에게 있어서는 그림의 떡이라는 것을 알아차렸을 때, 타깃을 제2지망, 제3지망으로 수정했던 적이 있지 않았는가? 이런 행동은 "이길 것 같지 않으면 도망가라"라고 할 수 있는데, 이것은 바로 승산이 없다면 싸우지 않는다는 "병법"인 것이다.

뿐만이 아니다. 애인이나 반려자의 핸드폰에 신경을 쓴 적은 없었는가? 애인이나 반려자가 바람피우고 있지는 않은지 발신자 정보나 메일을 몰래 살짝 훔쳐 본 적이 있을 것이다. 이런 행동이 바로 "이기기 위해서는 상대방을 파악하라"라는 것이다. 요약하자면 "이기기 위해서는 무엇보다도 정보를 찾는 게 중요하다"라고 "병법"에 뒷받침되어 있는 것이다.

이렇게 현대에 있어서도 손자의 『병법』은 세상의 여러 사람들에 의해 실천되고 있는 불멸의 바이블이라고 할 수 있다.

이젠 손자의 『병법』이 조금은 이해가 되었을 텐데 이번에는 편의점을 예로 들어 더 철저히 풀어 보자. 사실 친숙한 편의점 업계야말로 손자의 "병법" 바로 그것이다.

병법과 편의점 업계

오늘날 우리 생활과 밀접한 관계를 가지고 있는 편의점. 사실 이 편의점 업계야말로 손자의 전략전술을 실천한 것의 표본이라 할 수 있다.

편의점은 고객의 편의를 위해 24시간 문을 열어 주로 일용 잡화, 식료품 따위를 취급한다. 그런데 강남의 어느 편의점에서는 영화배급사와 제휴를 해 특정 영화의 영화표와 과자, 콜라를 하나의 패키지로 묶어 싸게 팔고 있다. 이것은 그 지역 특성상 고객 손님이 주로 20~30대 여성들임을 조사한 결과였다. 그런데 이것은 손자의 『병법』인 "상대를 알고 자신을 알면 백 번 싸워도 위태롭지 않다"에 딱 들어맞는 상황이다. 즉, 상대를 파악한다면 절대로 지지 않는다는 전술이다. 가게를 내는 곳의 주변 환경이나 소비자의 취향을 철저하게 조사한 결과의 당연한 귀결이라고 할 수 있다.

게다가 우리는 보통 편의점을 아무 생각 없이 이용하고 있지만 사실 매우 다양하고 편리한 서비스가 전개되고 있다. 예를 들면 공공요금의 지불이나 ATM 설치, 택배 접수, 문화상품권과 같은 티켓의 판매 등 물건을 사는 것 외에도 편의점을 통해 직접 그 장소에 가지 않고도 볼일을 해결할 수 있다. 이것이야말로 바로 『병법』에서 "이익을 보여 주어 유혹을 하며 기만술을 가지고 기다려라"라고 하는 대목과 일치한다고 할 수 있다. 즉, 상대의 이익이라고 생각되는 것으로 적을 접근시켜 숨어 기다렸다는 듯이 공세를 취한다는 전술이다. 편리한 서비스로 손님을 모으고 그 기회에 다른 상품도 사가게 한다는 "병법"이라고 할 수 있다.

이뿐만이 아니다. 그 주변의 환경이나 요구에 따라 점차 그 영역의 주안점을 바꾸어 간다. 예를 들어 백화점이나 슈퍼마켓에 가기 힘든 노인들을 타깃으로 상품 배달 서비스를 시작했는데, 결과적으로는 20대부터 30대의 아이를 가진 주부나 사무실의 여직원에 이르기까지 주문이 쇄도하게 되면, 바로 이 젊은 세대들을 상대로 한 새로운 공략이 펼쳐지는 것이다. 이것은 "병법"의 "군의 형태는 물과 같아야 한다*"고 하는 것에 딱 들어맞는다. 싸움에서 이기기 위해서는 용기에 따라 자재의 모양을 바꾸는 물처럼 유연하게 작전을 변화시키지 않으면 안 된다고 하는 전략의 테크닉이다.

"손자"가 계속 읽혀 내려온 이유

『병법』을 쓴 사람이 바로 손자이다. 그러나 그는 베일에 싸인 인물로서 알려진 것이라고는 상당히 오래 전의 고대 시대에 중국에서 『병법』을 썼다고 하는 정도뿐이다.

---

* **군의 형태는 물과 같아야 한다**
대저 군의 모양은 물과 같아야(모방해야) 한다. 물의 흐름은 높은 곳을 피해 낮은 곳으로 흘러간다. 군의 모양은 실을 피해 허를 찔러야 한다. 물은 땅에 의해 흐름이 억제되고 군사는 적에 의해 승리가 억제된다.("손자"의 허실虛失편)
(역) 싸움의 법칙은 실을 피해 허를 치는 것이다. 물은 지형에 의해 흐름의 방향이 변한다. 싸움도 적의 변화에 순응한다면 승리를 얻을 수 있다.

사실 2500년 전의 중국은 크고 작은 여러 나라가 싸움으로 나날을 보내고 있었던 전국戰國시대였다. 그래서 등장한 것이 『병법』이라 불리는 전쟁의 전략 전문서이다.

손무도 병가의 한 사람으로 불리고 있었다. 그리고 그 당시 병가의 전술은 자신과 라이벌과의 1대 1만을 생각한 정면승부가 기본이었다. 하지만 아무리 자기 눈앞의 적을 쓰러뜨리더라도 싸움 직전 병력이 약해졌을 때 또 다른 나라의 공격을 받게 된다면 단박에 질 수밖에 없었다. 그래서 손무는 다수의 라이벌과 싸우는 전술을 생각해 낸 것이다.

손무가 가장 중요시한 것은 어떻게 적의 눈을 속이느냐 하는 것이었다. 적의 뒤를 치거나 속여서 방심하게 만들어 불시에 치는 것(일명 게릴라 전술) 등을 이용한 전술을 수없이 많이 실천해 계속 승리를 얻어 갔다. 그

래서 이런 실천을 토대로 엮은 책인 손자의 『병법』은 적이 복수로 존재할 경우에도 적용되는 우수한 전략서의 원조로 사용되고 있다. 이런 이유로 정치나 스포츠, 그리고 연애 등에 이르기까지 여러 다양한 분야에서 응용할 수 있는 서적으로서 현대에도 계속 애독되고 있다.

손자의 『병법』은 사실 글자수로 따지면 약 6000자 정도 된다. 400자짜리 원고지로 겨우 15장에 불과한 것으로 두꺼운 책이 아니다. 그 안에서 손무는 반복해서 "전쟁은 속이기 나름"이라고 서술하고 있다. 즉 "적의 허점을 찔러라"라고 말하는 것이다.

"전쟁은 속이기 나름"이라는 말은 현대적으로 해석해 볼 때 "새로운 것에 도전해서 사람들을 놀라게 하고 감동시켜라"라는 말이 될 수 있을 것이다.

도가적 사상과
깊은 관련이 있는 병법서

일찍이 중국에서는 제자백가로 불리는 사상가군이 있었다. 예를 들면 유가의 공자孔子, 맹자孟子, 순자荀子, 법가의 한비자韓非子, 도가의 노자老子, 장자莊子 등이 그들이다.

손자는 그중의 한 학파인 "병가兵家"라고 하는 위치에 속한다. 여기서도 알 수 있듯이 "병법"은 전략, 전술에 대한 종합적인 병법서이지만 도가적인 사상과도 깊은 관련을 갖고 있다.

사실 중국에는 예로부터 많은 병법서가 내려오고 있다. 그 가운데 손자孫子, 오자吳子, 육도六韜, 삼략三略, 위료자尉繚子, 사마법司馬法, 이위공문대李衛公問對는 칠대 병서로 불리지만, 그중에서도 역시 손자의 "병법"은 특별하다.

그런 관계로 손자의 병법은 군사 작전의 성전聖典으로서 많은 무장들에게 애용되었다. 그뿐만이 아니다. 여기에는 국가 경영의 요지와 인사의 성패 등에도 비범한 견해를 보이고 있어 인생문제 전반에 적용되는 지혜의 글이라 할 수 있다.

우리나라에서도 많은 무신들이 이를 지침으로 삼았고, 조선시대에는 역관초시譯官初試의 교재로 삼기도 하였다. 지피지기知彼知己면 백전백승百戰百勝이라는 너무도 유명한 말은 물론이고, 전쟁을 해서 이기는 것보다 전쟁을 하지 않고 이기는 것을 최선으로 여겼다.

04

지옥 온천 돌아보기로 읽어 보는 단테의
신곡

> **알리기에리 단테**
>
> (1265~1321년)
> 이탈리아의 시인이다. 작시법과 수사법, 고전 문학을 공부했으나, 1295년부터 정치에 참가하여 정치가로 활약했다. 하지만 이후 정적에게 추방당하고 반역죄를 뒤집어쓰고, 죽을 때까지 망명과 방랑생활을 계속하게 되었다. 추방 후에 펜을 잡고, 죽음 직전에 완성하였다는 서사시의 걸작 「신곡(1321)」으로 인하여 세계 문학 사상 굴지의 시인으로 꼽히게 되었다.

이 장에서 소개하는 것은 단테의 『신곡』이다. 아직도 이탈리아의 대다수 사람들이 교양의 일환으로 암송할 수 있다는 고전 중의 고전 작품인 단테의 신곡! 이탈리아 문학사상, 아직까지 이렇게 위대한 작품은 전무후무하다.

괴테의 『파우스트』는 단테의 『신곡』의 영향을 받아 쓴 것이고 미켈란젤로는 이 『신곡』을 읽고 『최후의 심판』을 그렸다고 한다.

여기서는 지옥, 연옥, 천국을 둘러싼 이 『신곡』의 이야기를, 온천의 지옥 돌아보기에 비유하여 살펴보자.

단테의 "신곡"은?

"나 보기가 역겨워 가실 때에는 말없이 고이 보내 드리오리다. 영변에 약산~"으로 시작되는 김소월의 "진달래꽃"은 시험뿐만이 아니라, 우리나라에서 너무나도 유명한 시이기에 학교의 국어 수업 시간에 종종 암기하도록 한다.

이처럼 이탈리아에서도 학교에서 암기해야 하는 구절이 있다. 그것은 "인생 도중, 정신을 차려 보니, 올바른 길이 사라진 어두운 숲을 헤매고 있었다"로 시작되는 부분이다. 이것이 바로 『신곡』의 서두 부분이다.

이탈리아인에게 있어서 단테의 『신곡』은 한국 사람에게 있어서의 "진달래꽃"만큼이나 가까운 작품이다.

단테는 어떤 사람인가?

단테가 태어난 것은 페라가모 본점, 보석 가게가 들어선 피렌체이다. 몰락 귀족 가문에서 자라난 단테는 20대의 젊은 나이에 시인으로 독립했다. 그로부터 15년 후, 단테에게 인생의 전환기가 찾아온다. 작가로 데뷔하여 국회의원이 되어 정치 활동을 하는 모 국회의원처럼, 단테는 피렌체의 최고위 공직인 행정 장관으로 뽑혀 정치가로서 활동을 시작하게 되었다.

그때 단테의 정치 슬로건은 "시민의 보호자"였다. 당연히 그는 신뢰받는 지도자로서 절대적인 지지를 받고 있었다. 하지만 일부 귀족과 부자들이 지지하는 정적들의 음모에 의해, 단테는 누명을 쓰고 유죄 판결을 받았다. 그리하여 피렌체에서 영구 추방당하고 방랑 시인이 되는 처지가 되었다.

태어난 고향에서 영구 추방을 당하고, 이탈리아 반도를 방랑하게 된 단테. 그 방랑 여행 13년간의 시간을 쏟아 완성한 것이 『신곡』이다.

점점 『신곡』에 무슨 얘기가 쓰였는지 궁금해질 것이다. 하지만 그전에 먼저 작품의 개요를 알기 쉽게 알아보자. 여기서 그것을 해명해 주는 열쇠가 바로 온천이다.

『신곡』과 온천. 아무런 관련이 없는 것처럼 보이지만, 온천을 잘 살펴보면 이 둘 사이에 공통점이 엿보인다.

『신곡』의 줄거리

『신곡』에 등장하는 주인공은 단테 자신으로 자기 이야기를 쓴 것이다. 『신곡』의 얘기를 읽기 전에 다음 얘기를 한 번 읽어 보자. 동료의 음모로 인하여 회사를 쫓겨나게 된 회사원 단테 타로. 그 앞에 고귀한 사나이가 나타나 이렇게 말한다.

"그렇게 인생이 힘들다면, 날 따라와 보거라."

사나이를 따라 단테가 찾아간 곳은 온천. 거기서 그를 기다리고 있는 것은 지옥 돌아보기였다. 모든 지옥 온천을 둘러본 단테는 복잡한 기분으로 대합실 같은 곳에 끌려온다. 그곳에서 단테는 여태까지의 인생을 돌아보고 자신의 잘못을 반성한다.

거기에 나타난 한 명의 미녀. 그녀는 온천 여관의 미인 여주인이다. 그녀의 안내로 단테가 찾아간 곳은, 천국 같은 온천 여관이었다. 그곳에서 단테는 더 이상 바랄 게 없을 것 같은 최고의 행복을 실감한다. 이상이 「신곡」 내용의 끝이다.

뭐 이런 별 볼일 없는 한 사나이의 온천 이야기. 하지만 지금 이 이야기를 읽은 당신은, 단테가 쓴 14,233행의 핵심을 이해한 것이다.

그래도 잘 이해가 가지 않는다면 다음 단락에 소개하는 줄거리를 읽어 보자. 아마 술술 머릿속에 들어올 것이다. 그것은 생수와 수돗물을 구별하는 것보다 더 쉬운 일이다.

『신곡』의 내용

단테가 서술한 장대한 이야기 「신곡」. 이것은 단테 자신이 1300년 4월 5일(화) 부터 4월 10일(일)에 이르기까지 "지옥", "연옥", "천국"을 여행하는 이야기이다.

참고로 지옥이란 영원히 벌을 받는 장소이고, 연옥이란 지옥과 천국 사이에서 죄를 뉘우치는 장소이다. 그리고 천국은 물론 낙원을 뜻한다.

인생 도중에 이상하고 어두운 숲에서 길을 잃고 절망에 빠져 있던 주인공 단테. 그런 단테 앞에 스승으로 섬기던 고대 로마의 대시인 베르길리우스가 나타난다. 베르길리우스는 단테에게 말한다.

"지옥을 안내하겠네. 날 따라오게."

그리하여 단테는 절구같이 생긴 거대한 지옥에 발을 들여놓게 되었다.

우리도 단테와 함께 지옥을 둘러보도록 하자.

제1지옥. 신을 믿지 않은 죄

이곳은 영원히 무기력하게 살아야 하는 지옥이다. 위대한 철학자 아리스토텔레스와 소크라테스는 이곳의 주민이다. "왜 그런 사람들이 지옥에 왔을까?"라고 생각하는 사람도 있겠지만, 생전에 아무리 훌륭한 행위를 했어도, 진짜 신을 믿지 않으면 천국에 들어갈 수가 없다.

제2지옥. 애욕에 빠진 죄

애욕에 빠진 사람은 물론, 그 애욕 때문에 재앙을 가져온 사람도 이 지옥에 간다. 이 지옥에는 아름다움을 무기로 권력자를 조종한 클레오파트라도 영원한 고통과 아픔과 함께, 지옥의 폭풍에 희생당하고 있다.

제3지옥. 식탐 죄

대식가나 미식가도 지옥행이다. 이 죄를 범한 사람은 괴물 케르베로스의 먹이가 된다. 이외에도 구두쇠나 남을 속인 자, 자살한 사람도 지옥행이다. 지옥에서는 영원히 고통 받아야 하며, 이미 죽은 사람이기 때문에 당연히 죽지도 못한다. 이런 지옥들을 목격한 단테는 드디어 가장 가혹한 지옥에 도착한다.

제9지옥. 배신 죄

여기는 악마 사탄이 지배하는 지옥이다. 이 지옥에서는 예수를 배신한 유다, 줄리우스 시저를 배신한 브루투스와 카시우스가 악마 사탄에게 몸을 짓밟혀 고통을 받고 있다. 즉, 배신자가 가장 고통스러움을 겪는 것이다.

이렇게 보기조차 고통스러운 지옥을 빠져 나온 단테는, 다음에 연옥이라는 곳에 도착한다. 이곳은 영원히 고통을 받는 지옥과는 전혀 다른 세계이다. 몸의 때를 씻어 내고 온천에 들어가는 것이 당연한 것처럼, 이곳 연옥에서는 생전의 죄를 뉘우치고 영혼을 씻어 내면 천국에 갈 수 있는 것이다. 그리고 여기에 오기 위한 조건은 단 하나, 어떤 죄를 짓더라도 꼭 진심으로 뉘우치는 것이다. 이것은 꼭 기억해 두길 바란다.

연옥을 나온 단테는, 베아트리체라는 아름다운 천사를 만나 천국에 이끌려 간다. 천국에서 단테는 성인과 이야기를 나누며 신의 삼위일체*를 알게 된다. 그 순간 단테는 무한하게 쏟아지는 사랑의 빛에 감싸인다.

---

* **삼위일체**三位一體
기독교의 기본 교리로 성부聖父, 성자聖子, 성령聖靈를 말한다. 단테는 삼위일체를 신봉하였으며 『신곡』에서 베아트리체를 삼위일체로 가는 길잡이로 등장시킨다.

이렇듯 단테의 『신곡』은 삼위일체를
알게 되면서 빛을 받으며 끝나는
데 삼위일체란 무엇인가? 그
의미를 온천 이야기로 돌
아가 풀어 보도록 하자.

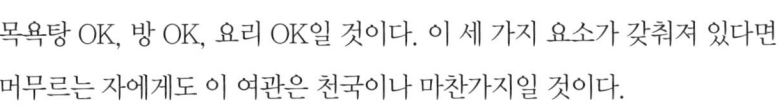

온천 여관의 여주인이
항상 신경 쓰고 있는 것이란
목욕탕 OK, 방 OK, 요리 OK일 것이다. 이 세 가지 요소가 갖춰져 있다면
머무르는 자에게도 이 여관은 천국이나 마찬가지일 것이다.

그런 천국 같은 여관에서 신처럼 손을 내밀어 주는 존재가 여주인이
다. 그런 여주인의 삼위일체란 목욕탕 OK, 방 OK, 요리 OK이다.

단테가 천국에서 깨닫게 된 삼위일체! 이것은 아마도 여주인의 삼위일
체와 같이, 무척이나 마음이 편해지는 요소였을 것이다.

그러면 단테는 왜 『신곡』을 썼을까? 그 힌트는 온천 여관의 여주인, 아
니 천국으로 이끌어 준 베아트리체에게 있었다.

그렇다면 베아트리체의 정체는 과연
뭘까?

베아트리체는 누구인가?

단테를 천국으로 이끌어 준 성녀 베아트리체. 사실 이 이름은 단테의 첫사랑 여인의 이름이었다. 베아트리체를 처음 만난 것은 단테가 9살 때이다. 그 이후로 단테는 일방적으로 베아트리체를 사랑했고 우러러보았다.

그러나 그녀는 단테가 아닌 다른 남자와 결혼했고, 불행하게도 24살의 젊은 나이에 이 세상을 떠나 버렸다. 하지만 그 후로도 그녀를 잊지 못한 단테는, 『신곡』에 베아트리체를 등장시켜 현실에서 이루지 못한 꿈을 작품 안에서 이루었던 것이다.

13년이라는 세월을 『신곡』을 쓰는 데 보내고, 완성 직후에 숨을 거둔 단테. 아마 천국에서 베아트리체와 사랑을 속삭이고 있을지도 모른다.

사실 단테는 『신곡』 안에서, 지옥의 공포를 실존 인물을 등장시켜 리얼하게 묘사했다. 이는 욕심이란 얼마나 큰 죄악인지, 사람들에게 현세의 자기 행동을 다시 돌아보게 하기 위함이었다. 그리하여 자신의 미래를 바꿀 수 있다는 것을 들려 주고 있는 것이다.

deep knowledge

깊은 지식 코너

행복으로의 초대, 신곡

「신곡」의 원래 제목은 "La Divina Commedia", 즉 희극Commedia이다. 그것도 원래 제목은 그냥 "Commedia"이었던 것을, 후에 "신성한Divina"라는 형용사를 붙이게 되었다. 참고로 여기서의 희극이란 슬픈 결말의 비극에 비하여 원만한 결말로 끝나는 이야기를 뜻한다.

단테는 「신곡」이라는 작품의 목적을 지인에게 편지로 이렇게 이야기하고 있다.

"이 세상에 사는 존재들을 비참함으로부터 구해 내고, 행복으로 이끌기 위함이다" 라고. 이 얼마나 훌륭한 테마인가!

문학으로 분류하자면 소설이 아니라 서사시 장르에 들어가는 「신곡」이지만, 시임에도 스토리가 있어 재미있게 읽을 수 있다.

모두 14,233행으로 이루어진 장대한 장편 서사시 「신곡」. 이 균형 잡힌 작품은 종종 대성당에 비유되기도 한다.

"지옥", "연옥", "천국" 3편으로 구성된 「신곡」은, 한 편이 33가, 한 연이 3행으로 이루어졌다. "지옥"의 서두에 서가가 있으므로, 1+33+33+33의 총 100가로 구성된 것이다.

이와 같이 삼위일체라는 내용 때문에, 3과 10이라는 숫자가 각 요소에 들어 있다는 걸 이미 눈치 챘을 것이다.

한편 지옥과 연옥을 안내해 준 베르길리우스는 로마의 시인으로서 「아이네아스」의 저자로 알려져 있으며, 단테가 스승으로 섬긴 인물이다.

Rene Descartes

05

미식가로 알아보는
데카르트의
방법서설

르네 데카르트
(1596~1650년)

프랑스의 철학자이자 수학자이다. 근대 철학의 아버지라고 불리는데 해석 기하학의 창시자이기도 하다. 그는 철학에서도 수학과 같은 확실한 원리를 추구하고자 했으며, 그 결과 지금까지의 모든 사고를 의심할 필요가 있다고 주장했다. 이 방법론적 회의론에 의하여 철학의 제1원리인 "나는 생각한다. 고로 나는 존재한다"를 발견하였으며, 이를 토대로 여러 학문을 유기적으로 연결시키고자 하였다.

표적 맞추기 게임에서, 공이 한가운데에 있는 표적을 맞추는 것을 보고 중세 유럽 사람들은 어떻게 대답했을까?

① 공이 한가운데 표적을 맞추고 싶었던 거야.
② 역학적으로 분석하면, 투구 폼에서 발생하는 작용과 중력의 작용으로 맞춘 거야.

지금은 믿기 힘든 일이지만 중세 유럽 사람들의 반응은 ①이었다. 따지고 보면 미신인 것이다. ②와 같은 현대인의 과학적인 사고방식은 데카르트 덕분이다. 현대 과학을 돈가스라 비유한다면 데카르트의 『방법서설』은 빵가루와 기름과 같은 것이다. 이러한 재료가 없으면 돈가스를 만들 수 없듯이 이 『방법서설』이 없었으면 현대 과학도 당연히 존재하지 못했다. 하지만 이렇게 큰 의미를 지니고 있는 『방법서설』이지만 이것은 어디까지나 "서설"이다.

서설이란 본론에 들어가기 전의 서론을 의미한다. 그러므로 이 책은 아주 얇지만 매우 어려운 이야기이다. 책 제목하고 다르다고 노여워하지 말자. 사실 우리가 고속도로라고 부르고는 있지만 느림보 운전을 할 때가 아주 많지 않은가? 또 간판하고 내용이 다른 것들도 수없이 많다.

얇은 책이지만 후세의 과학만능 시대의 기초가 될 정도로 깊은 내용을 담고 있는 데카르트의 사상에 대해 "미식가"로 검증해 보자.

"방법서설"이란?

시험 전날 밤샘을 하며 외우기에 바빴던 학창 시절, 무슨 뜻인지도 모르고 외운 문구들이 참 많다. 그중 하나가 "나는 생각한다. 고로 나는 존재한다"이다. 왠지 멋있고 유식해 보이는 말. 이 말을 남긴 사람이 데카르트이고 이 문구가 들어 있는 책이 바로 『방법서설』이다. 지금으로부터 약 400년 전, 우리나라로 치자면 병자호란이 일어났던 해, 네덜란드에서는 500페이지에 달하는 두꺼운 책이 출판되었다.

훗날 데카르트의 처녀작으로 남은 이 책의 제목은 『이성을 바르게 이끌고, 학문의 진리를 탐구하기 위한 방법 이야기. 이에 더하여, 그 방법을 시험한 굴절광학, 기상학, 기하학』이었다.

참 긴 제목이다.

이 긴 제목의 책 중에서 첫 78페이지, 즉 "이성을 바르게 이끌고, 학문의 진리를 탐구하기 위한 방법 이야기"의 부분을 "방법서설"이라 부르고, 그것이 이 책의 약칭이 된 것이다. 요즈음 "디지털 카메라"를 줄여서 "디카"라고 부르는 것과 같은 이치인 셈이다.

데카르트는 이 책을 왜 쓰게 됐을까? 그것은 절대적으로 확실한 진리를 발견하기 위해서였다. 즉, 온통 이해할 수 없는 것투성이인 세상에서, 이것이야말로 절대로 확실하다는 것을 찾기 위해서였다.

당시 17세기는 기독교 철학으로 만물이 설명되었던 시대이다. 그 당시 사람들에게 이 세상의 일은 의문투성이였다. 고대 그리스 시대부터 사람들은 모든 운동은 목적을 가지고 있다고 생각했다. 쉽게 말해 물체는 어떤 목적을 위해 장소를 골라 낙하하는 것으로, 던져진 돌도 목적을 향해 떨어진다는 식이다. 뿐만 아니라 천체의 운동이나 생물의 성장 모습, 사람의 인생 등도 모두 어떤 목적을 향해 움직인다고 생각했다. 이런 사고방식을 목적론적 세계관이라 한다.

하지만 이런 생각은 뭔가 정확하지 않고 애매한 느낌을 가져다준다. 이러한 모호함에서 벗어나 딱 떨어지게 생각할 수는 없을까를 생각하던 데카르트는 절대적으로 확실한 것을 찾아 집필하기 시작했다. 그 결과 데카르트는 물체의 움직임에는 목적이 있는 것이 아니라, 그냥 기계적인 움직임만 있을 뿐이라는 새로운 사상에 도달하게 되었다. 이를 기계론적 세계관이라 한다.

사실 1637년에 출판된 『방법서설』 어디에도 데카르트의 이름은 나오지 않는다. 사람들이 교회의 권위에 굴복하고 있었던 당시, 상식을 바꾸고자 하는 발상은 금기 그 자체였다.

갈릴레오는 천동설을 부인하고 지동설을 주장하여 교회로부터 처벌을 받았다. 이에 겁먹은 데카르트는 스스로를 지키기 위해 『방법서설』을 익명으로 출판했던 것이다.

이처럼 출판 금지 처분을 간신히 면한 이 책의 내용은 도대체 어떤 것이었을까? 이를 현대의 미식가 붐에 비유하여 본론으로 들어가 보자.

"모든 물체의 움직임에는 목적이 있는 것이 아니라 그저 기계적인 움직임만 있을 뿐이다!"

> "나는 생각한다.
> 고로 나는 존재한다"*

여전히 천동설이 대세이고 중력의 존재도 밝혀지지 않았던 그야말로 모든 것들이 불확실했던 17세기. 그때와 지금의 혼돈스러운 미식가 붐의 상황은 비슷하다고 볼 수 있다.

거리에는 계속 새로운 음식점들이 난립하고, 다양한 잡지들이 너나 할 것 없이 미식 특집을 싣는 요즈음, 정말 맛있는 집은 과연 어디일까? 데카르트가 절대적으로 확실한 진리를 찾았듯, 우리도 절대적으로 확실하게 맛있는 집을 찾아 헤매고 있는 것이다.

예를 들면, 여기 2권의 레스토랑 가이드북이 있다고 치자. 한 권은 뉴욕에서 발행한 『Zagat Survey』이고, 또 한 권은 일본에서 발행한 『동경 최고의 레스토랑』이다.

『Zagat Survey』는 4,800명에 이르는 일반 독자의 투표에 의하여, 가게를 30점 만점으로 평가한다고 한다. 현재 70여 개국에서 발매되고 있으며 세계에서 가장 많이 팔리는 레스토랑 가이드 중 하나이다. 반면 "동경 최고의 레스토랑"은 9명의 전문가가 독자적으로 채점하여 그 합계로 최고의 레스토랑을 정하는 방식을 취하고 있다.

그런데 이 두 책을 비교해 보면 프랑스 요리, 이탈리아 요리, 한식, 일식, 중식 등 모든 분야에서, 두 권이 최고로 꼽는 레스토랑이 있는데 모두 다르다. 서로 전혀 다른 시각에서 점수를 매기고 있기 때문이다.

그뿐이 아니다. 여러 잡지나 인터넷 사이트 등 그 무엇을 봐도 어디가

---

* "나는 생각한다. 고로 나는 존재한다"는 라틴어로 "Cogito, ergo sum"로 "코기토 에르고 숨"이라고 읽는다.

맛있는지에 대한 평가는 각양각색이다. 도저히 하나로 통일하여 판단할 수가 없다.

그렇다면 도대체 확실한 정보는 어디에 있는 것일까? 바로 이를 철학을 통해 이끌어 내려 했던 사람이 데카르트이다. 그가 취한 방법이란 일단 의심을 하는 것이다. "어느 집이 맛있는가?"라는 의문을 토대로 조금이라도 맛이 없다는 소문이 있는 집은 모두 잘라 버리고 확실하게 맛이 있는 집만 찾는 방식이다. 그러면 결국 마지막엔 "맛이 없는 거 아냐?"라는 의심이 조금이라도 있는 집은 모두 사라지고, 최종적으로 맛있는 집만이 남게 될 것이다.

데카르트가 사용한 즉, "모든 것을 의심하고, 결국 진리를 이끌어 낸다"는 방법을 "방법론적 회의"라고 한다. 그리고 여기에서 나온 결론이, "나는 생각한다. 고로 나는 존재한다"라는 사상이다.

세상의 모든 일들은 의심할 수가 있다. 눈앞에 걷고 있는 사람을 여성으로 보았는데 알고 보니 트렌스젠더였다거나(감각적 오류), 로또에 1등 당첨되어서 좋아했더니 꿈이었다거나(존재의 오류) 하는 등, 인생은 오류의 연속이다. 단 한 가지 오류가 발생할 수 없는 것은, "자신이 의심하고 있다는 사실만은, 절대로 의심할 수 없다"는 것이다. "의심하고 있는 건가?"라고 생각하는 것 자체가 의심하고 있다는 증거이기 때문이다.

이를 더 발전시키면, "생각하고 있지 않은 나"라는 것은, 아예 존재할 수가 없게 된다. 때문에 "나는 생각한다. 고로 나는 존재한다"만은, 절대적인 진실인 것이다.

당연하다고 생각되는 것을 의심하라! 이것은 어쩌면 주어진 정보에 휘둘리는 우리들에게, "생각할 자유를 되찾아라!"라고 말하는 데카르트의 메시지인지도 모른다.

여기에서 한 발 더 나아가 데카르트는 "나는 생각한다. 고로 나는 존재한다"는 사실을 깨달음으로써 사회 발전으로 이어지는 논리를 발견했다. 정말 배워야 할 부분은 여기서부터이다.

데카르트를 알기 쉽게 배워 나가도록 해보자.

물심이원론

모든 것을 의심하는 것을 시작하여 스스로 생각하는 것이 최고라는 것을 깨달은 데카르트. 이를 토대로 그가 도달한 것은 물심이원론이었다. 쉽게 얘기하면 물질과 마음을 따로 떼어 내어 생각한다는 사고방식이다.

미식가로 빗대어 풀어보도록 하자. 예를 들어 술집에서 친구들과 함께 술을 마시고자 하는데, 여러 종류의 맥주가 있다고 치자. 그래서 친구들에게 그중에서 무엇이 제일 맛있는지 물어봤다.

K씨: "난 카스."
P씨: "하이트가 세일 좋지."
Y씨: "당연히 카프리가 최고야."
J씨: "버드와이저를 빼놓으면 안 되지."

제각기 대답이 달랐다. 확실한 1등을 정할 수가 없는 것은 사람마다 맛있다고 생각하는 기준이 달랐기 때문이다. 즉, "맥주"라는 이름의 액체(물질)와 "맛있다"고 생각하는 마음이 분리되지 않았던 것이다.

이런 상황에 데카르트라면 어떻게 할 것인가?

먼저 물심이원론에 의거하여 물질과 마음을 분리한다. 맥주는 곧 알코올이 함유된 액체라고 정의하는 것이다. 그 다음 자신의 주관적 생각에 따라 맛을 판단하는 게 아니라 맛을 기계적으로, 수치로 표현한다. 맥주 맛을 수치로 표현한다는 자체를 황당하다고 얘기할 수도 있는데, 사실은 데카르트적인 사고 발생에 의해 탄생한 기계가 있다.

데카르트의 사상과 과학의 진보

그럼 그 기계는 무엇일까? 그것은 바로 미각 센서이다. 미각 센서란, 사람 혀의 메커니즘을 모델화한 것으로 인공의 혀인 지질막 센서에 의하여 음식의 맛을 수치로 표현할 수 있다. 참고로 맥주 맛을 이 기계로 분석하여 보면 짠맛, 쓴맛, 담백한 맛, 신맛, 단맛, 떫은맛과 같은 여섯 가지 기본 맛뿐만 아니라 목 넘김 등의 정보도 평가할 수 있다. 이 숫자는 개인의 느낌이 아니라 말 그대로 수치로 나타난 객관적인 맛인 것이다.

이와 같이 과학의 발전에 크게 공헌한 데카르트의 물심이원론 즉, 확실한 것을 추구한 데카르트의 정신은 지금도 살아 있는 것이다. 혹시라도 데카르트가 물심이원론을 제창하지 않았다면 과학의 발전은 지금보다도 더 늦어졌을지도 모른다.

데카르트는 구체적으로 발명한 것, 즉 『방법서설』의 원래 제목이 무엇이었는지 기억하고 있는가? 그것은 『이성을 올바르게 이끌며, 학문의 진리를 탐구하기 위한 방법 이야기. 이에 더하여, 그 방법을 시험한 굴절광학, 기상학, 기하학』이다.

역시 다시 봐도 길기만 하다. 이 중 마지막의 "기하학"이 포인트이다. 데카르트는 철학자인 동시에 수학자이기도 했던 것이다. 그러면 수학자 데카르트가 발명한 것은 과연 무엇이었을까?

데카르트의 발명

1596년 데카르트는 프랑스의 한 귀족 가문에서 태어났다. 교육에 많은 관심을 보이던 아버지의 영향으로 어렸을 때부터 다양한 학문을 접하면서 성장했다. 이렇게 얘기하면 그가 아주 근면하고 부지런한 사람처럼 보이겠지만 실상은 전혀 그렇지 않았다. 데카르트를 한마디로 표현하자면, "게으른 사람"이었다. 특히 아침잠이 많은 게으름뱅이였다. 하지만 그 게으름이 후에 인류에게 큰 영향을 끼치게 될 줄은 아무도 몰랐다.

여느 날처럼 늦잠을 자면서 데카르트는 침대에서 뒹굴고 있었다. 그때 데카르트의 시야에 들어온 것이 바로 천장에 달라붙어 있던 파리 한 마리였다. 데카르트는 그 파리를 보면서 생각했다. "파리의 위치를 수치로 표현하는 방법은 없을까?" 하고 말이다. 이를 계기로 탄생한 것이 바로 우리가 흔히 접하는 x, y, z라

는 3차원 좌표, 소위 말하는 데카르트의 좌표이다. 수치로 물체 위치를 나타낸다는 획기적인 발상에 의하여 과학은 크게 발전했다. 이 발상은 수학뿐만 아니라 컴퓨터 그래픽 등에서도 사용되고 있다.

이제 데카르트의 『방법서설』의 내용이 조금은 이해되었는가? 결국 데카르트가 말하고 싶었던 것은 "모든 것을 의심하라"는 것이다. 즉, 상식에 얽매여 있는 것이 아니라 자신의 머리로 생각하라는 것이다. 앞에서도 언급했듯이 이 『방법서설』은 별로 두껍지 않다. 흥미를 느낀다면 옆에 끼고 숙독하는 것도 좋인 일일 것이다.

프랑스어로 서술된 최초의 철학 서적

1650년 스웨덴 궁정에 체류 중이던 데카르트는 폐렴에 걸려 세상을 떠났다. 데카르트는 죽어서도 유럽에서 화젯거리가 되었는데, 그가 데카르트를 질투한 학자들에 의해 독살당했다는 소문이 퍼졌던 것이다.

그 뒤 프랑스로 유골을 옮기던 도중에 두개골이 누군가에게 도난당하는 사건이 발생했다. 물론 나중에 그것을 다시 찾아 파리의 박물관에 안치했다. 아직도 데카르트의 죽음의 진상이 밝혀지지 않고 있지만, 언젠가는 그가 확실하다고 믿었던 과학의 힘에 의하여 해명될지도 모르는 일이다.

수많은 화젯거리를 몰고 다녔던 데카르트는 "평생 놓쳐서는 안 될 세 가지"로 "아름다운 여성과 훌륭한 책, 흠 없는 설교자"를 꼽았다. 그래서인지 그는 평생 독신으로 살았다.

그리고 이 『방법서설』은, 사실 프랑스어로 서술된 최초의 철학 서적이라는 점에서도 기념비적인 책이기도 하다.

여기서 잠깐, "『방법서설』이라고 하니 엥, 서설? 그럼 본론도 있는 건가?"라는 의문이 들 것이다. 사실 이 책의 본론은 광학, 기상학, 기하학에 대해 다루고 있는데 그다지 잘 알려져 있지 않다. 부록 덕분에 유명해진 잡지와 같은 것이다.

Bernardo di Niccolo Machiavelli

06

라면으로 들여다보는 마키아벨리의 군주론

레오나르도 디 니콜로 마키아벨리
(1469~1527년)

이탈리아의 정치가이자 정치학자이다. 르네상스 시대의 피렌체 공화정부 서기관, 외교관으로서 활약했지만 메디치가가 권력의 자리에 앉자 추방당해 정계에서 은퇴하고 남은 여생을 저술에 전념했다. 가장 유명한 저작 『군주론(1513)』에서는 어떠한 수단을 써서라도 자신과 국가의 권력을 유지하고 확대하는 지도자의 필요성을 제시하고 있다. 정치를 종교나 도덕으로부터 독립된 존재로 간주한 근대 정치학의 선구자이다.

16세기의 피렌체에서 한 정치가가 『군주론』이라는 한 권의 책을 저술했다. 그 내용은 왕으로서 훌륭하게 나라를 다스리는 방법에 관한 것이었다. 요즘으로 말하면 경영자가 성공하기 위한 방법과 같은 것이다.

그런데 이 책에 담긴 가르침은 사실 무척 무서운 것이었다. "목적을 위해서는 수단을 가리지 말라"고 했으니 말이다. 이러한 냉혹함으로 인해 기독교도들은 악마의 책이라고 부르며 불에 태우기도 했다. 하지만 그 가르침은 시간의 어둠을 뚫고 역사를 크게 동요시켰다.

러시아의 혁명가 레닌*이나 이탈리아의 독재자 무솔리니** 등 수많은 사람들이 군주론에 지대한 영향을 받았던 것이다. 다 아는 바와 같이 레닌은 군주론의 가르침에 따라 소비에트연방이라고 하는 세계 최초의 사회주의 국가를 탄생시켰고, 어린 시절부터 자장가 대신 아버지가 낭독하는 『군주론』을 듣고 자란 무솔리니는 히틀러와 함께 제2차 세계대전을 일으켰다.

이렇듯 『군주론』은 그 엄청난 파급력 때문에 후세의 위정자들에게 은밀히 애독되면서도 금단의 글이라고까지 일컬어지게 되었다. 최근에도 정치에 입문하는 사람은 꼭 읽어야 할 필독서로 인정받고 있을 뿐만이 아니라, 기업 경영을 하는 사람도 꼭 봐야 할 책으로 여겨지고 있다. 한마디

---

* **레닌** (Vladimir Iliich Lenin 1870~1924)
러시아의 혁명가이자 정치가로서 마르크스주의를 제국주의 시대에 맞게 러시아의 현실에 적용하여 레닌주의를 확립했다. 10월 혁명을 지휘해 소비에트연방 사회주의를 건국한 창시자로 20세기 혁명과 사회주의에 큰 영향을 미쳤다.

** **무솔리니** (Benito Mussolini 1883~1945)
이탈리아의 정치가이자 파시스트당의 통령이다. 파시스트당을 조직해 1922년 쿠데타를 일으켜 정권을 획득하고 파시즘의 독재정치를 폈다. 또한 영토 확대를 노려 제국주의적 외교 정책을 전개했으며, 히틀러와 함께 유럽을 제2차 세계대전의 와중으로 몰아넣었다.

로 『군주론』은 이 혼돈스런 세상을 꿋꿋이 살아갈 수 있게 하는 지침서로 사람들에게 다가오고 있는 것이다. 하지만 안타깝게도 어려워 보이는 책 제목 때문에 아직도 많은 사람들이 눈살을 찌푸리거나 골머리 아파하며 선뜻 읽어볼 엄두를 내지 못하고 있다.

그러나 이제 그만 걱정을 접어 두자. 이 『군주론』을 아주 간단하게 해독하는 열쇠가 있으니까 말이다. 그것은 바로 라면이다. 비록 다소 무리가 따르긴 하지만 이 『군주론』과 라면과는 역사의 장난으로밖에 여기지지 않을 정도로 참 신기하게 맞아떨어지는 점이 있다.

군주론과 라면의 관계

도대체 라면이 어떻다고 군주론과 관계가 있다고 할 수 있는가?

우선 시대적으로 볼 때 유사점을 발견할 수 있다. 『군주론』은 16세기에 이탈리아에서 출간된 것인데 당시 이탈리아는 베네치아, 피렌체, 밀라노, 나폴리 등 각 도시가 주도권을 잡고자 밤낮으로 분쟁을 벌이는 혼란의 시대였다. 이와 마찬가지로 일본에서 외식산업의 군주 격으로 존재한 라면이 햄버거와 카레, 초밥 등과 심하게 싸움을 벌이고 있었다. 게다가 라면이 외식산업의 군주로 군림하게 된 요소와 『군주론』의 무서운 가르침 사이에는 몇 가지 공통점이 발견되고 있다.

먼저 "군주에게는 악덕도 필요하다"는 대목을 들 수 있다. 상식적으로 군주는 선해야 한다고 생각하기 쉽지만 『군주론』에서는 이와 전혀 반대로 서술하고 있다. 세상을 다스리기 위해서는 착하기만 해서는 안 되며, 나쁜 부분을 가지고 있더라도 성공한다면 용서받을 수 있다고 거침없이 말하고 있는 것이다.

일본에서 라면이 서민 생활에 보급되기 시작된 것도 바로 이 대목과 일맥상통하는 면이 있다. 메이지明治시대, 그러니까 일본이 미국의 강압으로 개화를 하게 되기 전까지만 해도 일본인에게 있어 면이라고 하면 그저 담백한 맛의 메밀, 우동, 소면 등이 전부였다. 게다가 당시의 일본인에게 육식은 금지되고 있었다. 그런 그들에게 고기로 국물을 내어 만든 라면은 맛을 논하기 전에 너무나 충격적이고도 꺼려지는 일이었다.

그럼 어떻게 해서 그렇게 인기가 없던 라면이 군주 격으로 성장하였을까?

이 물음에 『군주론』은 "때로는 속여라"라고 답하고 있다. 이것은 목적을 달성하기 위해서 사람들을 속여야 한다면 어쩔 수 없이 그렇게 해

"목적을 위해서 수단을 가리지 마라"

야 한다고 설명하고 있는 것이다. 사실 라면의 역사도 살펴보면 거짓말의 연속이었다.

일본 사람들이 평소 즐겨 먹는 미소 라면은 사실 1956년 삿포로札幌에 살고 있던 한 사람이 술에 취해 실수로 된장국에 면을 넣어 탄생하게 되었다. 또한 엄청나게 두꺼운 삿포로 면도 처음부터 그 쫀득쫀득한 식감을 노리고 만든 것이 아니었다. 손님에게 더욱더 포만감을 느끼게 하기 위해 면에 물을 보태어 불린 것에서 우연히 그 두껍고 노란 면이 탄생하게 된 것이다. 콩나물에 라면이 들어가게 된 과정도 그렇다. 지금은 삿포로 라면에 콩나물은 빼려야 뺄 수 없는 재료라고 여겨지지만 처음부터 넣게 된 것이 아니다. 원래 단맛을 내기 위해 양파를 사용했는데 원가를 조금이라도 줄이기 위해 콩나물을 넣었던 것이 그 시작이 된 것이다. 삿포로 라면의 콩나물은 양파의 대용품으로 거짓말의 상징이라고 볼 수 있는 것이다. 그러나 양파 대신 콩나물을 넣어 맛이 있었기 때문에 모든 것이 용서가 되었다. 아무리 나쁜 짓을 하거나 속임수를 쓰더라도 맛만 있으면 사람들은 줄을 서서 기다린다.

이에 대해 『군주론』은 이렇게 답변하고 있다. "나쁜 일은 한 번에 크게, 전부 해 버려라." 즉, 좋은 일만 하여 실패하는 것보다는 나쁜 일을 해서라도 좋은 결과로 이끌라고 설명하고 있는 것이다.

이렇게 해서 라면은 외식산업의 군주가 되었다. 자연스럽게 이러한 라면의 세계에도 여러 군주가 존재하게 되었고 점점 "지역의" 원조 라면에서 "사람의" 원조 라면으로 변해 갔다. 즉, 어디의 라면이냐가 아니라 누가 만든 라면이냐에 따라 인기가 결정되는 시대가 된 것이다. 인기 있는 라면을 만드는 자가 외식산업의 군주로 자리매김을 하게 된 것이다.

군주론의 실전편

이제 라면계의 군주로 떠오른 인물 사노 미노루를 살펴보면서 군주론이 어떻게 실제적으로 적용되었는지 알아보자. 사노 미노루로 말할 것 같으면 일본 라면 가게의 대명사인 시나소바야 支那そばや*의 주인이다. 그는 특유의 고집으로 독자적인 경영철학을 확립했는데 그가 만든 라면의 원가율은 40퍼센트 이상이라고 한다. 한마디로 그는 식료품의 귀재로 불리고 있다. 물론 그가 처음부터 그런 소리를 들은 것이 아니다. 1985년 개점 당시만 해도 사노 미노루의 회사 시나소바야는 인기는커녕 파리만 날리는 가게에 불과했다. 메뉴도 카레, 맥주 등 여러 가지가 있었기 때문에 라면 하나로 승부를 걸 수 있는 것이 아니었다.

그런데 이런 가게를 경영하고 있던 사노 미노루가 어떻게 해서 라면 업계의 일약 군주로 떠오르게 되었을까? 이 과정을 살펴보면 군주론의 가르침과 완전히 일치하고 있는 것을 발견할 수 있다. 어느 날 사노는 파리만 날리는 가게를 지켜보며 고민에 빠지게 된다. 어떻게 하면 가게를 살릴 수 있을 것인가 깊은 생각에 빠진 그는 라면 하나만으로 승부를 걸자고 결심하게 되었다. 라면 가게를 연 지 2년 만의 일이었다. 그의 결심을 군주론 식으로 말하자면 "라면을 방해하는 것들 따위는 필요 없어"라는 생각과 같은 것이었다. 그는 바로 실천에 들어갔고 그러자마자 손님이 배로 늘어나기 시작했다. 참으로 이상한 일이었다. 여기서 바로 군주론의 또 다

---

* **시나소바야 (支那そばや)**
일본의 시나소바야 본점은 지하철 오다큐 에노시마선 모토쿠게누마역에서 도보로 12분 거리에 있다. 이외에도 가나가와 현을 중심으로 여러 지점이 있다. 또한 "신 요코하마 라면박물관"에 고정점으로 들어가 있어서 이곳에서도 가볍게 맛볼 수 있다.

른 대목을 떠올릴 수가 있는데 바로 "군주는 군사에 전념하라"이다. 즉, 군주인 자가 취미 생활에 정신이 팔려서는 결코 성공을 거둘 수 없다는 것이다.

이렇게 해서 시나소바야는 라면만 파는 전문점이 되었고 손님들은 점점 더 모여들기 시작했다. 그러던 어느 날 테니스를 치고 들어온 손님이 가게에서 소란을 피우며 덤으로 맥주를 내놓으라고 요구했다. 사노가 거절하자 이내 말싸움이 일어났고 손님은 테니스 라켓을 머리 위로 번쩍 쳐들었다. 갑작스런 상황에 처하자 사노는 자신도 모르게 무서운 손도끼를 휘둘러 대기 시작했다. 사노의 행동에 겁을 먹은 손님은 곧장 가게에서 도망쳤다. 삽시간에 소문은 퍼져 나갔고 이후 가게에 온 손님들은 거의 잡담을 나누지 않게 되었다. 긴장감마저 감도는 분위기가 조성된 것이다.

그렇다면 군주론에서는 이런 사노의 행동을 어떻게 설명하고 있는가? "군주는 사랑을 받기보다는 무서워야 한다"고 서술하고 있다. 아무리 사랑받고 있다고 해도 변덕스런 민중의 마음은 언제 바뀔지 알 수 없으니, 그들보다 무서운 존재로 군림하여 지배하는 것이 군주로서는 훨씬 더 안전하다는 것이다.

"군주는 사랑을 받는 것보다 무서워야 한다"

군주는 사람을 버릴 줄 알아야 한다!

06 • 라면으로 들여다보는 마키아벨리의 **군주론** 77

물론 사노가 라면 업계의 대부로 등극하는 데에 비단 이 일만 있었던 것은 아니다. 그는 그 뒤로 더욱 엄격해져 갔던 것이다. 그중에서도 그가 가장 신경을 썼던 부분은 면의 맛을 결정하는 밀가루의 품질이었다. 밀가루를 잘 보존하기 위해서 가장 신경 써야 할 것은 온도 관리였다. 어느 날 한 손님이 "추우니까 에어컨을 꺼 주면 안 될까요?"라고 요청했다. 그러자 사노는 손님에게 거침없이 대답했다. "당신보다 밀가루가 더 중요해"라고 말이다. 이 말도 『군주론』과 상통하는 것으로 "군주는 사람을 버릴 줄 알아야 한다"고 적혀 있다. 인정에 얽매인 군주에게 성공은 없다고 설명하고 있는 것이다. 이처럼 사노는 때론 나쁜 행동도 꺼리지 않고 오로지 맛있는 라면만을 추구했고, 그런 그의 행동에 시대가 고개를 숙여 라면계의 군주적 존재로 떠오르게 만든 것이었다.

그 맑은 호박색의 라면 스프는 우리에게 이렇게 외치고 있는 것 같다. "뭔가를 이루려고 하는 인간에게는 『군주론』의 가르침이 바로 진리이다"라고 말이다.

이제 이해할 것이다. 자신은 아주 좋은 사람인데 왜 인생이 잘 풀리지 않는가를 말이다. 어떤 의미에서 어정쩡한 태도는 사람들에게 폐가 될지도 모른다. 그렇지만 정말로 악하게 변하여 오랏줄에 묶이는 짓은 하지 말아야 할 것이다.

군주론을 쓴 남자

군주론의 저자 마키아벨리는 왜 이런 책을 쓰게 되었을까? 그 놀라운 답은 그의 인생에 숨겨져 있다. 흔히 니콜로 마키아벨리에 대한 사람들의 평가는 "마키아벨리스트"*라는 말로 전해져 오고 있다. 그가 쓴 『군주론』을 보고 목적을 위해서라면 수단과 방법을 가리지 않는 냉혹하고 비도덕적으로 구는 인간이라고 판단한 것이다. 그러나 이것은 큰 오해로 마키아벨리는 결코 냉혹하고 비도덕적인 사람이 아니었다.

그가 살았던 당시 500년 전 이탈리아의 피렌체 공화국은 각각의 도시가 분쟁에 휩싸였던 혼란의 시대였다. 그때 그는 외교 담당의 능력 있는 서기관으로서 이상적인 사회를 만들려는 사명에 불타고 있었다. 그러나 예상하지 못한 사태가 벌어지고 말았다. 도락에 빠져 피렌체로부터 쫓겨났던 이전의 지배자 메디치가**의 자손이 다시 피렌체로 돌아온 것이다. 메디치가가 없을 때 활약하던 마키아벨리는 당연히 그들에게 있어서 눈엣가시 같은 존재였다. 결국 서기관에서 해고 투옥되었고 2년간에 걸쳐 지독한 고문을 받았다.

이러한 지옥 같은 감옥에서 기적적으로 석방된 마키아벨리는 "다시는 고문 받지 않으려면 하루라도 빨리 메디치가를 섬겨야만 한다"고 생각했다. 그래서 그는 메디치가의 비위를 맞추기 위해 책을 쓰기 시작했다. 이것이 바로 군주의 지위를 유지하기 위한 요령을 엮은 『군주론』이다. 이 책은 다시 말해 정치가에게 바치는 일종의 뇌물과 같은 성격을 지닌 것이다.

군주론에 적혀 있는 많은 가르침의 언어는 마키아벨리가 보고 듣고 체

---

* 마키아벨리스트

마키아벨리스트란 목적 달성을 위해서라면 권모술수는 물론이고 어떤 수단이나 방법도 인정한다는, 정치상의 행동 양식으로 무장하여 실제로 그것을 실천하는 사람을 말한다. 마키아벨리가 『군주론』을 서술한 것이 발단이 되어 이렇게 부르게 되었지만, 정작 마키아벨리 본인은 냉혹하고 비도덕적인 사람이 아니었다.

** 메디치가

이탈리아의 피렌체 공화국의 부호이자 정치가 일족이다. 14세기부터 상업, 은행업으로 세력을 키웠으며 15세기 중반경에 피렌체의 실권을 잡았다. 교황 레오 10세, 크레멘스 7세를 배출했으며 1569년에 토스카나 공가公家가 되기도 했으나 1737년 단절되었다. 한편 르네상스의 학문, 예술 등에 큰 기여를 한 공적도 있다.

험한 슬픈 현실 그 자체였다. 그는 이러한 현실을 훗날 "악의 가르침"이라고 불릴 정도로 냉혹한 눈으로 바라보았던 것이다. 그런데 책에 담긴 그의 단 하나의 염원은 바로 조국 이탈리아의 통일이었다.

그는 이런 말을 남겼다.

"나는 내 영혼보다도 내 조국을 더 사랑한다."

마키아벨리는 결코 마키아벨리스트가 아니었던 것이다. 그는 군주론의 마지막에 이러한 말도 적어 놓았다.

"운명이란 여자와 같은 것이다. 기분이 상해 내 맘대로 되지 않을 때는 적극적으로 공격하고 때려서라도 목적을 달성하라."

어쩌겠는가? 이런 마키아벨리도 운명에게 농락당한 꼴이 되었으니 말이다.

deep knowledge

군주는 사자와 같이 용맹스럽고 여우와 같이 교활해야 한다

1513년 집필되어 후에 메디치가의 로렌초에 헌정된 『군주론』은 1532년에 공개 간행되었다. 여기서 마키아벨리는 신의가 두텁고 자비가 깊은 군주를 이상적인 모습으로 그리고 있으나 이러한 군주는 사악한 많은 사람들로 인해 몰락해 버릴 것이라고 보았다. 그렇기 때문에 군주는 약속을 저버리는 것은 물론 때와 장소에 따라서는 냉혹한 짓도 필요하다고 설명하고 있다. 이 이론은 당시까지 계속 이어져 오던 종교적이고 도덕적인 정치관의 역사를 현실적인 정치사상으로 단번에 바꿔 버릴 정도로 충격적인 것이었다. 이렇게 정치를 종교적, 도덕적 논리로부터 독립시킨 점에서 이 책은 사회과학서의 창시자로 불린다.

그러나 너무나 과격한 내용으로 인해 1559년 로마 교황청에 의해 금서 목록으로 취급되어 발행 금지 처분이 내려졌다. 게다가 이에 반대하는 『반 마키아벨리론(1740년)』이란 서적이 나오게 되었다. 프로이센의 프리드리히 대왕이 썼다고 하는데, 이것은 제목에서 알 수 있듯이 마키아벨리의 반인도성을 비판한 것이다.

하지만 실제로는 프리드리히 대왕이 마키아벨리즘을 상당히 활용했다는 사실을 곳곳에서 엿볼 수 있다. 풍자라고 할까, 종이 한 장 차이라고 할까, 아니면 인간의 본질을 둘러싼 문제라고나 할까. 아무튼 몹시 흥미로운 일화라 할 수 있다.

결국 도덕가 등의 비판의 대상이 되어 버린 군주론, "군주는 사자와 같이 용맹스럽고 여우와 같이 교활해야 한다"라고 설명한 마키아벨리. 여기서 마키아벨리는 "목적의 달성을 위해서는 도덕적인 수단도 시인한다"라는 정치적인 성공의 원칙을 만들어 내려 했던 것이 아니었다. 현실의 모습을 그대로 그리려고 했으며, 또 그의 내면에는 국가 통일을 이룩하여 국민의 복지를 해결하려고 하는 뜨거운 염원이 담겨져 있었다.

사실 마키아벨리는 정치, 군사론으로 유명하지만 『만드라골래(1518년)』라는 희곡을 썼던 인물이다. 그 당시 문필가로서의 명성을 높여 주었던 것이 바로 이 희곡이다.

Blaise Pascal

07

엔터테인먼트로 바라보는 파스칼의
팡세

> **블레이즈 파스칼**
> **(1623~1662년)**
> 프랑스의 수학자·물리학자·철학자·종교사상가이다. 16세 때에 '파스칼의 정리'가 포함된 『원뿔곡선 시론』을 쓴 신동이었다. 그는 '파스칼의 원리'가 들어 있는 『유체의 평형』 등 많은 수학·물리학에 대한 글들을 발표하고 연구를 하였다. 또한 활발한 철학적·종교적 활동을 하였으며, 유고집 『팡세(1670)』가 있다.

"인간은 생각하는 갈대이다"나 "클레오파트라의 코가 조금만 낮았더라면 역사는 바뀌었을 것이다", "대의 없는 힘은 폭력이다" 등 아직도 사람들의 입에 오르는 이런 수많은 명언이 어떤 책에서 시작되었는지, 인용의 출처를 알고 있는가? 바로 파스칼의 『팡세』에서 나온 말이다. 이렇게 이 책은 바로 상대를 끌어당기는 문구로 가득하다.

한편 과학자로서도 그 이름을 남긴 17세기 프랑스의 철학자 파스칼의 유고遺稿작이니만큼, 그의 광범한 지성이 강렬히 내뿜어 대는 오로라처럼 반영되고 있기 때문에 책은 무척 두껍고 난해하기도 하다.

그렇지만 『팡세』를 읽는 것을 포기한다는 건 인생의 많은 즐거움을 잃어버리는 것이라고 볼 수 있다. 말하자면 인생의 여러 낙을 찾지 못하고, 오직 옥수수스프에 남은 한 알의 옥수수마저 먹으려고 목을 젖혀 하늘을 바라보며 접시를 탕탕 치고 있는 것과 같은 초라한 짓이다.

인생이 그렇게 끝난다면 얼마나 안타까운 일인가? 일상적으로 화제 삼아 얘기하는 엔터테인먼트에 빗대어 『팡세』를 이해하기 쉽게 풀어 보자.

파스칼의 "팡세"란?

『팡세』의 저자 블레이즈 파스칼은 지금으로부터 약 350년 전 프랑스에서 태어났다. 그는 수학은 물론이고 과학, 철학, 종교 등 다방면에 정통한 사람이었다. 그 가운데 가장 유명한 것이 중고등학교 교과서에도 나오는 파스칼의 원리*이다. 이 외에도 태풍 등의 기압을 나타내는 단위 파스칼(Pa)**이 있는데, 파스칼 덕분에 기상 캐스터도 일기예보를 할 수 있는 것이다. 또한 그는 겨우 16

살 때에 컴퓨터의 기본이라고 할 수 있는 기계식 계산기를 발명한 천재였다.

이런 그의 대표작이 『팡세』이다. 그럼 수많은 명언이 수록된 이 명작은 어떻게 해서 태어난 것일까?

우선 팡세란 뜻은 프랑스어로 "사상", 혹은 "써서 남긴 문서"라고 하는 의미이다. 경건한 기독교도이기도 했던 파스칼은 기독교를 믿지 않는 사람들을 신의 세계로 이끄는 책을 쓰기 위해 생각나는 것을 메모해서 적어 두었다. 그러나 책으로 출간되어 나오기 전에 죽고 말았다. 그래서 친구들이 그의 메모를 모아 정리해 편집했고, 파스칼이 죽은 지 8년이 지나서야 마침내 『팡세』가 나온 것이다. 그러나 그 당시의 책 제목은 『파스칼의 사후 그의 유고 중에서 발견된 종교 및 그 밖의 여러 문제에 관한 사상집』이었는데 너무 길었기 때문에 머지않아 『팡세』라 불리게 되었다. 유고 모음집이었음에도 불구하고 천재 파스칼의 인기는 하늘을 찔러 대베스트셀러가 되었다.

위대해진 모음집

이렇게 시대의 요청에 부응해 모아진 단편이 독자들에게 인기리에 읽혀진 예는 많다.

＊ 파스칼의 원리
밀폐된 유체의 일부에 압력을 가하면 그 압력이 유체 내의 모든 곳에 같은 크기로 전달된다는 원리이다. 물론 파스칼이 발견했으므로 이렇게 이름 붙여진 것이다.

＊＊ 파스칼 (Pa)
압력의 SI 단위로, 1파스칼은 제곱미터당 1뉴턴에 해당하는 압력이다. 또한 일기예보 등에서 자주 듣는 헥토파스칼(hPa)은 파스칼의 100배에 해당되는 값이다. 이 값은 이전에 밀리바(mb)라고 불렸다.

27살의 젊은 나이에 세상을 떠난 천재 기타리스트인 지미 헨드릭스*의 1971년 "크라이 오브 러브" 이후 발매된 앨범은 모두 그가 생전에 연주한 곡들을 모은 것이다.

또 "사망유희**"는 전설의 액션스타 이소룡의 유작이다. 제작 도중에 이소룡이 사망해 급히 지금까지 촬영한 부분을 모아 가능한 스토리로 재편집을 한 것이다. 그래도 부족한 부분은 비슷한 사람을 기용해서 완성했다.

하지만 그중에서도 『팡세』는 특별하다. 다재다능한 파스칼의 사상에 대해 니체와 사르트르 등 수많은 철학자의 의견이 분분했는데 단순한 메모장이 아니라 사상의 근간이 되었기 때문이다.

그러면 『팡세』에 기록되어 있는 풍자 가득한 명언을 몇 개 살펴보자. 우선 많은 철학자에게 충격을 주는 말이다.

"철학을 바보 취급하는 것이야말로 진정한 철학이다."

또한 그는 동시대의 라이벌이었던 데카르트(본서 5장 참조)를 향해 "무익하고 불확실한 데카르트"라고 단호히 잘라 말했다.

게다가 게으른 사람에게는 귀가 아픈 명언이 있다.

"인간은 모든 직업에 어울린다. 어울리지 않는 것은 방 안에 가만히 있는 것뿐이다."

마지막으로 유명한 이들의 말을 함부로 인용하여 사용하는 사람에게 충고한다.

"세상에는 온갖 좋은 명언이 있다. 사람은 그것을 실천하는 데 실패할 뿐이다."

이렇게 『팡세』는 갖가지 반찬이 가득 들어 있는 도시락과 같이, 파스칼의 다양하고 풍부한 사상이 응축되어 있다. 그런 다수의 명언 중에서 사람들에게 가장 잘 알려진 것이 바로 "사람은 생각하는 갈대이다"이다.

그럼 그 "생각하는 갈대"란 도대체 어떤 말을 함축하고 있는 것일까? 사실 이것은 화려한 꿈을 좇는 엔터테인먼트의 세계 속에서 그 의미를 쉽게 찾아볼 수 있다.

인간은 생각하는 갈대이다

"인간은 생각하는 갈대이다"라는 이 유명한 구절은 사실 좀 더 긴 문장이다. 그 문장을 그대로 옮겨 쓰면 다음과 같다.

"인간은 한 가닥 갈대에 지나지 않는다. 자연 중에서 가장 약한 것이다. 그러나 그것은 생각하는 갈대이다."

자연 중에서도 가장 약하다고 하는 갈대. 그럼에도 파스칼은 그 약한 갈대에 인간을 빗대었다. 그러면서 그는 계속 이어갔다.

"우주가 인간을 무너뜨리는 것은 간단하지만 인간은 사고에 의해 우주를 아는 것이 가능하다."

---

* **지미 헨드릭스** (James Marshall Jimi Hendrix 1942~1970)
미국 시애틀 출신의 기타리스트이다. 1966년 애니멀즈의 찰스 찬드라의 눈에 띄어 9월에 영국으로 건너가 "더 지미 헨드릭스 익스피리언스"를 결성했다. 1966년 12월에 싱글 "헤이 죠"로 데뷔하여 1969년 8월의 "우드 스탁 페스티벌"에서는 헤드 라이너를 맡아 "성조기여 영원하라"는 전설적인 곡을 남겼다. 1970년 9월 18일 런던의 서멀컨드 호텔에서 혼수상태로 급사했는데, 그때 나이 향년 27살이었다.

** **사망유희** (Game of Death, 1979년, 미국, 감독 : 로버트 클로즈, 출연 : 이소룡, 김 영, 딘 자거, 휴 오브라이언, 척 노리스)
거대한 국제 신 지켓의 제왕 도쿠타 란의 보복을 위해 나쁜 거성에 도달한 주인공 이소룡. 그 탑의 각 단에서 대기하고 있는 세계 각지의 무도가들과 싸우며 최상단을 목표로 한다. 일약 스타가 된 이소룡이 갑자기 죽어서 대역을 사용해 완성한 작품으로 큰 화제가 되었던 작품이다.

광대한 전체 우주와 비교해 볼 때 인간은 갈대와 같이 매우 유약한 존재이다. 우주가 인간을 무너뜨리는 데에는 아무런 무장이 필요하지 않다. 간단히 해치울 수가 있는 것이다. 그러나 우주가 인간을 무너뜨린다 해도 인간은 인간을 죽이는 그 우주보다 더 존귀하다. 왜냐하면 인간은 자신이 죽는 것, 우주가 자신을 이길 것을 알고 있지만 우주는 그런 것을 전혀 모르고 있기 때문이다. 인간은 자기 자신의 약함을 자각해 생각하는 것이 가능하다. 그렇기 때문에 오직 하나밖에 없는 인간이 우주보다 위대한 것이라고 파스칼은 설명하고 있다.

그런데 이런 겸허한 메시지는 의외로 화려한 엔터테인먼트의 세계에서 쉽게 들을 수 있는 소리이다.

요즘 가수 인순이가 부르면서 유행하고 있는 노래 "거위의 꿈"에서 "난 꿈이 있어요"라는 그 가사의 내용을 음미해 보면, 바로 생각하는 갈대와 같은 메시지를 알 수 있다. 또 영화 "아마겟돈"에도, 인간이 우주 속에서 아주 하찮은 존재에 지나지 않지만 인간은 그에 대해 사고하고 대응하여 나간다는 파스칼적인 메시지가 등장한다. "AI"라는 영화에도 로봇이 인간이 되고 싶어 한다는 메시지를 통해 사람이야말로 생각하는 갈대라는 존재를 드러내고 있다.

이뿐만이 아니다. 코미디에서도 생각하는 갈대라는 메시지가 사용되고 있다. 예전에 코미디언이었던 시절 심형래가 "장군"이라는 극에서 포졸로 나온 모습을 보면, 어찌 보면 바보 멍청이지만, 그 와중에서도 생각하는 갈대로서의 메시지를 담아 사람을 잡아끌며 웃음을 가져다 주었다.

파스칼은 "사람은 생각하는 갈대"라고 했지만 그 자신은 신을 믿지 않는 사람들을 향해 『팡세』를 엮었다. 그렇다면 그는 어떤 방법으로 그들을 설득하려고 했던 것일까? 그것은 파스칼의 내기라고 불리는 방법이다. 사실 일상생활 중에 신의 존재를 의식하지 않는 사람들도 자기도 모르는 사이에 파스칼의 내기를 행하고 있기도 하다.

파스칼의 내기

『팡세』에는 다음과 같은 구절이 들어 있다.

"신이 있는 것에 내기를 걸겠다."

파스칼은 무엇을 말하고 있는 것일까?

여기서 말하는 신이란 당연히 예로부터 믿어 온 기독교의 신이다. 그러나 파스칼이 살았던 당시는 과학적 사고가 넓게 퍼진 17세기였다. 그러니 "그렇게 말하려면 신이 있다는 것을 증명해 줘"라고 의심하는 사람들이 속출했다. 그런 그들의 요구에 파스칼은 남자답게 밝혔다.

"신이 있다는 것을 증명하는 것은 무리이다. 하지만 신이 있다는 것에 내기를 걸 수 있다."

파스칼은 승부의 확립을 연구하기 위해 룰렛(도박 기구의 하나)을 발명하기도 했다. 그때의 연구를 바탕으로 파스칼은 "이긴다면 땡 잡은 것이고 져도 손해는 없다"라는 궁극의 내기 방법을 찾아냈다. 그리고는 신을 믿는다고 말한 것이다.

만약 신이 있다면 영원한 행복이 손에 들어온다. 하지만 설사 진다 해도 손해는 없을 것

이다. 이처럼 "이기면 좋지만 져도 손해는 없다"와 같은 내기 방법은 이후 "파스칼의 내기"로 불리게 되었다.

세월이 지난 지금도 우리는 매일 모르는 사이에 이 파스칼의 내기를 단행하고 있다. 예를 들면 경품에 응모하는 것이다. 걸린다면 호화 상품이 손에 들어오지만 걸리지 않는다고 해도 그다지 손해는 없다. 일상 속에서 벌어지는 사소한 파스칼의 내기인 것이다. 또 시험문제를 풀다가 모르는 문제가 나올 때, 백지로 그냥 내기보다는 적당히 객관식 문제에 답을 찍어 써 넣는데, 이것도 훌륭한 파스칼의 내기이다. 물론 실제로 맞는 경우는 거의 없기 때문에 열심히 공부해야 하겠지만 말이다.

어쨌든 파스칼의 내기라고 하는 사고방식은 현재의 우리 일상생활에도 깊이 뿌리내리고 있다.

이제 파스칼에 대해 뭔가 알게 된 것 같은 기분이 들 것이다. 그러나 아직은 이르다. 파스칼의 『팡세』를 이해하는 데 있어서 가장 중요한 대목이 빠져 있기 때문이다. 그것은 파스칼을 신의 길로 이끈 세 가지의 사건이다. 이것을 이해하지 못하고 『팡세』를 말하는 것은 팥을 준비하지 않고 단팥빵을 만들려고 하는 것만큼이나 허무한 짓이다.

그럼 파스칼의 생애를 돌아보면서 왜 그가 신을 믿는 길로 가려고 했는지 살펴보자.

파스칼의 생애

파스칼은 우수한 과학자이며 무척 논리적인 인물이었다. 그런 그가 왜 기독교를 믿게 되었던 것일까? 그를 뜨거운 신앙의 길로 이끈 것은 세 가지 사건 때문이었다.

하나는, 어느 날 파스칼은 마차를 타고 센 강의 다리를 건너고 있었다. 그때 갑자기 말이 난폭하게 달려 강 속으로 떨어지기 바로 직전 그 아슬아슬한 순간에 기적적으로 마차가 멈추었다. 그때 파스칼은 깨달았다. 신이 자신의 생명을 구해 준 것이라고.

두 번째는 파스칼의 조카딸이 큰 병에 걸려 실명의 위기에 처하게 되었다. 의사들은 가망이 없다고 포기했다. 그때 한 수녀님이 그 조카의 몸에 성스러운 가시나무 관을 씌우자 수일 내에 완쾌되었다. 이렇게 해서 파스칼은 점점 신을 믿게 되었다.

마지막으로 그런 파스칼 앞에 마침내 신이 모습을 나타냈다. 그 체험이 얼마나 강렬했는지 "환희, 환희, 환희의 눈물"이라는 문장에 잘 나타나고 있다.

결국 직접적으로 신을 접한 이후, 그는 학문의 길을 버리고 자기 생애에 걸쳐 신을 사랑하기로 결심했다고 한다. 그것은 『팡세』의 다음 문장에서도 엿볼 수 있다.

"나를 '우수한 과학자'라고 하는 사람들이 있을 것이다. 그러나 나는 수학 등에는 아무런 관심이 없다."

그 후 그는 수도원에 틀어박혀 가난한 사람들을 위해 지냈다고 한다. 그리고 블레이즈 파스칼은 39살에 영면했다.

그런 그의 최후의 말은 "신이 결코 나를 버리지 않도록"이었다고 한다.

이처럼 파스칼의 신학은 철저하고 신비적인 체험 신앙이다. 그는 고백하기를 "나의 하느님은 철학자의 하느님, 과학자의 하느님이 아니라 아브라함의 하느님, 이삭의 하느님, 야곱의 하느님이다"라고 말한다.

파스칼은 또 "너무나 자유스럽다는 것은 좋은 일이 아니다. 모든 필요가 충족되는 것도 좋은 일은 아니다"라고 하여 그의 금욕적 생활과 수도적 생활을 엿볼 수 있게 한다.

파스칼은 인간은 생각하는 갈대라고 여겼기 때문에 "이 무한한 공간의 영원한 침묵이 나를 무섭게 만든다"고 독백한다. 그리고 그는 인간을 세 분류로 구분한다.

"세상에는 세 종류의 사람이 있다. 첫째는 신을 발견하고 섬기는 사람이다. 둘째는 신을 발견하지 못하고 신을 추구하려고 노력하는 사람이다. 셋째는 신을 발견하려고도 하지 않고 살아가는 사람이다."

또한 파스칼은 세상의 인간을 두 종류로 구분하기도 한다.

"세상에는 두 종류의 사람이 있을 뿐이다. 하나는 자기를 죄인이라고 자백하는 의인義人이 있고, 또 하나는 스스로가 죄가 없다고 생각하는 죄인罪人이 있다."

『팡세』는 세계인의 교양서적이 되었고, 옛날 전쟁에 나가던 프랑스 군인들의 배낭에는 『팡세』 한 권이 들어 있었다고 한다. 『팡세』의 제1부는 하느님이 없는 무신론자의 비참을 논하고, 제2부는 하느님과 함께 있는 인간의 행복을 말하고 있다.

파스칼의 『팡세』에는 우리 인생에 큰 도움이 되는 명언들이 넘치고 있다.

확률과 기대치

파스칼은 12살에 유클리드 기하학을 정리하였으며, 16살 때에는 "원뿔곡선 시론(파스칼의 정리)"을 생각해 냈다. 천재의 모습은 이렇게 유소년 때부터 발휘되었다.

또한 파스칼은 19살 때 징세관인 아버지의 일을 돕기 위해 계산기를 고안하기 시작했다. 그 구조는 회전하는 톱니바퀴의 구조에 의해 덧셈과 뺄셈을 기계적으로 행하게 만든 것인데, 그가 제작한 일곱 대의 계산기는 현재에도 남아 있다.

사실 "자연과학자는 자연과학을, 철학자는 철학을"이라고 하는 전문 분야가 나뉘어지게 된 것은 19세기에 접어들어서였다. 아리스토텔레스 등이 활약한 고대에는 철학이야말로 학문이며, 거기에서 수학이나 자연과학 등의 범위가 정해져 파생되어 온 것이다.

이렇게 파스칼처럼 철학이나 유체역학의 발견과 같은 전문 분야를 넘나들은 예는 데카르트의 광학의 논고나 칸트의 천문학의 논문 등에서도 찾아볼 수 있다.

현재의 룰렛의 레이아웃도 파스칼이 고안한 것으로, 19세기 초에 현재의 모양이 되었다고 한다.

도박이나 수학에서 특히 유용한 확률론은, 파스칼과 그 친구인 슈바리에 드 메레의 사이의 다음과 의론에서 비롯되었다고 한다.

"어느 두 사람이 내기를 하고 있다. 그 내기는 최종적으로 산 사람이 모든 내기 돈을 받을 수 있은 도박이다. 그런데 만약 그 게임을 도중에 중단한다면, 그 중간 결과를 보고 내기 돈을 어떻게 배분하면 좋을 것인가?"

파스칼은 이 문제에 대한 해법을 얻기 위해 확률과 기대치의 개념을 도입했다고 한다.

손목시계로 파악한
아담 스미스의
국부론

아담 스미스
(1723~1790년)
영국의 사회과학자로 고전경제학의 창시자이다. 1751년에서 1763년까지 글래스고 대학 교수를 지내다가 1787년에는 동 대학 총장이 되었다. 자유방임 하의 경제에서는, 각자가 자기의 이익만을 추구한다고 하는 "보이지 않는 손"에 이끌려 사회 전체적으로도 복지가 증진된다고 주장했다. 주 저작인 『국부론(1776)』은 경제학 최대의 고전이다.

산업혁명을 눈앞에 두고 있었던 18세기 영국에서는 경제 빅뱅을 향한 준비가 착착 진행되고 있었다. 하지만 그 당시 많은 정치가나 경영자들은 마음의 준비를 하지 못하고 있었다. 바로 그때 그들에게 한줄기 서광이 비췄는데, 그것이 바로 아담 스미스의 『국부론』이다. 경제학의 출발점이 된 책으로 오늘날 고도 경제사회를 이끌어 우리의 생활을 유복하게 만든 바로 그 책이기도 하다.

여기서는 손목시계로 비유하여 아담 스미스의 『국부론』을 해독해 보자. 손목시계는 산업혁명처럼 톱니바퀴가 빙글빙글 구르는 것에다 보이지 않는 손이 접목된 것이라 할 수 있으니 말이다.

"국부론"이란?

18세기 후반 영국에서는 산업혁명이 일어나고 근대적인 기계공업이 형태를 갖추어 가고 있었다. 이런 때에 경제학의 아버지라 불리는 아담 스미스가 9년의 세월에 걸쳐 완성시킨 것이 『국부론』이다.

전 영국 수상 토니 블레어와 전 미국 대통령 로널드 레이건 등이 정책의 견본으로 이용한 이 『국부론』은 오늘날 자본주의사회의 기초를 닦았다고 해도 과언이 아닐 것이다.

그럼 대체 이 『국부론』은 어떤 책일까?

그 답은 이 책의 원제목에 숨겨져 있다. 『국부론』의 원제는 『제 국민의 부의 성질과 원인에 대한 연구』이다. 간단히 번역하자면 "제 국민"은 "모두"라는 의미이고, "부의 성질과 원인"이라는 것은 "어떻게 하면 부를 획득할 수 있는가?"라는 뜻이다. 즉, 『국부론』이란 "어떻게 하면 모두가 부자가 될 수 있는가?"라는 연구 내용이 적힌 책이었다. 지금으로 말하자면 시중에 나와 있는 "부자가 되는 100가지 방법"이라든가 "재테크 방법"과 같은 식의 책이라 할 수 있다. 그러니까 지갑에 잔돈밖에 없어서 "이번 달이 시작된 지 얼마 되지도 않았는데 어떻게 하지~"라고 한탄하는 사람에게 이 『국부론』은 딱 맞는 책인 것이다.

당장이라도 국부론을 읽고 싶은 마음이 들겠지만 사실 이 책은 엄청나게 두꺼운 초대작이다. 아무리 당신이 이 책을 빨리 읽고 부자가 되고 싶다고 해도 그걸 다 읽는다는 것은 그리 간단한 문제가 아니다. 이제 상당이 난해한 이 국부론을 손목시계의 탄생에 빗대어 이해해 보자.

로렉스의 탄생과 "국부론"

아담 스미스가 쓴 부자가 되기 위한 방법이 담겨 있는 국부론의 내용은 어떤 것일까? 그것을 한 마디로 요약하면 다음과 같다.

"각 개인의 이기심은 사회 전체의 부를 창출해 낸다."

말하자면 자신의 이익을 위해 행동한다면 머지않아 모두가 이익을 얻을 수 있다는 것이다. 당연한 생각이라고 할지 모르겠지만 이 말엔 경제학의 아버지라고 불리는 아담 스미스의 깊은 뜻이 담겨져 있다. 그리고 그 의미는 고급 손목시계 로렉스(ROLEX)*의 탄생 이야기를 알아가는 것으

＊ 로렉스 (ROLEX)
1905년 한스 윌돌프에 의해 창업된 스위스의 손목시계 메이커이다. 1926년에 개발된 오이스타케이스는 시계의 완전방수를 실현했으며, 이외에도 파페츄어, 데이트저스트 등의 기종도 완성시켜 부동의 지위를 획득했다. 현재에도 폭넓은 상품 라인업으로 절대적인 인기를 누리고 있다.

로 눈 깜작할 사이에 이해될 수 있을 것이다.

때는 1905년 유럽이다. 당시 손목시계는 고급 액세서리의 하나로 여겨졌으며 서민은 손에 넣기 힘든 고가의 것이었다. 그러던 중 한 독일인이 시계 제조회사를 설립했다. 그 남자의 이름은 한스 윌돌프(Hans wildolf)로 그가 회사를 만든 이유는 단 한 가지였다. 액세서리가 아닌 실용적이고 오래 쓸 수 있는 튼튼한 손목시계를 갖고 싶다는 상당히 개인적인 이익의 추구로부터였다. 그리고 3년이 흐른 뒤 한스는 실용적인 시계 개발에 성공했고, 자신의 오랜 기간의 생각을 담아 다음과 같이 이름을 붙였다.

"기능적인 움직임이 + 영원히"="rolling + ex"="기능적인 움직임이 + 영원히 이어지도록"= "로렉스(ROLEX)"

이 시계의 내구성은 타이타닉호가 침몰한 현장의 해저에서 해수에 흔들리면서도 고장 없이 시간을 가리키고 있었다는 에피소드가 있었을 정도다. 그런 고장이 없는 로렉스는 세계에서 일약 대히트에 성공했다. 그러자 다른 메이커 회사들도 힘을 모아 실용적인 손목시계 개발에 착수했고, 그 결과 튼튼하고 싼 시계가 많이 나오게 되었다. "실용적인 손목시계가 갖고 싶다"는 한스의 개인적인 이익의 추구로부터 시작되어 탄생된 로렉스는 결과적으로 많은 사람들에게 싸고 질 좋은 시계로 알려지게 된 계기가 된 것이다.

이것이 바로 아담 스미스가 주장한 "자신의 이익을 위해 행동한다면 머지않아 모두가 이익을 얻을 수 있다"라고 하는 의미이다.

그렇지만 여기서 하나의 의문이 생긴다. "왜 자신의 이익을 추구하는데 싸고 질 좋은 시계가 나오는 것인가?" 하고 말이다.

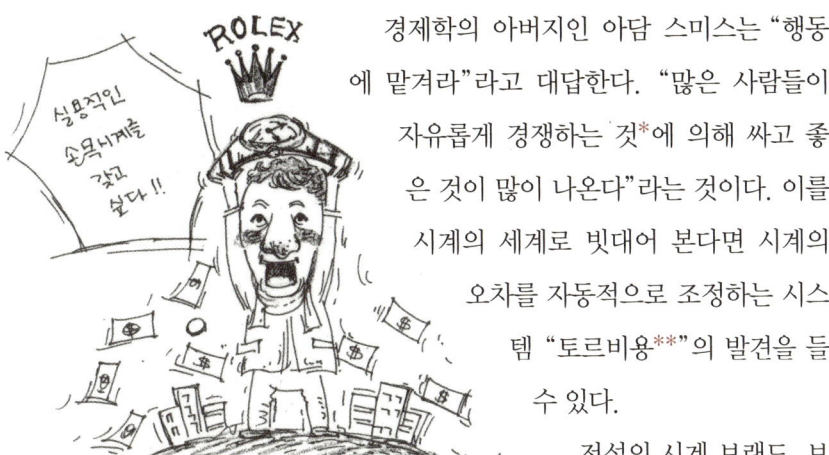

경제학의 아버지인 아담 스미스는 "행동에 맡겨라"라고 대답한다. "많은 사람들이 자유롭게 경쟁하는 것*에 의해 싸고 좋은 것이 많이 나온다"라는 것이다. 이를 시계의 세계로 빗대어 본다면 시계의 오차를 자동적으로 조정하는 시스템 "토르비용**"의 발견을 들 수 있다.

전설의 시계 브랜드, 브레게(BREGUET)***의 창시자인 아브람 루이 브레게가 영원히 오차가 생기지 않는 시계를 만들고 싶다는 생각에서 시작해 발명된 것이 "토르비용"이다. 개발 당시 그 시계의 가격은 우리 돈으로 치면 수십억 원(!)이었다고 한다. 그러나 시계 회사들의 경쟁이나 시장의 자유화에 의해 지금은 약 1억 원 정도의 적당한 가격으로 살 수 있

* **자유롭게 경쟁하는 것**
『국부론』의 중심 내용은 자유방임주의 및 자유시장(정부의 불간섭)에 있어서 자본은 부의 생산과 분배에 가장 유효하게 사용된다는 것이다. 정부는 상업 활동에 대해 가능한 한 간섭하지 말아야 한다는 스미스의 생각은 "보이지 않는 손"이라는 문장으로 표현된다. "보이지 않는 손"의 원리에 의하면, 제각각 자기의 이익을 추구하고 있는 여러 개인들은 신의 보이지 않는 손에 의해 전체 이익을 최고로 달성하도록 자동적으로 이끌어진다는 것이다.

** **토르비용**
토르비용이란 기계식 시계 기종의 하나로 시계를 고장 나게 하는 원인이 되는 "중력의 영향"을 피하기 위해 초를 가리키는 부분 자체를 회전하게 한다는 엄청나게 복잡한 구조이다. 1795년에 고안되어 1801년에 브레게에 의해 특허가 취득되었다.

*** **브레게 (BREGUET)**
1775년 아브람 루이 브레게에 의해 창업된 브랜드이다. 1805년에 상품으로 처음으로 판매되고 브레게가 1823년 죽을 때까지 35개 종류가 판매되었다. "시계계의 레오나르도 다빈치", "시계의 진화를 2세기 앞당긴 남자"라고 칭해지며, 76살의 나이로 그 생애를 마칠 때까지 시계에 관련된 발명의 4분의 3을 완성시켰다고 하는 천재 시계사이다.

게 되었다. 개인이 자신의 이익을 위해 자유롭게 경쟁한다면 사회 전체가 풍족해진다는 이론이 바로 아담 스미스가 『국부론』에서 주장한 것이다.

이렇게 자신의 이익만을 추구한다면 사회 전체의 이익도 늘어난다는 것이 『국부론』의 가르침이라는 걸 조금은 이해했을 것이다.

그러나 한 가지 주의해야 할 점이 있다. 그것은 함부로 자신의 이익만을 추구해서는 안 된다는 것이다.

아담 스미스는 자신의 이익을 추구하는 데 있어서 가장 중요한 것을 『도덕 감정론』이라는 저서에서 진술하고 있다. 그렇기 때문에 『국부론』을 읽고 『도덕 감정론』을 읽지 않는다는 건 여자 친구도 없는데 운세에서 "여자 친구와의 관계가 이젠 최고조에 달함. 별 5개!"라고 쓰진 것과 같이 무의미한 것이다. 그만큼 아담 스미스의 참된 가르침을 이해하는 데는 『도덕 감정론』을 알 필요가 있다는 것이다.

공감이야말로 성공의 지름길

1759년, 아담 스미스는 글래스고 대학에서 도덕철학 교수로 지내고 있었다. 이때 그는 이익을 추구하는 데 있어서 매우 중요한 것을 담은 『도덕 감정론』을 출판했다. 제목으로 알 수 있듯이 도덕에 대해 말한 그 책의 주장은 이렇다.

"개인의 이기적인 행동이 바르다고 인정되기 위해서는 제삼자가 보더라도 공감을 얻어야 한다."

즉, "돈을 모으기 위한 행동은 많은 사람들의 공감을 얻지 않으면 안 된다"는 것이다. 왜 그것이 자신의 이익을 추구하는 데 있어 가장 중요한 것일까? 이것 또한 시계의 세계를 통해 풀어 보도록 하자.

예를 들어 같은 마을에 A씨와 B씨라고 하는 두 사람의 시계 가게가 있다고 치자. 두 사람 모두 시계를 많이 팔아 이익을 올리려고 매일 매일 노력하고 있다. 우선 A씨가 돈을 벌기 위해 생각한 것은 "품질이 좋은 시계를 만든다"는 것이었다. 당장 솜씨가 뛰어난 시계 장인을 고용하고 마을 사람 모두가 마음에 드는 것을 살 수 있게 시계를 만들기 시작했다.

거기에 반해 B씨는 "효율성 있게 돈을 버는 방법은 없을까?" 하고 생각하다가 한 방법을 생각해 냈다. 그것은 "마을에서 싸게 산 시계를 옆 마을에다 비싸게 팔아 이익을 본다"는 방법이었다.

여기서 여러분은 A씨와 B씨의 방법 중에 어느 쪽이 마음에 드는가? 웬만한 사람들은 모두 A씨일 것이다. 돈을 모으는 것만을 추구하는 B씨에 비해 "사람이 창출한 시계야말로 재산이 될 수 있다"고 생각한 A씨가 누가 보더라도 성공하고 이익을 얻을 수 있을 것이라고 생각된다.

이런 A씨의 논리를 실천해 성공한 시계 브랜드가 바로 세계적인 인기를 얻은 피아제(PIAGET)*이다. 사장인 이브 G 피아제는 "사원 모두가 피아제를 키워 주고 있다"라고 말하며, 더 좋은 시계를 만드는 데는 사람의 힘이 불가결하다고 생각했다. 그 증거로 그는 장래의 시계 장인 교육을 위해 수업료 무료의 시계학교를 설립했다. 피아제의 성공은 그의 경영철학에 도덕적으로 공감할 수 있는 부분을 지니고 있었기 때문이다.

"많은 사람들이 자신의 행동에 공감할 수 있는 것. 그것이 이익을 추

---

* **피아제** (PIAGET)
1874년 스위스 쥬러 지방에서 조지 에드월 피아제에 의해 창업되었다. 현재에도 숙달한 장인들에 의해 자사 일관 생산을 이어가고 있는 최고급의 보석시계 메이커 회사이다. 또한 1940년 자사 브랜드의 최고급 시계를 발표했다.

구하기 위한 원동력이 된다"라고, 아담 스미스는 『도덕 감정론』에서 말하고 싶었던 것이다.

스미스와 와트의 만남

글래스고 대학에서 도덕철학 교수로 지낸 아담스미스는, "아주 좋은 사람"이었다. 그런 그가 한 인물에게 큰 영향을 끼치게 되었는데, 그 인물이 바로 증기기관을 완성시켜 오늘날 기술혁신의 초석이 된 위대한 발명가 제임스 와트*이다.

아직 와트의 이름이 알려지지 않은, 그저 기계 장인에 불과했던 시절의 일이다. 글래스고 대학 교수였던 아담 스미스는 학력도 없던 와트의 비범한 능력만을 믿고 대학에 작업장을 제공해 주며 다른 교수들의 반대를 무릅쓰면서까지 실험 비용을 대주었다.

와트는 대학의 실험기구의 수선 장인으로 일하면서 발명에 발명을 거듭했고, 마침내 증기기관을 성공시켰다. 만약 아담 스미스가 좋은 사람이 아니었다면 증기기관이 와트의 손에 의해 발명되지도 않았을 것이고, 또 그의 이름을 따라 붙여진 와트라고 하는 전력 단위도 존재하지 않았을 것이다.

이제 아담 스미스의 『국부론』에 대해 알겠는가? 만약 지금 부자가 되고 싶은 꿈을 꾸고 있다면 이 『국부론』을 읽어 보라고 추천하고 싶다.

---

* **제임스 와트**(James Watt 1736~1819)
영국의 기술자이다. 실용적인 열기관의 발명자로 알려져 있다. 그 기술은 방직공장이나 교통기관 등에 폭넓게 이용되었으며, 곧바로 산업혁명의 원동력이 되었다. 그 공적을 기리기 위해 그의 이름은 전력이나 일의 효율 단위(W)로 사용되고 있다.

deep knowledge

깊은 지식 코너

내 초고를 삭제해 줬으면…

스미스는 유년시절 곧바로 구출되긴 했지만 집시에게 유괴당한 적이 있다고 한다.

그의 아버지는 스미스가 태어나기 두 달 전에 죽었기 때문에 그는 어머니의 손에서 자랐다. 평생 독신이었던 그는, 생의 후반을 고향에서 90살까지 사신 노모와 함께 보냈다고 한다.

경제학자가 아닌 한 인간으로 보면 스미스는 별로 잘 생기지 못한 용모에 가끔 정신없는 행동을 일삼았던 사람으로 알려져 있다. 한 번은 이런 일이 있었다. 어느 일요일 아침, 잠옷 차림으로 정원을 산책하다가 생각에 빠져 집 밖으로 나왔는데, 그가 교회 종소리를 듣고 정신을 차려 보니 마을에서 25킬로미터나 떨어진 곳이었다고 한다. 정말 정신이 없어도 보통 정신없는 사람이 아니었는가 보다.

그리고 지금은 의아하게 생각될 수 있겠지만, 스미스는 교수직을 맡고 있던 시절 한 번도 경제학 강의를 해본 적이 없다고 한다. 그 당시만 해도 경제학이 독립된 과목으로 존재하지 않았고, 주로 철학에서 경제 문제가 다루어졌기 때문이다. 영국 케임브리지 대학에 경제학 분야가 독립적으로 처음 개설된 것은 1903년에 이르러서였다. 그러니까 그때 그는 주로 윤리학을 가르쳤던 것이다.

한편 스미스는 1790년 7월 19일 사망했는데, 죽기 전까지 그가 바란 것은 자신의 초고의 대부분을 삭제해 줬으면 하는 것이었다고 한다.

09

홈쇼핑으로 독해한 칸트의
순수이성비판

임마누엘 칸트
(1724~1804년)

독일의 철학자이다. 합리론과 경험론의 통합을 지향하여 그 위에 독일 개념론의 기초를 닦고, 독자적인 비판 철학을 전개했다. 『순수이성비판(1781)』, 『실천이성비판(1788)』, 『판단력 비판(1790)』이라는 3부작의 비판 철학에 의하여, 인간 이성의 능력과 그 적용 범위를 확정하고 도덕 법칙의 기초를 닦았다.

『순수이성비판』 얼마나 멋진 제목인가? 사랑하는 사람에게 "최근에 무슨 책 읽고 있어?" 물어봤더니 『순수이성비판』이라고 대답한다면 아마 속으로 멋지다고 생각할 것이다. 하지만 이 책은 어려운 책의 대명사임에는 분명하다.

18세기 유럽의 중심에는 칸트가 서 있었다고 할 수 있다. 그러니 유럽 사상의 흐름을 이해하고자 한다면 칸트의 『순수이성비판』 정도는 알고 있어야 할 것이다.

"순수이성비판"은?

18세기 독일이 낳은 위대한 철학자 임마누엘 칸트. 사람들은 가끔 그를 "철학의 구세주"라고 부르곤 했다. 칸트를 왜 그렇게 불렀을까?

칸트가 등장한 때인 18세기 유럽의 상황을 살펴보면, 그 당시 두 가지의 대조적인 사상이 철학의 주류를 형성하고 있었다. 하나는 데카르트에서 시작한 "대륙합리론"이고, 또 하나는 흄으로 대표되는 "영국경험론"이었다.

"대륙합리론"이란 인간의 이성이 올바르다고 판단한 것은 모두 올바르다는 사고방식이었다. "우주에 끝은 있는가?"라든지 "우주에 시작은 있는가?" "신은 존재하는가?" 등의 문제들을 팔짱 낀 채 고민만 하면 이해할 수 있다는 매우 오만한 철학이었다. 그 결과 "이것이 절대 올바르다"는 결론이 두 가지나 나오는 황당한 사태가 속출했다.

이를테면 이성적으로 봐서 문제가 없는 "우주에 끝이 있다"와 "우주에 끝이 없다"라는 전혀 상반되는 두 가지의 결론이 언뜻 보기에는 훌륭한 증명과 함께 제시되는 꼴인 것이다. 이것을 이율배반*이라 한다.

반면 "영국경험론"은 그 반대이다. 이것은 인간의 이성은 믿을 게 못 된다는 사고방식이었다. 믿을 수 있는 건 오직 인간의 경험뿐이라는 것이다. 결과적으로 "손에 돌을 쥐었다가 손을 떼면 돌이 떨어진다"는 사실조차 의심하는 지경에 이르렀다. 왜냐하면 손을 뗀 순간 떨어지는 경험을 하지 못하면 돌이 떨어질지 아닐지를 판단할 수 없다는 것이다.

당연히 떨어진다고 해봤자 소용이 없다. 지금까지 경험한 것이 전부인 것이다. 그 결과 경험론은 극단적인 회의론에 빠지게 되었다.

결국 두 사상은 모두 벽에 부딪히게 되었고, 그 여파로 철학 자체가 빈사 상태에 빠지게 되었다.

이런 와중에 등장한 사람이 칸트였다. 칸트의 사상을 20자로 줄여 말하자면, "사람에게는 이해할 수 있는 것과 없는 것이 있다"는 것이다. 즉 그는 극단적이 두 철학의 중간을 택함으로써 철학을 구원하고자 한 것이다.

그것은 마치 "이번 방학에 하와이에 가고 싶어"라고 하는 사람과 "아니, 온천이 더 좋아"라고 말하는 사람이 서로 다투고 있을 때, "그럼 하와이에 있는 온천에 가자!"라고 말하는 것과 같다. 이런 칸트의 사상이 담긴 "순수이성비판"이야말로 당시의 빈사 상태의 철학을 구원하는 유일한 길이었던 것이다.

사실 지금이야 "순수이성비판"이 칸트의 대표작 중의 하나가 되었지만 처음부터 높은 평가를 받았던 것은 아니었다. 이유는 너무 어려웠기 때

---

* **이율배반** 二律背反
고대 그리스 엘레아학파에서 유행한 것으로 "아포리아"라는 이름으로 불리웠다. 서로 모순, 대립하여 양립하지 않는 두 명제가 동등한 타당성을 갖고 주장되는 개념이다.

문이다.

어느 정도인가 하면 칸트가 완성된 원고를 친구에게 보냈더니, 그 친구는 반쯤 읽고 난 후 "더 읽으면 돌아 버릴 거야"라고 하면서 원고를 되돌려 주었다고 한다.

이렇게 난해한 "순수이성비판"이지만 걱정하지 않아도 된다. 홈쇼핑을 한 번이라도 본 적이 있는 사람이라면 순식간에 이해할 수 있을 것이다.

홈쇼핑으로 바라본 "순수이성비판"

『순수이성비판』, 이 책의 테마를 한마디로 나타내면 "인간은 무엇을 어디까지 알 수 있느냐?"라는 것이다.

그러면 칸트가 말한 인간이 이해할 수 있는 것의 한계란 과연 무슨 뜻을 담고 있는 것일까? 그것은 "시간과 공간의 범주 속에서 세계를 인식하고 있으므로, 인간은 스스로가 경험한 범위의 일만을 알 수 있다"는 것이다.

무슨 소린지 잘 이해가 되지 않는다면 이를 홈쇼핑에 비유하여 살펴보도록 하자.

A씨, B씨, C씨 세 사람 모두 홈쇼핑을 정말 좋아한다. 하지만 이 세 사람이 홈쇼핑을 즐기는 방식은 모두 다르다.

A씨의 경우, "이 청소기는 스팀으로 때를 빼는 획기적인 상품입니다. 보시다시피 이렇게 깨끗하게 청소할 수 있습니다"라는 상품 소개를 들으면, "진짜야? 거짓말 아냐?" 하고 의심하면서 보는 것을 좋아한다.

B씨는 "아무리 더러워도 스팀 청소기라면 한방에 끝납니다"라는 제품 소개 평을 들으면, "이것은 어떻게 촬영하고 있는 거지? 카메라는 몇 대일까?" 등 텔레비전에서 보이지 않는 부분을 상상하면서 보는 것을 좋아한다.

마지막 C씨는 "그럼 이 스팀 청소기를 특별 가격 35,000원에 제공합니다!" 라는 말을 들으면 "헉! 이렇게 싸다면 하나 사야지" 하고 텔레비전에 나오는 정보를 즐기면서 본다.

홈쇼핑 채널을 의심하면서 보는 A씨, 상관없는 곳에 주목하는 B씨, 제공되는 정보를 즐기는 C씨. 과연 우리는 누구처럼 홈쇼핑 채널을 볼 것인가? 아마 대부분 C씨처럼 순진하게 프로그램을 즐길 것이다.

이것이 칸트가 말한 인간이 이해할 수 있는 것의 한계이다. 즉, 홈쇼핑을 텔레비전이라는 틀 안에서 보고 있는 이상 시청자들은 거기 나오는 것밖에 볼 수가 없다. 이 상품은 가짜라든지, 촬영하는 카메라는 몇 대인지 등은 상상의 영역에 불과하므로, 결국 이해할 수 있는 범위가 아니라는 것이다.

이와 같이 사람이 이해하고 있는 세계도 시간과 공간의 형식, 질과 양의 관계와 같은 틀의 색안경을 통해서만 이해할 수 있는 것이고, 그 안경 저편에 있는 진짜 세계를 이해하는 것은 절대로 불가능하다고 칸트는 생각했던 것이다.

사람이 알 수 있는 것과 알 수 없는 것을 명확하게 구분 정리한 칸트. 바로 이로 인해 그는 의심만 하는 사상이나 신이나 귀신 등과 같이 경험할 수 없는 영역을 지나치게 많이 논하는 사상에 의하여 꽉 막혀 버렸던 철학을 구제하게 된 것이다.

그래서 칸트는 『순수이성비판』에서 우주의 끝이 있는지, 신은 존재하는지의 문제에 대해 인간의 이성은 미치지 않는다고 말했다.

하지만 그 후 칸트는 다음과 같은 고민을 하게 된다.

"현상의 세계 속에서 도덕적인 삶을 추구하는 것은 가능한가?"

한 번 판단해 보자. 만약 100원짜리를 주워 파출소에 신고하는 도덕적인 삶을 살든, 100원짜리를 주워도 신고하지 않는 그런 삶을 살든지 간에, 그 결과가 똑같다고 할 때 당신은 어떤 쪽을 선택하겠는가?

결국 칸트는 고민 끝에, 한 가지 도덕의 법칙을 발견한다. 그리하여 『순수이성비판』을 출판한 지 7년 후, 그는 비판 시리즈 2탄을 발표했다. 그것이 『실천이성비판』이다.

칸트의 도덕 법칙

칸트가 말한 도덕의 법칙을 이해하기 전에 먼저 알아 두어야 할 말이 하나 있다. 그것은 인과율이다. 인과율이란 사과가 나무에서 떨어지면 깨진다거나, 바나나 껍질을 밟으면 미끄러진다와 같이 "A라면 B일 것이다"라는 법칙을 뜻한다. 당연한 일이지만 인과율은 항상 우리 생활의 근본이 된다.

예를 들면 퇴근하여 집으로 돌아온 후의 당신의 행동을 보더라도 그렇다. 신발을 벗으면 집에 들어가는 것이고 잠옷으로 갈아입으면 잠자리에 드는 것이다. 즉, 모든 행동이 인과율에 지배당하고 있다는 것을 알 수 있다.

하지만 이를 다시 한 번 생각해 보자. "배가 고파져서 고기를 먹는다"라는 인과율을 따르고 있는 것은, 사람뿐만 아니라 동물도 마찬가지인 것이다. 그렇다면 이 인과율에 따르는 행동은 동물과 같은 수준이라는 얘기가 된다.

다시 말하자면 자유가 없다. 즉 "이거 하고 싶어", "저거 갖고 싶어" 등과 같이, 우리가 자유라고 생각하고 취하는 모든 행동은 모두 인과율에 의하여 지배된, 동물적이고 자유가 없는 행동이 되어 버린다.

하지만 칸트는 인과율에 얽매인 이 세상에서도 인간의 자유 의지가 있다는 것을 인정하고 있다. 이것에는 이유가 있다.

예를 들면 여느 때처럼 텔레비전 홈쇼핑을 보고 있다고 치자. 거기에서는 "세제를 쓰지 않고도 닦을 수 있는 스펀지를 지금 이 시간만 단돈 2민 원에 판매합니다"라든지, "피부를 매끄럽게 가꿔 주는 획기적인 화장품을 지금 이 시간만 특별 가격으로 제공합니다"와 같은, 인간의 욕망을 자극하는 물건들이 계속 등장한다. 그러면 "아, 다 사고 싶은데……." 하면서 유혹에 사로잡히게 될 것이다.

그럴 때 당신이라면 어떻게 할 것인가?

① 전부 다 사 버린다.

② 하나만 사고 나머지는 참는다.

건전한 사람이라면 당연히 하나만 사고 나머지는 참는 것을 선택할 것이다. 전부 갖고 싶지만 하나만 사는 것이다. 이것이 바로 인과율에 지배받지 않는 행동 즉, 자유이다. 여기에 인간의 존엄성이 존재하는 것이다.

다시 말해 전부 다 사 버리는 것은 자유롭지 않는 행동인 것이고, 하나만 사고 참는 것은 욕망을 억제한 자유로운 행동, 즉 도덕적인 행동이라는 것이다.

이처럼 사람은 마음의 도덕적인 명령(정언 명령)을 따라 욕망을 통제할 수 있다고 칸트는 생각했다. 도덕적인 명령에 따른 행동을 할 때야말로 인간은 인과율로부터 해방되어 자유를 얻을 수 있다는 것이다.

이 생각이 『실천이성비판』의 중요한 테마인 도덕의 법칙이다.

칸트가 『실천이성비판』을 쓴 이유

영국 경험론의 대표자 흄의 『인간 지성의 연구』라는 책을 읽게 된 칸트는, 그 후 10년 동안 아무 책도 쓰지 않고 자신만의 독자적인 철학을 관철했다.

칸트는 규칙적인 생활로 전설이 되기도 했는데 정해진 시간에 일어나 커피를 마시고, 저작 활동을 하고, 대학에서 강의를 했다. 이런 일상에서 또 하나의 규칙을 만들었는데 그것이 바로 칸트의 산책이다.

칸트는 오후 3시 반이 되면 어김없이 회색 코트를 걸치고 산책길에 나섰다. 항상 정확한 시간을 지켰기 때문에, 산책하는 그를 보고 사람들이 시계를 맞췄을 정도였다. 그는 보리수 옆길을 항상 여덟 번 왕복했는데 어떤 계절에도 변함이 없었다.

그런데 칸트가 딱 한 번 산책을 잊어버린 적이 있었다. 그것은 루소의 『에밀』을 읽을 때였다. 책에 집중하느라 산책하는 것을 잊어버린 것이다.

칸트는 『에밀』을 읽고 깊은 감동을 받았다. 이 책에는 스스로 자신을 통제하는 인간의 모습 즉, 자율의 정신이 묘사되어 있었기 때문이다. 강철 같은 매일 매일의 습관조차 잊어버리게 만든 『에밀』에서 받은 감동이 『실천이성비판』의 기초가 되었다.

칸트의 일화 중에 사랑하는 연인에 관한 일화도 칸트의 실천이성비판의 배경이 될 수 있다.

칸트가 젊었을 때 그를 사랑한 여인이 있

었는데, 칸트의 청혼을 기다리지 못해 여자 쪽에서 먼저 말을 청혼을 했다. 그러자 칸트는 "내게 생각할 시간을 주십시오. 나는 생각하지 않고는 아무것도 할 수가 없는 사람입니다"라고 했다. 그리고 칸트는 생각에 몰입했다.

이윽고 생각이 끝나고, 칸트는 결혼하기로 마음을 정하고 홀가분한 마음으로 그녀의 집 문을 두드렸다. 그러자 여자의 아버지가 나와 "내 딸은 이미 결혼했다네. 지금은 아이가 둘씩이나 있지. 그래 그 동안 자네는 어디에 있었는가?" 칸트가 생각에 몰두하기 시작한 지, 이미 7년이란 세월이 흐르고 난 뒤였다. 그가 생각하고 생각한 끝에 얻어 낸 결론이 이토록 허망한 결말을 낳고 만 것이다.

그의 일기장에는 결혼을 해야 하는 354가지 이유가 적혀 있었고 또 결혼을 하지 말아야 하는 350가지 이유가 적혀 있었다고 한다. 결혼을 해야 하는 이유가 4가지 더 많았기에 힘들게 내린 결론이었음에도 불구하고, 그가 결정을 내렸을 때는 이미 그가 생각해야 할 이유가 사라지고도 수년이 지난 뒤였던 것이다.

실상 칸트에게는 가족과의 교류도 친한 친구도 없었다. 저작 활동만이 그의 인생의 전부였다. 그런 칸트는 다음과 같은 말을 남겼다.

"학자에게 있어서 사색이란, 나날의 영양과도 같다. 깨어 있을 때나 혼자 있을 때, 사색이 없다면 살아갈 수 없다."

도덕적으로 충실한 삶

제목이 『순수이성비판』이라고 해서 "순수하게 이성을 비판하는" 책이라고 오해하면 안 된다. 여기에서 "비판"은 부정적인 판단으로 보아서는 안 되며 순수하게 "검사하다", "조사하다" 혹은 "음미하다"로 이해되어야 한다. 또한 "순수"란 이성 활동이 경험에서 출발하지 않는 활동을 말하는 것으로 "순수이성비판"이란 이성을 통한, 경험의 도움을 받지 않는 인간 인식의 탐구를 말하는 것이다. 다시 말해 순수이성비판의 주제는 이성의 자기 인식을 말하고 있는 것이다.

칸트는 인간의 이성은 감성과 결합함으로써 수학이나 자연과학에서 볼 수 있는 것과 같은 확실한 학문적 인식을 낳을 수 있다고 보고 있다.

칸트는 『순수이성비판』을 57살의 나이에 간행했다. 혹여라도 60살을 먹고 난 이제 나이를 먹어서 아무것도 할 수 없다는 사람이 있다면 깊이 생각을 해볼 일이다.

나이를 먹어 가면서 점점 더 고독해진 칸트는 자신은 불행해도 괜찮다고 말했다. 이런 태도는 그의 철학과도 일치한다. 그는 『실천이성비판』에서 지성적인 사람까지 행복의 추구가 삶의 목표라고 한다면 참으로 놀라운 일이라고 밝히고 있다. 칸트 식으로 설명을 하자면 행복하다고 해서 그것이 결코 도덕적으로 충실한 삶은 아니라는 것이다.

그래서인지 칸트는 평생 독신이었다. 물론 철학자 중에는 그처럼 평생 독신으로 산 사람이 많다.

10

패션잡지로 들여다본
세르반테스의
돈키호테

미겔 데 세르반테스 사베드라
(1547~1616년)

스페인 작가이다. 1571년의 레반트 해전에 병사로 참가했다가 부상으로 왼손을 잃었다. 귀국하는 도중에 해적에게 잡혀 5년간 포로 생활을 한 후, 세금 수금원으로 일하다가 일처리를 잘못하여 투옥된 적도 있다. 스페인의 황금시대의 영광과 몰락을 온몸으로 경험한 인물이기도 하다. 『돈키호테(1605)』는 심심풀이로 쓴 작품이었으나, 근대소설의 장을 열어 세계 문학사상 불후의 명작이 되었다.

무모한 일에도 용감하게 도전하는 사람의 대명사가 된 "돈키호테", 그렇지만 소설의 근원이라고까지 불리는 위대한 작품이다.

그러면 그가 도전한 무모한 일이란 무엇일까? 요즘 이를 잘 모르는 사람도 많은 듯하다. 여기서는 『돈키호테』를 패션잡지에 비유하여 소개하기로 한다. 따지고 보면 이 기획 자체가 돈키호테적이지 않을까 하는 생각도 들지만 말이다.

『돈키호테』란 책은 어떤 것일까?

러시아의 문호 도스토예프스키는 세르반테스의 소설인 『돈키호테』의 주인공 "돈키호테"를 빗대어 이렇게 말한 바 있다.

"지금까지 창조된 모든 책 중에서 가장 위대한 책이다."

그런데 의외로 그 내용을 정확하게 파악하고 있는 사람은 그다지 많지 않은 듯하다. 모 할인점 앞에서 이 책에 대한 설문 조사를 실시했더니 다음과 같이 답들을 내 놓았다.

"용감한 기사가 나오는 얘기요."
"엉뚱한 기사 얘기 아닌가?"
"멋진 영웅이 나오는 얘기였던 것 같은데……."
"용감한 사람 이야기."

모두가 틀렸다. 물론 "저 사람은 돈키호테 같은 사람이야!"라는 말을 들으면, 왠지 용감한 사람이라고 칭찬받는 듯한 느낌이 들 것이다. 하지만 이야기에 등장하는 돈키호테는 악에 맞서는 정의의 기사가 아니라, 낡은 갑옷을 두른 약해 빠진 노인네다. 그런 노인네 얘기가 바로 『돈키호테』인 것이다.

200자 원고지 6,000장을 훨씬 넘어서는 대작의 내용을 한 장으로 요약하면 아래와 같다.

스페인 시골에 사는 늙은이 알론소 기하노가, 당시 유행하던 영웅담 "기사도 이야기"를 너무 많이 읽은 나머지 자신을 영웅으로 착각하고, 스스로를 기사 "돈키호테"라 칭하며 여행길에 나선다. 하지만 그 착각 때문에 가는 곳마다 사고를 치고, 결국 주위의 웃음거리가 된다는 이야기. 끝!

따지고 보면 사무실 구석에 멍하니 앉아 있던 할아버지가, 어느 날 갑자기 벌떡 일어나더니 황당한 행동으로 주위의 웃음거리가 된다는 이야기인 것이다.

허약한 할아버지 기사의 무용담인 이 책에 대해 하나 더 알아 두어야 할 점이 있다. 이 책은 패러디* 소설이라는 것이다.

『돈키호테』는 이 책에 등장하는 『기사도 이야기』를 표절하여 유명해진 작품이다. 예를 들자면 할리우드 히트작들을 패러디하여 크게 히트한 "오스틴 파워" 같은 것이다.

왜 이런 책이 세계에서 가장 위대한 소설이라고까지 불리는 것일까? 이 수수께끼를 패션잡지에 빗대어 알기 쉽게 풀어 보자.

---

* 패러디

유명한 작가의 시詩나 운율韻律을 모방하여 풍자적으로 꾸민 시문詩文을 패러디라고 하는데 고대 그리스의 풍자 시인 히포낙스가 시조始祖이다. 주로 18세기 이후에 영국·프랑스·독일에서 성행했으며 『돈키호테』뿐만 아니라 H. 필딩의 『조지프 앤드루스의 모험』도 S.리처드슨의 『패밀러』의 패러디이다.

패션잡지와 "돈키호테"

영웅담 『기사도 이야기』를 너무 많이 읽은 나머지, 자기가 영웅이라 착각한 노인네 얘기 『돈키호테』. 이 책의 내용은 풍차가 늘어선 들판에 간 기사 돈키호테가, 그 풍차를 보고 "저건 흉악한 거인이다"라고 착각하여 결투를 시도했다가 상처투성이가 되거나, 먹이를 찾아 산을 헤매는 양떼를 보고 "악의 군대

가 쳐들어 왔다!"며 아무 죄 없는 양들을 두들겨 패는 바람에 동네 사람들에게 욕을 먹는 등, 이해할 수 없는 황당한 행동들이 계속된다.

하지만 이런 돈키호테의 행동들도 패션잡지에 견주어 보면 금방 이해할 수 있을 것이다.

당신이 이번 주말에 꿈에 그리던 그와 첫 데이트를 한다고 치자. 어떻게든 이번 데이트를 통해 그의 마음을 얻고 싶은 당신은, 유명한 패션잡지들을 보면서 어떻게 하면 자신을 매력 있게 연출할지 고민한다. 그러다가

어느 페이지를 보게 된다. 그 페이지에는 "김태희 스타일로 남친의 시선을 내게 고정하기!"라고 나와 있다. 이를 본 당신은 당장 머리끝부터 발끝까지 잡지에 나와 있는 김태희 스타일 그대로 데이트 장소에 나선다.

데이트 당일, 약속 장소에서 김태희처럼 그를 기다리는 당신. 그런 당신의 머릿속에 이런 생각이 떠오른다.

'내가 김태희라면……. 남친은 권상우?'

하나도 안 닮은 그의 얼굴을 권상우 얼굴로 바꿔 보니, 당신의 흥분은 최고조가 된다.

5분 후, 나타난 그는 당신의 얼굴을 보고 한마디 한다.

"오늘 화장 짙네?"

대단한 실망이 아닐 수 없다.

이것이 바로 『돈키호테』에서 저자 세르반테스가 말하고 싶었던 것이다. 즉, 아무리 잡지에 김태희가 입고 나왔던 옷을 똑같이 입어도 김태희

가 될 수 없듯이, 영웅담 『기사도 이야기』라는 소설이 얼마나 현실 가능성이 없는 것인지를 전하고자 했던 것이다.

『돈키호테』는 "책은 사람의 인생에 좋은 영향을 끼치는가?", "책은 진실성을 증명할 수 있는가?"라는 엄청나게 중요한 문제를 제시한 책인 것이다. 이것이 이 책이 위대한 소설이라 불리는 이유이다.

결국 세르반테스는, "책에 쓰여 있는 것을 그대로 받아들여서는 안 된다"는 것을 바로 "돈키호테"에서 얘기하고 싶었던 것이다.

하지만 "돈키호테"가 여태껏 전 세계 사람들에게 사랑받는 이유는 이것뿐만이 아니다.

그렇다면 『돈키호테』가 전 세계 60여 개국에 번역되어 여전히 인기를 얻고 있는 비결은 무엇일까?

돈키호테의 인기 비밀

음식점 중에 왜 "흥부네 보쌈"이라든가 "놀부네 보쌈"이라는 이름이 많이 사용되고 있는지 생각해 본 적이 있는가? 사실 흥부와 놀부는 보쌈과 직접적인 관계가 없다. 하지만 "흥부전"은 한국의 오랜 고전 소설로 국민적 인기를 모으고 있는 작품이다. 그래서 흥부나 놀부라는 이름을 이용해 많은 손님을 끌려고 하는 것이다.

이와 같이 음식점의 이름에도 의외의 뜻이 숨어 있는 것처럼, 소설 "돈키호테"에도 그 제목에 사랑받는 이유가 숨어 있다. 재기 넘치는 기사 돈키호테 데 라 만차! 이 재기 넘치는 기사야말로 소설 "돈키호테"가 전 세계 사람들에게 사랑받는 이유이다.

그러면 이는 어떤 사람을 가리키는가? 기사 돈키호테의 특징을 분석해 보도록 하자.

돈키호테의 특징

1. 다혈질이다

여행 도중에 여성을 마차에 태운 수도승을 만난 돈키호테. 그는 갑자기 그 수도승들을 보고 "저놈들은 공주를 납치하는 마술사임에 틀림없다!"라고 착각하고, 그들에게 덤벼든다. 이와 같이 돈키호테는 악인이라 생각한 상대에게는 앞뒤 가릴 것 없이 싸움을 거는 인물이었다.

2. 참견쟁이

여행 도중에 나무에 매달려 주인에게 매를 맞고 있던 소년을 발견한 돈키호테는 당장 주인과 다툰 끝에 소년을 풀어 주었다. 하지만 며칠 후, 우연히 돈키호테를 다시 만난 그 소년은, 그에게 "당신 때문에 나중에 주인에게 더 많이 맞았다"라고 하소연했다고 한다. 이처럼 돈키호테는 남의 일에 참견을 계속하는 인물이었다.

3. 여성에게 약하다

여행 도중에 묵은 여관집 딸이 자신에게 반했다고 생각한 돈키호테. 그날 밤, 그녀를 억지로 끌어안고는 이렇게 말한다.

"나는 사랑하는 사람이 있기 때문에 당신의 호의를 받아들일 수 없습니다."

안중에도 없는 남자에게 이런 말을 들은 그녀는 깜짝 놀랐다. 이처럼 돈키호테는 여성에게 황당한 친절을 베푸는 사람이었다.

이처럼 돈키호테는 다혈질에다 참견쟁이, 여성에게 약한 인물이었다. 한물간 옛날 영화 주인공 같지 않은가? 이런 인간적인 면이야말로 전 세계 사람들이 돈키호테를 사랑하는 이유인 것이다.

하지만 이것만은 알아 두어야 한다. 돈키호테는 자신이 영웅이라고 착각하고 있었다는 점이다. 사람들에게 사랑받는 그는, 본래의 그가 아니라 착각의 산물이었던 것이다. 즉, 소설 「돈키호테」는 환상속의 인물이 되는 것이 여러 사람들에게 사랑받는 지름길이라고 말하고 있는 것이다.

여러 사람들에게 사랑받는 캐릭터인 돈키호테를 만들어 낸 세르반테스. 그럼 그는 왜 이 책을 쓰려고 마음먹었을까? 그 이유는 그의 신앙심에서 연유한 것이다.

돈키호테를 쓴 이유

세르반테스가 살고 있던 당시 스페인은 가톨릭을 전파하기 위한 전쟁을 계속하고 있었다. 세르반테스 자신도 가톨릭 신도였기 때문에 그 전쟁에 참가했고, 거기에서 한쪽 팔을 잃게 되었다. 하지만 스페인의 무적함대가 영국에 의해 격추된 후로 스페인은 쇠퇴 일로를 걷게 되었다. 세르반테스의 인생도 그 전쟁과 함께 나락으로 떨어졌다.

전쟁 후, 세르반테스는 조국에서 군인의 길을 걷고자 했지만, 한쪽 팔이 없었기 때문에 관직을 얻을 수가 없었다. 결국 지방에서 세금을 걷는 하급 관리로 살아가게 되었다.

그러던 어느 날, 항상 하는 것처럼 세금을 수금하던 세르반테스는 큰 돈을 가지고 있는 것이 불안해져서 그 돈을 은행에 맡겼다. 그랬더니 맡기자마자 그 은행이 파산해 버렸다.

결국 세르반테스는 국가로부터 손해 배상을 청구당했고, 그 돈을 모두 갚을 수가 없었기 때문에 국가의 돈을 횡령한 죄로 감옥에 들어가게 되었다. 이 일을 계기로 그는 세상사를 비관적으로 보게 되었고 망상에 사로잡히게 되었다.

"전쟁에서 열심히 싸우던 젊은 날의 나는 결국 무엇이었을까? 이처럼 나락에 떨어졌다는 건, 결국 그 선택이 잘못되었다는 걸 말해 주는 것은 아닐까?"

바로 이것이 세르반테스가 『돈키호테』를 쓴 이유였다.

이 책에서 그는 "지금 믿고 있는 것이 사실은 잘못된 것이 아닐까?"라는 메시지를 담고 있었던 것이다. 다시 말해 세르반테스가 『돈키호테』에 담고자 했던 메시지는 "당연하다고 생각하고 있는 현실에 속지 말라!"는 것이었다.

혹시 당신이 지금 사랑이나 직장 문제로 뭔가 고민하고 있다면, 지금 믿고 있는 게 사실은 틀린 것이 아닌지 다시 한 번 생각해 보길 바란다. 그러면 뭔가 새로운 발견이 있을지도 모른다.

그럼 돈키호테는 어떤 결말을 맞이했는지 알아보자. 정의의 기사라는 망상에 빠져 길을 나선 돈키호테는 100일이 지나고 나서 고향에 돌아온 후, 그는 중병에 걸리게 된다.

죽기 직전에야 정의의 기사라는 망상에서 벗어나, 원래의 보통 노인네인 알론소 기하노로 돌아간 것이다. 그때 그는 이렇게 말한다.

"나는 정의의 기사가 된 덕분에, 용감하고, 예의 바르고, 참을성 있는 사람이 되었다."

　온몸으로 책 속의 영웅을 흉내 내었던 돈키호테. 그의 착각은 어느새 그의 인격조차 바꿔 버렸던 모양이다.

deep knowledge

라 만차의 사나이

『돈키호테』의 원래 제목은 "EL INGENISOHIDALGO DON QUIJOTE DE LA MANCHA"(전편 제목)이다. 돈키호테를 "라 만차의 사나이"라고 부르는 것은 이 제목 때문이다.

1614년 "알론소 페르난데스 데 아베랴네다"라는 필명으로 『돈키호테』의 후편이 출판되었지만, 사실 이 후편은 가짜였다. 이것을 누가 썼는지는 아직까지도 베일에 싸여 있어, 스페인 문학사 최대의 수수께끼라고도 불린다.

그 다음 해, 세르반테스 본인에 의하여 진짜 후편이 발간되었고, 이는 전편을 뛰어넘는 걸작으로 취급받는다.

한편 세르반테스는 몇 번이나 투옥되고, 몇 번이나 석방되기도 했다. 그 이유는 나쁜 짓을 해서가 아니라, 살인의 누명을 쓰거나 금전 관계의 소동에 휘말리는 등 한마디로 재수가 없다고밖에 할 수 없는 이유가 대부분이었다.

스페인의 군인이었던 세르반테스는 1571년의 레반토 해전에서 가장 위험한 배 끝부분에서 싸우는 것을 허락받았다. 하지만 그곳에서 가슴에 두 발, 왼쪽 팔에 한 발의 총탄을 맞아 중태에 빠졌다. 그때 이후로 왼쪽 팔은 평생 동안 불구가 되었다.

사회적으로 냉대를 받아 가난한 시절을 보냈던 세르반테스. 스페인에서보다 다른 나라에서의 명성이 더 높았던지라 다른 나라에서 "세르반테스 선생님은 왜 저렇게 불우하게 살고 계시지요?"라는 문의가 스페인 정부 앞으로 왔다고 한다. 이에 스페인 정부는 "저 사람은 저렇게 불행하기 때문에 소설을 쓸 수 있어요"라고 대답했다고 한다.

11

놀이공원으로
읽어 본 벤담의

도덕과 입법의
원리 서론

> **제레미 벤담**
> **(1748~1832년)**
> 영국의 법학자이자 논리학자로 공리주의의 제창자이기도 하다. 주 저서인 『도덕과 입법의 원리 서론』에서 인간은 쾌락을 추구하고 고통을 피하는 공리적 존재라고 설명하면서, 모든 도덕·입법의 근거는 "최대다수의 최대행복"의 실현이라고 주장했다.

"최대다수의 최대행복"이란 쉽게 말해 뭔가를 할 때, 특히 관공서나 기업 같은 경우 가능한 한 많은 사람이 좋아할 만한 일을 해야 한다는 이론이다. 현대를 살아가는 사람이라면 "그런 거야? 당연한 것 아니냐?"라고 반문할 것이다.

하지만 사실 이것은 18세기 말 영국의 벤담이라는 사회사상가가 처음 제창한 주장이다. 즉, 그전까지 어딘지 모르게 애매모호하게 진행되고 있던 정치, 경제 상황에 대해 누구든지 납득할 수 있는 단순 명쾌한 기준을 마련해 준 획기적인 사상인 것이다.

『도덕과 입법의 원리 서론』, 보기만 해도 긴 제목에다 두툼하기까지 하다. 사실 벤담 자신도 이렇게 말했다고 한다. "이 책은 무인도라도 가지 않으면 독파할 수 없다"고 말이다. 그러니 그런 것 쓰지 말라고 얘기하고 싶은 사람도 있을 것이다. 하지만 이 철학 책은 현재의 사회 정책에 상당한 도움을 주고 있다. 따라서 이 책을 무시해 버리는 것은 "아~ 드디어 졸업논문을 다 썼구나! 휴우~ 하고 한숨을 쉬다가 앗! 이럴 수가!! 컴퓨터가 에러가 나 버리다니!!"라고 할 정도로 안타까운 일이 될 것이다. 사실 이 책을 읽으면 무척 행복한 기분이 드는 것을 느낄 수 있을 것이다.

"도덕과 입법의 원리 서론"이란?

『도덕과 입법의 원리 서론』은 지금으로부터 약 200년 전, 런던의 철학자 제레미 벤담이 쓴 책이다. 이 책의 제목만 보면 도대체 무엇이 담겨 있는 것인지 클레오파트라의 높은 콧대만큼이나 상상하기가 어렵다. 하지만 귀에 익지 않은 책 제목과는 달리 "최대다수의 최대행복"

이라는 주제는 누구나 한 번쯤은 들어 본 적이 있을 것이다.

이 내용은 고등학교의 윤리 교과서에서도 꽤 긴 줄에 걸쳐 설명되고 있다. 벤담이 전하고자 했던 이 사상의 핵심은 "사람이 무언가 행동을 하려고 할 때는 보다 많은 사람에게 보다 많은 행복을 가져다 줄 것을 생각하고 행동해야 하고, 바로 이런 행동이 바른 행동"이라고 하는 것이다. 한마디로 보다 많은 사람을 보다 행복하게 하는 방법이 적힌 책인 것이다.

보다 많은 사람들을 행복하게 하는 방법을 생각해 낸 벤담. 행복이라는 단어는 역시 어감이 좋다. 그러나 행복이라는 게 뭘까? 대체 무엇이 행복이며, 무엇이 불행일까?

이에 대해 벤담은 이렇게 말했다. 압축해서 표현하자면 "행복은 선이고 불행은 악이다"라고 말이다. 그럼 벤담의 공리주의*를 놀이공원에 빗대어 살펴보도록 하자.

벤담의 사상, "선과 악"

수많은 사람들이 애독했다고 얘기하는 벤담의 『도덕과 입법의 원리 서론』의 머리말 부분에는 이렇게 적혀 있다.

"인간은 쾌락과 고통이라는 두 개의 지배 하에 놓여 있다" 다시 말해 인간은 쾌락(행복)과 고통(불행)이라고 하는 두 개의 원인에 근거해 행동하고 있다는 것이다. 그래서 벤담은 인간의 쾌

---

* 공리주의

벤담은 양적 공리주의사요 최대다수의 최대행복을 주장했는데 어떤 놀이에서 얻는 쾌락이든 그 질에는 차이가 없다고 생각했다. 반면 밀은 질적 공리주의자로 벤담이 쾌락의 양만 강조하는 부분을 보완해 좀 더 설득력 있는 공리주의로 발전시켰다. 그는 "배부른 돼지이기보다는 불만스러워하는 인간이 더 낫다, 만족하는 바보보다는 불만족스러운 소크라테스가 더 낫다"고 말했다.

락이나 행복이 쌓이게 하는 행동을 선이라고 보고, 고통이나 불행을 유발하는 행동을 악이라 간주했던 것이다. 이것을 "공리의 원리"라고도 한다.

당연한 것을 새삼스럽게 말한다고 생각할지 모르지만 이렇게 명확하게 분리를 해낸 최초의 철학자는 벤담이었다. 당시는 기독교 사상이 지배적이었기 때문에 쾌락에 빠지지 말고 고통을 즐겨야 한다고 여겼다. 쾌락과 고통이 그대로 선과 악이라고 하는 도덕적 판단으로 연결했다는 이 점이 벤담의 획기적인 사고방식이었다.

사실 이렇게 사고방식을 전환하자 어찌된 일인지 정치나 경제에 대한 정책도 잘 세워지게 되었다.

벤담의 선과 악을 놀이공원에 빗대어 얘기해 보자.

어느 날 A 사장은 고민하고 있었다.

"최신 테마파크 같은 놀이공원을 만들까? 만들지 말까?"

고민 끝에 만약 놀이공원을 만들려고 했을 때 세계 최초로 레일이 보이지 않는 제트코스터나 누구나 물에 뜰 수 있는 풀장, 그 밖의 갖가지 최신 놀이기구 등을 이용하게 되면, 많은 사람들이 즐거워하고 행복해 할 것이라고 생각했다. 이것을 벤담 식으로 표현하면 사람들의 행복을 더하는 행위니까 선이 된다. 반면에 놀이공원을 만들어 교통체증이나 쓰레기 문제가 발생한다면 불쾌하거나 불행하다고 생각하는 사람도 있을 것이다. 물론 이것은 벤담에 의하면 불행을 더하는 행위이니 악이 되는 것이다.

여기서 벤담의 상투적인 말 "최대다수의 최대행복"이 등장한다. "저마다의 행복을 더한 것이 가장 크게 되었을 때야말로 사회가 정말로 행복해진다"란 뜻이다. 다시 말해 놀이공원을 만들려고 할 때 최대의 퍼포먼스로 사람을 행복하게 할 수 있다면 만드는 의미가 충분히 있다는 것이다. 이런 벤담의 "최대다수의 최대행복"이라는 이론은 현재 사회 정책을 추진하는 하나의 판단 기준이 되고 있다.

"보다 많은 사람에게 보다 많은 행복" 더할 수 없이 좋은 말이긴 한데 막연한 감이 없지 않다. 이에 벤담은 구체적인 방안을 제시하고 있는데 그것이 바로 "쾌락계산"이다. 왠지 모를 듯 알 듯 유쾌하게까지 들리는 이 말을 푸는 열쇠의 비밀은 바로 놀이공원에 있다.

"최대다수의 최대행복"

벤담의 쾌락계산법

벤담은 획기적인 행복의 계산법을 찾아냈는데 바로 그 이름이 "쾌락계산!"이다. 쾌락계산이란 어떤 행동이 얼마나 많은 사람에게 얼마나 많은 행복을 가져다주는가를 체크하는 계산법을 말한다.

다시 말해 그는 "쾌락의 강도", "지속성", "확실성", "원근성", "다산성", "순수성", "범위(관계자 수)"라고 하는 7개의 조건을 내걸고, 이것들을 보다 많이 만족시키는 것이 보다 많은 사람에게 보다 많은 행복을 가져다주는 행위라고 보았던 것이다. 마치 사회 정책의 채점표처럼 점수를 매기고자 했던 것이다.

그렇다면 이 7개의 조건을 에버랜드나 롯데월드와 같은 재미있는 놀이공원에 빗대어 살펴보도록 보자.

1. 쾌락의 강도

이것은 사람들에게 얼마나 강하게 쾌락의 효과를 가져다주는가의 문제이다. 사실 놀이공원에는 효과 만점의 어트랙션이 필수불가결하다. 아무리 많이 가도 갈 때마다 다시 타고 싶게 만드는 여러 놀이기구들, 롤러코스터, 자이로드롭 등은 확실히 사람들에게 충분한 쾌락을 선사한다고 볼 수 있다.

2. 지속성

이것은 사람들에게 사랑받아야 계속 이어진다는 원리이다. 다른 어떤 곳보다도 놀이공원은 하루 동안 질리지 않도록 연출하는 것이 필수다. 그래서 놀이공원에서는 시간에 따라 조명이나 음악이 변화하며 수시로 다양한 이벤트들이 열려 사람들이 지겹다고 생각할 틈을 주지 않게 만드는 것이다.

3. 확실성

이것은 어떻게 하면 사람들을 확실히 모이게 만드냐 하는 문제이다. 그래서 놀이공원에는 사람들에게 인기가 많은 여러 부대시설들을 만들어 놓고 확실하게 사람들을 끌어 모으고 있다.

4. 원근성

이것은 실현할 수 있는 시기가 얼마나 가까운가 하는 문제이다. 즉, 당장 즐길 수 있는 것인가의 문제를 말한다. 놀이공원에서는 예약자를 위해 자리를 내주고 기다릴 때 즐길 수 있는 것이 많아야 한다. 사실 놀이공원은 극장 예약 시스템과는 달리 놀이기구 탑승을 위해 바로 줄만 서면 즉시 즐기는 것이 가능하다.

5. 다산성

이것은 얼마나 다양성이 가능한가에 관한 것이다. 모두 느끼는 것이겠지만 사실 놀이공원에는 세계의 각종 요리를 맛볼 수 있는 레스토랑은 물론이고 라이브 퍼포먼스나 심지어 개성 넘치는 전문 상점 등이 충분히 갖춰져 있어 종합 놀이 공간이라고 할 수 있다.

6. 순수성

이것은 마이너스적인 측면이 없다는 것이다. 하루 종일 놀이공원에서 논다면 조금은 지치고 피로할 것이다. 이런 피로를 쉽게 풀어 버릴 수 있는 휴식 공간이 있어 다시 상쾌한 기분이 들게 함으로써 온전히 즐거운 추억만이 쌓이게 한다.

7. 범위(관계자 수)

이것은 얼마나 폭넓은 영향력을 미치느냐 하는 문제이다. 그래서 놀이공원에는 노인에서부터 어트랙션을 좋아하는 어린 애들까지 폭넓은 연령층에게 지지를 받기 위한 조치가 취해진다. 물론 여기에는 놀이공원에 관계하는 근처 사람들의 반응까지도 포함된다.

이렇게 7가지 조건을 보다 많이 만족시킨 놀이공원이 있다면 그곳은 보다 많은 사람에게 보다 많은 행복을 가져다줄 것이다.

이 쾌락계산법은 지금도 다리나 건물 등 공공시설을 만들 때 사용되고 있는 우수한 계산법이기도 하다.

한편 벤담은 쾌락계산에 의해 최대행복의 효과를 든 것은 "인간의 법률적 제재를 가하지 않으면"이라고 단서를 달았다. 그리고 사회의 행복을 방해하는 인간이 나타나면 그는 "이런, 벌을 주어야겠군!" 하며 화를 냈다고 한다.

벤담의 알려지지 않은 인생

벤담은 8살 때부터 "저는 어리지만 철학자입니다"라며 자기소개를 하던 조숙한 어린이였다고 한다. 그런데 이렇게 철학자처럼 말했던 것이 화근이 되어 훗날 그에게 어마어마한 비극을 가져다 주었다.

벤담이 33살이 되던 어느 날, 그는 한 친구로부터 카로린이라고 하는 귀엽고 청초한 여자를 소개받았다. 그는 이 여성에게 첫눈에 반해 잠을 이루지 못할 정도로 그녀를 좋아하게 되었다.

당연히 적극적으로 대시할 벤담의 모습을 상상하겠지만 전혀 아니었다. 어릴 적부터 철학자처럼 행동했던 그는 이 생각 저 생각으로 밤잠을 설쳤다. 즉, 그는 자신이 어떻게 하면 카로린에게 가장 큰 행복을 줄 수 있을까를 매일 밤 생각했던 것이다.

이렇게 고민을 거듭한 끝에 마침내 벤담은 "카로린을 행복으로 가득 차게 만들 수 있다"는 확신을 얻었다. 그래서 그는 곧장 "결혼해 주세요"라고 청혼을 했다.

하지만 그때 벤담의 나이는 68살이었다. 카로린을 만난 지 35년이 지난 후의 일이이었던 것이다. 너무 늦어 버린 청혼이었다. 아니나 다를까 카로린에게서 온 답장에는 "거절하겠습니다"라고 쓰여 있었다. 결국 벤담은 일생을 독신으로 보내게 된 것이다.

이렇듯 자신이 상대방에게 얼마나 행복을 줄 수 있는가에 대해 35년간이나 고민을 이어 온 벤담! 이런 그가 만들어 낸 쾌락계산은 사랑의 번뇌에도 적용된 피와 눈물의 사상적 결정체였던 셈이다.

한편 벤담은 만년에 자신이 죽으면 미라로 만들어 런던 대학에 전시해 달라는 말을 했다고 한다. 사후의 시신까지도 전시품으로 사용하여 보다 많은 사람에게 보다 많은 행복을 가져다주고 싶어 한 벤담 철학의 귀결이라고 말할 수 있을 것이다. 18세기의 대철학자 벤담은 그야말로 "최대다수의 최대행복"을 몸과 마음으로 실천한 최고의 엔터테이너인 것이다.

　벤담의 "도덕과 입법의 원리 서론"을 읽고 우리도 꼭 쾌락계산에 통달해서 "보다 많은 사람이 보다 행복해지도록" 생각하고 행동하면 어떨까? 그것은 분명 자신한테도 행복을 안겨다 줄 것이다.

가장 많은 사람들이 가장 크게 느끼는 행복

공리주의란 어떠한 경우라도 그 결과가 관계된 모든 사람들의 최대 행복으로 나타나야한다는 규범 이론이다. 그리고 각 사람의 행복은 쾌락이나 욕구 또는 선호의 충족도에 따라 달리 계산된다. 이를 한마디로 정의하면 "최대다수의 최대행복"인데, 이것을 벤담은 "도덕과 입법의 원리"로서 명확하게 정립한 것이다.

하지만 공리주의는 후에 사람들에게 쾌락의 좋고 나쁨을 문제 삼지 않고 무비판적으로 만족시키는 것 자체를 선이라 한다고 해서 "돼지 철학"이라는 비판을 받게 되었다. 이에 벤담의 제자 중 한 명인 J.S. 밀(1806~73)은 쾌락의 질을 구별하면서 다음과 같이 대답했다. "배부른 돼지보다는 배고픈 인간이 낫다. 만족스런 바보보다는 불만족스런 소크라테스가 낫다"고. 행복이란 단순한 욕구의 만족이 아닌 참다운 이익의 실현이라고 하는 주장으로, 밀은 벤담의 공리주의를 더욱 발전시켜 나갔다.

벤담은 만년까지 공리주의자답게 죽은 사람이 어떻게 하면 살아 있는 사람에게 도움을 줄 수 있을지에 대해 골몰했다. 이러한 면면은 그가 쓴 『자기상』이라는 책에도 자세히 드러나 있는데, 명사&士들이 죽었을 때 방부 처리를 잘 해 기념상을 만들어 나무 사이에 적당히 배치를 한다면 좋을 것이라고 적고 있다. 게다가 런던 대학의 유니버시티 칼리지 설립의 접근을 기록한 유언장 중에는 의복을 입은 자기 자신의 해골과 두뇌를 보존하도록 요구하는 내용도 있다. 이뿐만 아니라 벤담은 동물의 고통도 인간처럼 쾌락적인 측면에서 고려되어져야 한다는 선구자적 주장을 하기도 했다.

12

동대문 패션 산업의 성장으로 풀어 본 몽테스키외의
법의 정신

> **몽테스키외**
> **(1689~1755년)**
> 　프랑스의 정치사상가이자 철학자이다. 그는 대표작 『법의 정신(1746)』에서 3권 분립과 이의 견제와 균형을 주장했는데, 이것은 미합중국 헌법을 비롯한 근대헌법뿐만 아니라 이후의 사회사상에도 지대한 영향을 끼쳤다. 다른 저서로는 『페르시아인의 편지(1721)』, 『로마인 성쇠 원인론(1734)』 등이 있다.

몽테스키외의 『법의 정신』은 누구나 한 번쯤 들어 본 적이 있는 책일 것이다. 지금도 어디에선가 누군가가 이 책을 읽기 위해 씨름하고 있을지도 모른다. 하지만 그 사상의 중요성에도 불구하고 일반 사람들의 일상 대화에서는 베스트 10은 커녕 1000에조차 끼지 않고 있다. 그만큼 읽기가 쉽지 않다는 뜻일 것이다. 그런데 우리의 정치 현장에서는 하루가 멀다 하고 독재니 독단이니 하는 말들이 쏟아지고 있다. 이런 상황에서 몽테스키외의 『법의 정신』은 중요한 테마로 떠오르고 있다.

여기서는 동대문 패션 거리를 존재시키는 3요소를 3권 분립에 빗대어 소개하고자 한다.

우선 그 전에 몽테스키외가 어느 나라 사람인지 알아보자. 그 이름의 발음을 들어 보면 언뜻 몽고 사람이 아닐까 하는 생각이 들겠지만 그는 프랑스 사람이다. 프랑스혁명이 일어나기 정확하게 100년 전인 1689년, 와인으로 유명한 보르도에서 태어났다. 그런데 아이러니하게도 『법의 정신』은 프랑스가 아니라 스위스의 제네바에서 출간되었다. 왜 프랑스인인 몽테스키외는 자신의 책을 제네바에서 출판한 것일까? 이 수수께끼를 푸는 것으로부터 얘기를 시작하도록 하자.

『법의 정신』은 어떤 책인가?

보르도는 세계 와인 마니아가 주목하는 프랑스 와인의 성지이다. 1561년에 그 보르도의 변두리 마을의 땅을 사서 성을 지었던 귀족이 있었다. 그곳은 농작물이 자랄 수 없는 불모의 땅이어서 불모의 언덕 즉, 몽테스키외라고 불리웠다. 이것이 몽테스키외 일가의 시작이었다.

이런 지방의 귀족 일가에서 몽테스키외가 태어났을 때, 프랑스는 절대 왕정의 절정기였다. 즉, "짐은 곧 국가다"라는 말로 유명한 루이 14세*가 지배하던 절대 군정의 한가운데서 청년 시절을 보내게 된 것이다.

이때 그는 끝없는 사치와 허영만 부리고 민중의 생활을 돌아보지 않는 군주를 보고 "민중의 이익을 지켜 줄 방법은 없는 것일까?" 깊은 고민에 빠지게 되었다.

하지만 보르도의 귀족으로서 유복한 생활을 누리고 있던 그가 바로 행동을 일으키기는 현실적으로 무리였다. 40살이 되던 즈음 몽테스키외는 영국으로 유학을 떠나게 되는데 그곳에서 주민의 대표가 의견을 모아서 결정을 내리는 의회 제도를 보게 된다. 거기에서 힌트를 얻은 그는 귀국 후 59살이 되어 오랜

---

* **루이 14세** (1638~1715)
절대군주의 전형으로 여겨지는 왕으로 "짐은 국가다"라는 말로 유명하다. "태양왕"이란 별명을 가지고 있다. 유년기에 왕위에 올라서 왕권신수설 등에 업고 절대주의를 확립했으며, 유럽 최대의 상비군을 편제하고 주변국과의 잇따른 침략 전쟁을 통해 영토를 넓혔다.

염원이었던 새로운 정치의 구조를 이론으로
정리했는데, 그 책이 바로 『법의 정신』
이었다.
　이 책의 뿌리에 흐르는 메시
지는 "횡포를 부리는 군주로부
터 국민은 어떻게 자신들의 이
익을 지킬 것인가"라는 것이다.
즉, 『법의 정신』은 권력을 통렬히
비판하고 폭로한 책이었다. 이렇게 대범하게 권력자들을 비판한 몽테스
키외였지만 사실 그는 소심한 사람이었다. 책이 검열에 걸릴 것이 두려워
가명으로 책을 출판한 것이다. 그것도 조국 프랑스가 아닌 스위스의 제네
바에서 출판해서 프랑스로 가지고 들어왔다. 이렇게 해서 『법의 정신』은
프랑스의 국민들 손에 들어가게 되었다.
　이 책은 당시 불평등한 왕정에 불만을 품고 있던 민중들 사이에서 큰
화젯거리가 되었다. 물론 몽테스키외가 걱정한 대로 그 직후 금서 목록에
올랐지만, 해적판이 출판되어 순식간에 유럽에 유통되었다. 커다란 센세
이션이 일어난 것이다. 우리나라의 1970년대 김지하가 지배층을 신랄하
게 비판한 오적五賊이 출간되었을 때와 흡사한 반응이라고 볼 수 있을 것
이다. 오적 역시 곧장 금서 목록에 올랐듯이 말이다.
　그렇다면 당시 권력자들이 그렇게 두려워했던 『법의 정신』에는 도대
체 무엇이 쓰여 있는 것일까?

몽테스키외가 설명한 "법률"이란?

몽테스키외는 자신의 책이 금지 처분될 것이라는 것을 분명히 예감하면서 책을 써 나갔다. 『법의 정신』의 머리말을 보면 그 상황을 미루어 짐작할 수 있는 대목이 나온다. "본서에 쓰인 무수한 사항 안에서 만일 예기치 않게 상처를 주는 대목이 있더라도 그것은 조금도 악의를 가지고 쓴 것이 아닙니다." 만에 하나 자신이 체포되었을 때를 대비해 변명하기 위해서 그는 첫 문장부터 이렇게 써 내려가기 시작한 것이다.

『법의 정신』은 모두 31편으로 엄청난 분량의 책이지만 그 전부를 읽지 않고도 다음 2개의 문장을 완벽하게 파악하면 대부분을 이해한 듯한 느낌을 가질 수 있다. 마치 이승엽의 타석을 보는 것만으로도 그날의 요미우리 자이언츠의 시합을 전부 구경한 듯한 기분이 드는 것과 같은 이치이다.

그렇다면 『법의 정신』을 간단하게 이해할 수 있는 문장은 무엇일까?

"법이란 것은 사물의 본성에서 유래한 것으로, 필연적 관계의 것이다(제1편 제1장)."

"강제로 법을 만들지 마라!"

12 • 동대문 패션 산업의 성장으로 풀어 본 몽테스키외의 법의 정신 145

가볍게 훑어들으면 도무지 무엇을 말하는 것인지 잘 모를 것이다. 하지만 분석해 보면 그리 어렵지 않다. "사물의 본성에 유래한 필연적 관계"가 "자연의 섭리"라는 것이다. 그리고 "자연의 섭리"는 "역사, 전통, 습관"이다. 즉, 이 한 문장을 다시 풀이해 요약하면 이렇게 된다. "그 나라의 긴 역사와 전통에서 키워진 습관이야말로 '법률'이다." 몽테스키외가 종국에 하고 싶었던 얘기는 "강제로 법률을 만들지 마라"였던 것이다. 예를 들어 병든 사람이라고 해도 약을 너무 많이 먹으면 부작용을 일으키게 된다는 말이다.

우리가 다니는 길을 예로 들어 살펴 보자. 아무것도 없는 평지를 강제로 도로로 만들어 버리는 예는 우리나라의 여러 곳에서 찾아볼 수 있다. 그런데 그 장소가 갖고 있는 전통이나 습관을 무시하고 강제로 도로를 내면 어떻게 될까? 사람들은 그 길을 이용하지 않게 되고, 그러면 결국 도로로서 쓸모가 없는 길이 되어 버릴 것이다.

동대문 패션 거리를 살펴보자. 동대문은 우리나라 패션 의류 산업이 크게 번창하고 있는 거리 중의 하나이다. 사실 동대문도 처음에는 지금처럼 패션의 거리로 전문화, 특화되기에는 조금 부족한 면이 있었다. 이러한 부분을 잘 극복하여 지역 사람들의 요구를 받아들여 계획적인 패션 거리를 조성했던 것이다. 그 요구에 따라 진행을 잘 해 나가니 지금은 중국이나 일본 등 세계 각국의 사람들이 찾아오는 패션의 거리로 성장을 한 것이다.

일찍이 몽테스키외는 다음과 같은 명언을 남겼다.

"법 때문에 인간이 있는 것은 아니다."

그의 말을 빌려 동대문 패션의 거리를 빗대어 말하면 다음과 같을 것이다.

"길 때문에 사람이 있는 것이 아니고, 사람 때문에 길이 있다."

동대문 패션 산업의 성장으로 보는 3권 분립

그렇다면 동대문 패션 산업의 성장이 어떻게 『법의 정신』에 맞는 것일까? 법의 정신의 핵심은 3권 분립*이다. 동대문 패션 거리가 성공하게 된 이유는 법의 정신에 얼추 들어맞는다. 몽테스키외가 지금부터 255년 전에 동대문 패션의 거리 탄생을 예언이라도 한 듯이 말이다. 몽테스키외는 법률을 무턱대고 마구 만들지 말라고 했다. 그러면 어떻게 만들라는 얘기였을까? 몽테스키외는 그의 의지를 다음의 한 문장으로 압축해서 표현했다.

* **3권 분립**
권력이 집중되면 권력자가 하고 싶은 대로 하는 위험이 따른다. 3권 분립은 국가권력을 입법, 행정, 사법 기관으로 각각 독립시켜 서로 견제하게 하여 균형을 도모함으로써 권력의 남용을 방지하고 국민의 권리와 자유를 호보하려고 하는 원리이다.

"사람이 권력을 남용하지 않기 위해서는 사물의 배열에 의해 권력이 권력을 저지해야 한다(제11편 제4장)."

이것이 그 유명한 3권 분립이다. 몽테스키외는 권력이 각각을 감시하게 만들어야 나라가 건전하게 발전할 수 있다고 보았다.

그런데 동대문 패션 산업의 성장 과정을 보면 이와 같은 구조를 밝혀내는 것이 어느 정도 가능하다. 즉, "임대료", "스폰서", "PR"이라고 하는 3가지의 이해관계의 균형을 기본으로 해서 성장했던 것이다. 다시 말해 의류 산업을 더욱 전문화하기 위한 요구에 의해 그 시설을 지었고, 이 때문에 사람들이 모이게 되었다. 또 사람들이 모이기 때문에 스폰서들의 지원을 받는 여러 패션 산업이 발전을 했다.

패션 산업이 발전하자 이번에는 여러 매스컴에서도 이에 관심을 갖고 취재하러 왔다. 매스컴에서 취재하기 때문에 이번에는 여러 각국의 사람들까지 찾아오게 된 것이다. 이런 식으로 동대문의 패션 거리는 발전을 해 갔던 것이다. 쉽게 말해 사물들이 각자의 위치에서 상호 견제하면서 발전해 나갔던 것이다.

새로운 나라를 낳은 "법의 정신"

『법의 정신』의 출판은 세계의 구조를 크게 바꾸어 버렸다. 현대사회에 지대한 영향을 미친 것이다. 이것은 세계를 움직이는 초강국 미합중국의 역사를 살펴보면 쉽게 알 수 있다. 프랑스에서 베스트셀러가 된 것뿐만이 아니라 하나의 나라를 만드는 데 가장 큰 역할을 한 것이다. 그 나라가 바로 미국이다.

　1776년 7월 4일, 미국은 한창 영국과의 독립전쟁을 벌일 때 영국령이었던 북아메리카 13주를 식민 지배로부터의 독립을 선언했다. 그 순간 세계의 경찰국으로 불릴 정도로 성장한 미합중국이 탄생하게 된 것이다.

　여기까지는 잘 알려진 이야기이다. 하지만 그 건국의 측면에 『법의 정신』이 깊이 관계되고 있다는 사실은 의외로 잘 알려져 있지 않다.

　당시 미국 건국의 중심 인물로는 B. 프랭클린, J. 아담스, T. 제퍼슨 등이 있다. 이들은 민중을 위해 나라를 만드는 것을 목표로 했다. 그런데 이들의 참고 목록은 『법의 정신』이었다. 즉, 『법의 정신』을 기본으로 뜨거운 논의를 거쳤으며 그 결과 국민의, 국민에 의한, 국민을 위한 정부를 추구한 독립선언*서를 완성시켰던 것이다.

　이처럼 미국의 건국자들에게 몽테스키외의 『법의 정신』은 지대한 영향을 미쳤다. 오늘의 미국이 있는 건 『법의 정신』의 덕분이라고 말해도 과언이 아닐 정도이다. 지금도 3권 분립론은 미합중국 헌법의 기초가 되고 있고 각 주의 헌법에도 쓰이고 있다. 어쩌면 몽테스키외가 『법의

＊ **독립선언**
1776년 7월 4일, 미국이 영국으로부터 독립을 선언한 것으로 T. 제퍼슨이 기초하였다. 자유, 평등, 행복의 추구를 천부의 권리로서 주장했으며, 세계 각지의 민주주의 발전에 큰 영향을 주었다.

정신」을 쓰지 않았더라면 현재의 세계 지도는 바뀌어 있을지도 모르는 일이다.

deep knowledge

역사를 지배하는 것은 운명이 아니다

몽테스키외의 표현을 빌리면 『법의 정신』은 "20년에 걸쳐 고생해서 쓴 작품"이라고 한다. 그래서인지 당시 간행 18개월 만에 21쇄를 찍을 정도였다. 하지만 판매량은 절대적으로 많았지만 가명이나 출판 금지 처분 등으로 해적판이 많이 나돌게 되었다.

한편 몽테스키외는 비판의 대상이 되었던 『법의 정신』에 대해 『법의 정신의 옹호』가 되는 책을 1750년에 출판했다. 하지만 이 또한 다음 해에 법왕처의 금서 목록에 추가되어 다시 출판 금지 처분을 받았다.

그는 또한 1721년에 간행된 『페르시아 사람의 편지』에서 동양인의 눈을 빌려 당시의 프랑스의 절대왕정을 맹렬히 비판했다. 이 작품은 서간체의 풍자소설인데, 나중에 프랑스혁명의 사상적 기반을 제공하게 되었다. 이 작품도 물론 가명으로 출판한 것이다.

그리고 1734년에 발행된 『로마인 성쇠 원인론』에서 몽테스키외는 "역사를 지배하는 것은 운명이 아니다"라고 강력하게 선언하고 나섰다. 이것은 섭리로부터 역사를 해방시킨 것이라고 말할 수 있다.

하지만 나이 때문에 점차 시력이 나빠져 버린 몽테스키외는 『법의 정신』을 완성한 후 은거 생활에 들어갔다. 그러다가 1755년 2월 10일, 우연히 재산 정리를 위해 길을 나선 파리에서 유행성감기에 걸려 사망하게 된다.

Georg Wilhelm Friedrich
Hegel

13

애완동물로 이해한
헤겔의
정신현상학

조지 윌리엄 프리드리히 헤겔
(1770~1831년)

독일의 철학자이며, 독일 관념론의 체계적 완성자이다. 하이델베르크와 베를린 대학의 철학교수로 변증법적 운동을 통해 자기 인식을 조사하는 형이상학의 체계를 이룩해 유명해졌다. 그는 저작 『정신현상학精神現象學(1807)과 『논리학(1812~1816)』에서 다이너미즘(일제의 자연현상을 힘으로 생각하려는 철학 이론)에 의한 보편적 이성의 운동 과정을 그려 냈다.

세계사를 뒤흔든 대사건에서 별로 대수롭지 않은 남녀 간의 치정 싸움까지 그리고 수많은 인명을 앗아간 대참사에서 새끼발가락을 다칠 정도의 사소한 사건에 이르기까지 세상의 여러 현상들을 헤겔은 세 가지 요소로 설명하고 있다. 테제(명제), 안티테제(반대명제), 진테제(종합)가 그것인데 이 세 가지 요소로 염주 알을 줄줄이 꿰듯이 풀이하고 있는 것이다.

그가 사물을 파악하는 방법으로 제창한 "변증법"은 후대의 사상가들에게 큰 영향을 미쳐 시대를 움직이는 원동력이 되어 주었다. 헤겔의 "정신현상학"은 모두들 한 번쯤은 들어 알고 있을 것이다. 제목만 들어도 어려운 "정신현상학". 그러나 귀여운 애완동물을 좋아하는 사람이라면 이 책을 이해하는 것은 식은 죽 먹기일 것이다. 여기서는 그의 변증법을 애완동물인 개에 비유하여 살펴보도록 하겠다.

"정신현상학"이란?

18세기 독일에서 태어난 헤겔은 그때까지의 근대철학을 정리해 준 대단한 인물이다. 그의 사상은 당시 너무나 완벽해 "헤겔의 철학 이외에 철학은 없다"고 일컬어질 정도였다. 그런 그의 대표작 『정신현상학』은 키르케고르나 니체, 사르트르, 마르크스 등과 같은 쟁쟁한 철학자들에게도 지대한 영향을 미쳤다.

그렇다면 이러한 "정신현상학"을 현재에는 어떤 사람들이 읽으면 좋을까? 좀처럼 취직이 되지 않아 홧김에 술을 마시고 있는 사람, 또 가장 친한 친구에게 애인을 빼앗겨 분노의 술을 마시고 있는 사람, 그리고 아들의 운동회에 의욕이 넘쳐 부자 릴레이에 참가했다가 골인 직전에서 넘어져 버려 열 받아 한 잔 걸치고 있는 사람 등등. 좀처럼 일이 잘 풀리지 않아 내 인생은 왜 그런 것인가? 고민하고 있는 사람이 읽을 만한 책이다.

『정신현상학』은 철학책이면서도 읽으면 힘이 솟아나는 인생의 응원가라고도 할 수 있는 책이다. 말하자면 노동자들이 파업투쟁을 하며 어려운 나날을 보내고 있을 때 힘을 내기 위해 부르는 노래인 "파업가"와 같은 책인 것이다.

사실 인생에서는 좀처럼 자신의 뜻대로 되지 않는 경우가 많다. 모두들 한 번쯤은 그런 궁지에 몰린 때가 있을 것이다. 그런 순간을 위해 믿을 만한 주문을 하나 읊어 보자.

"테제! 안티테제! 진테제!"

부끄러워하지 말고 소리를 내어 따라해 보자.

"테제! 안티테제! 진테제!"

"흩어지면 죽는다. 흔들려도 우린 죽는다⋯⋯ 승리의 그날까지 지키련다."

마치 "파업가" 부를 때의 강력한 힘이 느껴질 것이다.

물론 이 주문을 외치는 것만으로는 진짜 힘을 느끼지 못할 수도 있다. 그럼 정말 그 힘을 느끼려면 의미를 알고 주문을 외쳐야 할 것이다. 이 의미를 빨리 이해하기 위해서는 애완동물, 그중에서 허리가 길고 다리가 짧은 사냥개인 닥스훈트*를 알아봐야 한다.

---

* **닥스훈트**
원산지는 독일이다. 키 25센티미터로, 몸통이 길고 다리가 짧은 것이 특징이다. 수십 년간에 걸쳐 닥스훈트는 3종의 크기(테켈, 미니츄어테켈, 카닝헨테켈) 및 3종의 털 모양(스누즈헤어, 와이어헤어, 롱헤어)으로 번식되었다.

헤겔의 사상이란?

헤겔이 『정신현상학』에서 말하고자 했던 철학은 무엇일까? 그것은 단적으로 말해 "정신은 테제, 안티테제, 진테제의 과정을 반복해 발전되어 나간다"는 것이다. 이것을 쉽게 설명해 보면 다음과 같다.

① 테제(정립, 즉자卽自) : 이것은 어떤 것을 정하고 있는 상황으로 아직 모순이 나타나지 않은 안정된 단계이다.

② 안티테제(반정립, 대자對自) : 테제에 대한 모순이 생겨 어떤 것을 그것이라고 하고 있지만, 그것이 단편적인 관점이었다는 것을 알게 된 단계이다.

③ 진테제(종합) : 테제와 안티테제를 종합하는 것으로 새로운 것을 알게 되는 단계이다.

이처럼 테제와 안티테제, 진테제를 반복하여 정신은 더욱 고양되고 최후에는 참된 목표 지점에 도달할 수 있다는 것이다.

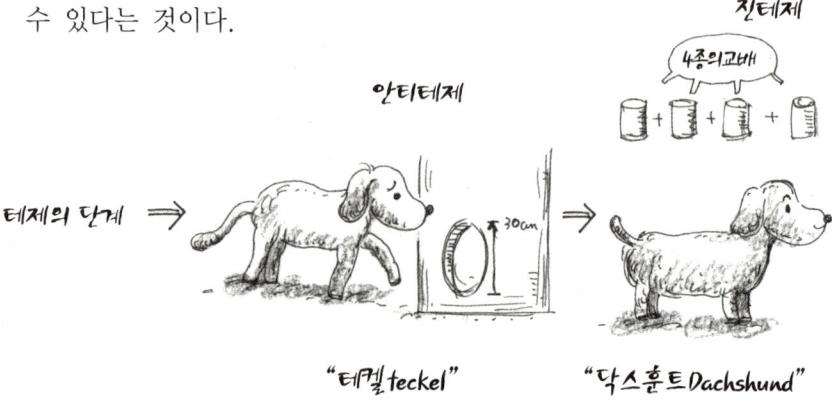

사실 이렇게 말해도 확 와 닿지 않을 것이다. 그러면 이를 앞서 얘기한 애완동물인 닥스훈트에 빗대어 보자. 원래 닥스훈트는 어떤 별다른 것도 없는 테켈이라고 하는 개였다. 그러나 테제, 안티테제, 진테제의 과정을 거쳐 놀랄만한 진보를 이루었다.

처음엔 산토끼 사냥을 쉽게 했던 테켈. 이 상황은 아무런 모순도 없는 테제(정립, 즉자)의 단계였다. 그러나 직경 30센티미터 움막의 구멍에는 자신의 몸이 너무 커서 들어갈 수 없었다. 여기서 사냥은 하고 싶어도 할 수 없다는 모순이 테켈이라는 개에게 생긴다. 이것이 안티테제(반정립, 대자)의 단계이다. 그리고 마침내 그 대립 모순을 넘어 4종류의 교배에 의해 다켈은 완벽할 정도의 몸통과 짧고 긴 다리의 닥스훈트로 레벨 업되었다. 이것이 바로 모순을 해결한 진테제(종합)의 단계이다.

물론 롱헤어 닥스훈트도 이에 딱 들어맞는다. 처음 닥스훈트는 털이 짧아서 물에 젖으면 체온을 단번에 빼앗겨 물새 사냥에는 전혀 알맞지 않았다. 그래서 사냥을 하고 싶어도 하지 못한다는 모순이 발생한다. 이에 닥스훈트는 물에 약하다는 모순을 해결하고 멋진 긴 체모를 가지는 롱헤어 닥스훈트로 개량되었던 것이다.

이렇게 이 세 단계를 밟는 법칙과 원리를 헤겔은 변증법*이라 이름 붙였다. "실패는 성공의 어머니"라고 하는 격언처럼 실패 후엔 한 단계 더 성숙해진다는 이치를 담고 있는 것이다. 물론 헤겔의 변증법은 이보다 훨씬 차원 높은 이야기이다.

---

* 변증법
변증법이란 "존재 및 구체적인 현실의 운동, 변화를 지배하는 논리"이다. 또한 동시에 "모순, 대립 및 그 지양을 통해 발전하는 운동, 변화를 파악하는 사고"이기도 하다.

역사와 변증법의 관련성

헤겔은 이런 말을 남겼다.
"세계의 역사는 이성적으로 진행된다."

이런 그의 사상을 알기 쉽게 설명하면 이렇다.

역사는 고대 오리엔트 → 고대 그리스, 로마 → 게르만 세계로 발전했다. 그런 고대 세계에서 자유를 누릴 수 있는 사람은 왕뿐이었다. 즉, 단 한 명만 자유를 만끽할 수 있었던 것이다. 그러나 시대가 발전하면서 자유 의식은 확장되어 갔고 점점 자유로운 사람은 늘어났다.

그리고 마침내 1800년의 헤겔의 시대에는 인간은 모두 자유롭다고 하는 자각이 생겨났다. 이런 자유의 힘으로 국가 조직을 만들어 가는 것, 바로 그것이 역사가 지향하는 목표이다. 즉, 역사는 적당히 흘러가는 것이 아니라 착실하게 목표를 가지고 진행된다는 것이다. 물론 그 목표는 "자유의 실현"이다.

어쩌면 지금 여러분이 자가용을 몰거나 컴퓨터나 핸드폰을 사용할 수 있는 것은 역사가 자유를 지향하며 변증법적으로 발전되어 왔기 때문일지도 모른다.

그렇다면 앞으로 여러분의 인생은 지금보다 훨씬 더 자유로울 것임에 틀림이 없다. 미래가 한층 밝아지는 것이다.

이렇게 역사라고 하는 것의 중요성을 풀고, 이것을 철학의 한가운데에 내려놓은 헤겔의 공적은 실로 큰 것이었다.

이 역사의 변증법을 다시 한 번 애완동물에 빗대어 대치해 보도록 하자.

우리가 보릿고개처럼 가난했던 시절에 원래 군용견인 셰퍼드*와 같은 것을 애완동물로 기르는 것은 일부 상류층 가정뿐이었다. 먹고사는 문제가 비로소 해결되었을 즈음 일반 가정에서도 점차 애완동물을 키우기 시작했다.

그렇지만 여전히 개는 애완동물이라기보다는 집을 지키는 역할의 비중이 훨씬 크다. 이제 먹고사는 문제가 아니라 삶의 질을 얘기하는 단계로 진입하자 집에서 애완동물을 키우는 주도권을 엄마들이 갖게 되었다. 따라서 포메라이언**이나 말티즈*** 등과 같이 사랑스럽고 가볍게 안을 수 있는 개에 인기가 집중되었다.

---

* **셰퍼드**
원산국은 독일이며, 키는 55~65센티미터쯤 된다. 목양견, 군용견 등으로 용도가 다양하다. 귀가 뾰족하게 세워진 것이 특징이다.

** **포메라이언**
원산국은 독일이다. 입술이 뾰족하고 전신은 긴 털로 덮여 있다. 키는 약 20센티미터이며 털 색깔은 갈색, 오렌지색, 검정 등이 있다.

*** **말티즈**
원산국은 이탈리아이다. 개 종류 명은 마루타섬으로부터 지었다고 한다. 키 25센티미터로 순백의 긴 털로 덮여 있다.

그러다가 다시 사치의 상징으로 여겨질 정도인 골든리트리버*나 시베리안허스키** 처럼 덩치가 큰 개도 등장했다. 요즈음은 혼자 사는 사람들이 늘어나 애완동물을 가족처럼 여기며 집 안에서도 키울 수 있는 귀여운 미니시츄어 닥스훈트나 치와와*** 등의 작은 개들이 인기를 모으고 있다.

애완동물을 키우는 데에 있어서도 점차 더 많은 사람들이 자신의 자유의지에 초점을 맞추고 있는 것이다. 다시 말해 애완동물의 역사에 있어서도 변증법이 반복되어 애완동물을 기르는 자유를 더 많은 사람들이 갖게 된 것이다. 이런 작은 변증법이 모여 결국 세계 전체로 따져 보았을 때 하나의 큰 줄기의 역사가 형성된 것이라 할 수 있다.

그럼 이렇게 애완동물의 역사가 진화해 가면 최후엔 어떻게 될까? 현재 아이보AIBO****가 일본에서 발명되었는데, 이것도 역사가 정한 변증법의 도리를 따르는 것일까?

정신현상학의 탄생 비화

헤겔은 200자 원고지로 약 1000쪽에 가까운 『정신현상학』을 겨우 3개월 만에 정리해 완성했다. 그가 이렇게 많은 원고를 빨리 정리해서 완성하는 데는 무슨 힘이 작용했을까?

그 사정을 모른 채 이 책을 읽는다는 것은 김밥을 샀는데 단무지 넣어달라는 걸 깜박 잊어버려 목이 텁텁한 채 김밥을 먹는 꼴처럼 안타까운 일이라 할 수 있다. 사실 헤겔이 이 『정신현상학』을 그토록 빨리 집필하게 된 데에는 알려지지 않은 비밀이 있었다.

물론 헤겔은 찌푸린 얼굴을 해 가면서 난해한 철학을 서술하는 그런 이상한 철학자는 아니었다. 매일 밤 맥주나 와인을 마시면서 능숙하게 농담을 연발했던 그는 사교적인 술꾼이었다. 그의 술친구만 봐도 대단했다. 세계적으로 유명한 극작가 실러나 독일 문학의 거장 괴테 등과 같은 쟁쟁한 유명인사였으니 말이다. 그런 그들을 상대로 그는 쓸데없는 농담을 던졌던 것이다.

헤겔이 3개월이라는 짧은 기간 동안에 『정신현상학』을 정리해 완성했던 이유는 그의 아들 루트비히 덕분이었다. 루트비히의 어머니인 크리스티아네는 헤겔이 하숙했던 집의 젊은 여종으로 유부녀였다. 그러니까 그의 아들인 루트비히는 헤겔과 유부녀인 크리스티아네의 사이에서 태어난 불륜의 아들이었던 셈이다.

이 불륜의 아들 사건으로 헤겔은 급히 큰돈이 필요하게 되었다. 하지만 가정교사였던 헤겔은 그렇게 큰돈을 지불할 수가 없었다. 그래서 유일하게 돈이 될 만한 것이 바로 집필 도중에 있었던 『정신현상학』이었다.

어쩌면 이것은 바로 돈이 없다는 모순을 『정신현상학』을 출판해 멋지

---

* **골든리트리버**
원산국은 영국이다. 키 55센티미터이며 새 사냥개로 특히 수중 운반에 뛰어나지만 애완견, 맹도견으로도 활약하고 있다. 웨이브 있는 황금색의 털로 덮여 있다.

** **시베리안허스키**
원산국은 시베리아이다. 에스키모에서는 오래전부터 썰매개, 방범개, 사냥개로서 사육되었다. 키 55센티미터로 털색은 흰색, 검정색, 실버 등이다. 머리나 얼굴이 색색으로 분장한 것 같은 모양을 가진 것이 많다.

*** **치와와**
원산국은 멕시코이다. 키 12센티미터로 개의 품종으로서 가장 작다. 털색은 흰색, 크림색, 검정, 빨강 등이 있으며 짧은 털을 가진 종과 긴 털을 가진 종으로 나누어진다.

**** **아이보**
1999년 일본 소니 사에서 만든 세계 최초의 본격적인 감성 지능형 완구 로봇 애완견이다. 인공 지능을 뜻한 AI와 로봇의 BO를 뽑아 만든 합성어이다.

게 해결한다는 변증법적 운동이었는지 모른다. 헤겔 역시 변증법의 원리에 따라 자기 자신을 전개시켰던 것이라 할 수 있다.

헤겔은 "테제, 안티테제, 진테제"처럼 변증법을 반복해 가면 인간의 정신은 "궁극의 지知" 즉, "절대적인 지"에 도달할 수 있다고 보았다. 그것은 어린이가 점점 어른이 되어 가는 것과 같은 이치로 최후엔 어떤 비밀을 알게 된다는 것이다. 그 비밀이란 다름 아닌 "자신이 신 즉, 절대정신*"이라는 것이다.

---

* **절대정신**
정신이 변증법적으로 발전하게 되면 최종적으로 외계의 정신과 대립하는 것이 없어지게 된다. 바꿔 말하면 주관과 객관이 통일된다. 그때 정신은 절대의 자유를 획득해 "절대정신"이 된다. 사실 인간은 신 즉, 절대정신이지만 아직 그것을 알지 못하는 것뿐이다.

deep knowledge

깊은 지식 코너

미네르바의 올빼미는
황혼녘에 날기 시작한다

철학계의 거인인 헤겔. 그러나 그 자신은 상당히 밝고 사교적인 인물이었다. 그것은 술자리의 분위기나 전원의 산책을 좋아했던 것, 그리고 착실한 지식인보다도 감성이 풍부한 사람들을 좋아했다는 일화들에서 쉽게 알 수 있다.

그런 그가 주장한 "테제, 안티테제, 진테제"라고 하는 변증법에는 사실 한계가 없다. 즉, 잇달아 출현하는 현실적인 문제를 변증법적으로 해결해 가다 보면 정신, 자연, 예술 등 모든 원리를 안에 포함하는 "절대정신"에 언젠가 도달해 가게 된다는 것이다.

하지만 그 "절대정신"이라는 게 끝이 있는 것일까? "테제, 안티테제, 진테제"로 나아가면 그것은 어떻게 멈출 수 있는 성질의 것이 아니다. 진테제가 되었다고 하더라도 변증법적 발전에 의하면 그것은 곧 새로운 테제가 되니 또 다른 안티테제, 진테제로 나아가야 한다. 그러니 도대체 그 발전의 끝을 누가 알겠는가? 아무도 모를 것이다.

만약 그 발전의 끝을 안다고 한다면 그것은 끝을 상정하고 있으니, 벌써 변증법적 발전을 어기고 있는 꼴이다. 그렇다면 결국 변증법적 발전으로 알 수 있는 것은 도대체 무엇일까? 어쩌면 알았다고 하는 것 자체도 변증법적으로 발전하고 있는 것인지도 모른다.

아무튼 "미네르바의 올빼미는 비로소 황혼녘에 날기 시작한다"고 얘기하는 헤겔의 말은 의미심장하다. 철학은 행동을 통해서 역사를 끌어가지는 않지만, 올빼미가 해가 지기를 기다리듯이 철학은 준비된 해석의 원리를 가지고 일어난 역사를 해석하고 설명해야 하니까 말이다.

14

사우나로 해석한
쇼펜하우어의
의지와 표상
으로서의 세계

> **아르투르 쇼펜하우어**
> **(1788~1860년)**
> 독일의 철학자이다. 헤겔의 합리주의 철학이 한참 전성기를 누리고 있을 때 염세론적 사상을 제창하여 19세기 후반의 유럽 지식층에게 큰 영향을 끼쳤다. 동시에 세계의 비합리성을 강조하여 이성주의의 헤겔을 강하게 비판했다. 그의 염세론적 사상은 니체와 같은 철학자나 프로이트와 같은 심리학자, 그리고 19세기 후반부터 20세기에 걸쳐 활약한 많은 예술가, 작가들에게 큰 영향을 주었다.

인생은 고달프다, 인생은 힘들다, 인생은 비참하다 등 읽으면 읽을수록 마음이 저려오는 책, 그것이 쇼펜하우어의 『의지와 표상으로서의 세계』이다. 하지만 꿈도 희망도 없어졌다가 이후에 다시 "그래도, 살아야지!" 하는 마음으로 자신이 처한 상황을 긍정적으로 받아들이고 새로운 희망이 솟아나게 하는 책이기도 하다. 실컷 울고 나면 마음이 좀 개운해지는 것과 같은 이치일 것이다. 그래서 여기서는 몸도 마음도 뜨거워지는 사우나에 비유하여 소개하기로 한다.

『의지와 표상으로서의 세계』는 어떤 책인가?

독일이 낳은 천재 철학자 쇼펜하우어가 31살의 젊은 나이에 쓴 『의지와 표상으로서의 세계』, 이 책을 사람들은 흔히 "전혀 쓸모없는 철학"이라고 말하곤 한다. 아무 짝에도 쓸모없는 그런 책이라고 생각할지 모르지만 프루스트(19장 참조)와 톨스토이*, 투르게네프**와 같은 여러 뛰어난 작가들은 이 책 덕분에 작품에 깊이가 생겼다고 말한다. 쓸모없는 것을 주장했다고 하지만 사실은 여러 사람에게 도움을 준 책인 것이다. 말하자면 쓸데없는 잡학지식을 표방하면서, 실제로는 다른 사람과 이야기할 때 조금 우월감에 젖을 수 있게 해 주는 지식들을 소개하는 인기 프로그램과 같은 것이다. 꽤 두꺼운 책인 이 쇼펜하우어의 『의지와 표상으로서의 세계』의 내용을 10자 이내로 요약하면 이렇다.

"인생은 고달프다! 끝."

쇼펜하우어는 이 책에서 "인생은 비참하다. 인생은 최악이다. 인생에는 미래가 없다"라고 주장하고 있다. 이 포기 사상이 "의지와 표상으로서의 세계"가 쓸모없는 철학이라 불리는 이유가 되었다. 혼자 쓸쓸히 밤을 보낼 때, "이런 밤에는 사람이 그리워"라고 하면서 당신은 이렇게 생각하고 있지 않은가? "아아~, 인생은 비참하고 힘들어"라고 말이다. 『의지와 표상으로서의 세계』는 바로 이런 당신을 위해 있는 책이다.

사우나로 풀어 보는 "의지와 표상으로서의 세계"

쓸모없는 철학으로 불리며 인생의 고통을 계속 적어 나간 『의지와 표상으로서의 세계』. 그런데 왜 이 책이 사람들에게 힘을 주고 있는 것일까? 그것을 이해하기 위해서는 먼저 쇼펜하우어가 말하고자 했던 테마, 왜 인생은 비참하고 고통스러운가를 이해해야 한다. 이에 대해 쇼펜하우어의 말을 빌리면 다음과 같다.

"의지는 궁극적인 목적이 없는 무한한 노력이므로 모든 삶은 한계를 모르는 고뇌이다."

무슨 소리인지 이해가 되지 않는다면, 사우나에 빗대어 풀어보도록 하자. 김 대리는 사우나를 정말 싫어한다. 하지만 퇴근길에 직장 상사와 함

---

* **톨스토이** (1817~1875)
러시아의 시인이자 극작가, 소설가로 자연에 대한 사랑과 고대 러시아에 대한 연모가 담긴 시정이 넘치는 작품을 발표하였다. 저서로 『황제 표트르 이바노미치』, 『돈 후안』 등이 있다.

** **투르게네프** (1818~1883)
러시아의 시인이자 소설가로 가정 환경이 매우 복잡했는데 중편 소설 『첫사랑』에서 그 흔적을 엿볼 수 있다. 작품으로 『파라샤』와 『사냥꾼의 수기』 등이 있으며, 파리 교외에 비아르도 부인의 별장에서 척추암으로 죽었다.

께 사우나에 가게 되었다.

"인간관계를 위해서 좀 참아야지."

이렇게 스스로를 설득하며 사우나에 들어간 김 대리. 그런데 설상가상으로 힘겨운 상황에 직면하게 된다. 같이 간 직장 상사가 사우나를 정말 좋아해서 한 번 들어가면 한 시간 이내에는 절대 나오지 않는 사람이었던 것이다. 자꾸 흐르는 땀, 바짝바짝 말라 가는 목, 한계에 다다른 김 대리는 마침내 사우나에서 나갈 결심을 한다. 하지만 그때 "근데, 이번 프로젝트 말인데……" 하며 상사의 끝없는 이야기가 시작된다. 결국 김 대리는 나갈 타이밍을 놓치고 사우나에서 나가고 싶다는 욕망만 간직한 채 갇혀 버린다.

이것이 바로 쇼펜하우어가 말한 인생이 비참하고 고통스러운 이유이다. 사우나에 들어가 있는 한은 거기서 나가고 싶다는 김 대리의 욕망은 사라지지 않는다. 그러나 상사와 함께 있어야 한다는 제약 때문에 절대로 그 욕망을 스스로 풀 수 없다.

이처럼 모든 인간은 살아 있는 한 욕망이 사라지는 일은 없다. 하지만 우리가 살고 있는 세계의 시간과 공간의 제약 때문에 모든 욕망을 이룬다

는 것은 거의 불가능하다. 그러므로 인간에게 욕망이 있는 한 인생은 항상 고달프다는 것이다.

즉, 인생이란 나가고 싶다는 욕망을 간직한 채 사우나 안에 갇혀 있는 것과 같은 것이다. 아무리 고통스러워도 살아 있는 한 거기서 나갈 수 없다는 것이다.

이제 어떤가? 왜 이 책이 우리에게 힘을 주는지 눈치를 챘는가? 그것에 대해 설명 한마디 안했지만 지금까지의 이야기만으로 이 책을 읽기 전보다는 힘을 조금 얻었을 것이다.

왜냐하면 인생은 어차피 비참하고 힘든 것이라 생각하면 애인이 없어서 혼자 쓸쓸한 밤을 보내는 것 따위의 고통은 정말 하찮은 것이라고 여기게 될 것이기 때문이다.

이것이 『의지와 표상으로서의 세계』가 힘을 주는 책이라고 알려진 이유이다. 하지만 인생이 비참하고 고통스러운 이유를 알았다 해도, 이 책을 쥔 채 참담한 기분을 맛보고 있다면 그다지 썩 큰 힘을 얻었다고 볼 수는 없다. 이에 쇼펜하우어는 우리에게 구원을 얻는 방법을 알려 주고 있다.

인생의 고통을 더는 방법

쇼펜하우어는 인생의 고통을 더는 방법에 대해 세 가지의 말로 압축적으로 표현했다.

1. 예술적 관조
2. 동고
3. 금욕

이 세 가지의 단어가 구체적으로 의미하는 것이 무엇인지 다시 사우나에 비유하여 풀어 보자.

사우나를 좋아하는 직장 상사와 함께 싫어하는 사우나에 끌려온 김 대리! 그는 사우나에서 나갈 타이밍을 잃은 채 고통을 참고 있었다. 그때 텔레비전 개그 프로그램에서 한 개그맨이 "개미 퍼 먹어"라고 익살스럽게 말하는 대목을 보고는 김 대리의 표정이 조금 누그러진다.

이것이 인생의 고통을 누그러뜨리는 첫 번째 방법인 예술적 관조이다. 문자 그대로 예술이나 노래를 즐긴다는 것이다. 쇼펜하우어는 예술을 접함으로써 고통으로부터 일시적으로 벗어날 수 있다고 말한 것이다. 텔레비전이라는 구원에 의하여 사우나의 고통에서 조금 벗어날 수 있었던 김 대리. 그런 그에게 상사가 한마디를 건넨다.

"덥네."

생각지도 않은 이 한마디에 김 대리는 상사도 자신과 같은 고통을 겪고 있다고 생각한다. 그리고는 "정말 덥네요"라고 바로 화답을 한다.

이것이 인생의 고통을 누그러뜨리는 두 번째 방법인 동고이다. 같은 고통을 맛보고 있다는 것을 재인식하는 것이다. 즉, 쇼펜하우어는 같은 고통을 나눔으로써 일시적으로 고통을 누그러뜨릴 수 있다고 말한 것이다.

텔레비전을 즐기고, 선배와 고통을 나눔으로써 필사적으로 사우나 지옥을 견디던 김 대리. 하지만 그도 한계에 다다랐다. 최악의 사태가 발생한 것이다. 의식을 잃고 만 것이다!

이것이 인생의 고통을 누그러뜨리는 세 번째 방법인 금욕이다. 즉 인간으로서의 의지를 소멸하는 것이다. 쇼펜하우어는 최종적으로 인간으로서의 욕망이나 의지 등 모든 의식을 벗어던져야 고통으로부터 벗어날 수 있다고 말하고 있다. 고통에서 벗어나려면 기절밖에 다른 방법이 없는 우리의 인생, 쇼펜하우어는 그 비참함을 이렇게 설명하고 있다.

"이 세계는 생각할 수 있는 최악의 세계이므로 이것보다 조금이라도 더 나빴다면 존재조차 할 수 없었을 것이다."

이렇게 산다는 것은 그렇게 고통스러운 것이다.

인생은 비참하고 고통스러운 것이라고 말한 쇼펜하우어. 그는 왜 이토록 인생이란 고통스러운 것이라고 말한 것일까? 그 이유는 그의 어머니와 깊은 관련이 있다.

쇼펜하우어가 집필을 시작한 이유

1788년 쇼펜하우어는 부유한 상인 집안에 태어났다. 아버지의 유산만으로 생활했다는 그의 생애는 검소하지만 아무 부족함이 없는 나날이었다. 그런 그가 인생이 비참하고 고통스러운 것이라고 생각한 것은 자신의 어머니와의 갈등 탓이었다.

쇼펜하우어가 17살 때 그의 인생에 커다란 영향을 끼치는 사건이 발생했다. 그것은 아버지의 자살이었다. 감수성이 한참 예민한 시절에 일어난 충격적인 일이었다. 아버지의 죽음이 어머니인 요한나에게 있다고 생각한 쇼펜하우어는 그 후로 어머니에 대해 마음을 닫아 버린다.

그렇지만 당시 인기 작가였던 어머니 요한나는 그런 까다로운 아들을 개선시키고자 노력하지 않았다. 반대로 그를 꺼려하고 어머니로서 해서는 안 되는 상상할 수 없는 말들을 계속 퍼부었다. 그중 하나가 쇼펜하우어가 처음으로 책을 냈을 때의 일이다. 아들의 책을 읽은 어머니는 이렇게 말했다.

"네 책은 쓰레기나 마찬가지야. 전혀 팔리지 않아 서점에서 먼지나 뒤집어쓰게 될 걸."

그렇게 말하고는 아들을 계단에서 밀쳐 냈다. 그런 어머니에게 쇼펜하우어는 상처받으면서도 이렇게 대꾸했다.

"어머니, 당신의 이름은 후에 내 책을 통해서만 알려지게 될 것입니다."

이렇게 어머니와의 갈등은 쇼펜하우어의 마음을 비관적으로 바꿔 버렸고 인생은 비참하고 고달프다는 철학을 갖게 만든 것이다. 이런 쇼펜하우어가 웃음에 대해 고찰했다는 것은 의외의 일일지 모르지만 그는 이런 말을 남겼다.

"진지해지는 능력이 크면 클수록, 마음속으로부터 웃을 수 있다."

인생은 비참하고 고통스럽다. 그렇기 때문에 더 웃을 수 있다고 쇼펜하우어는 말하고 싶었는지도 모른다.

그러면 마지막으로 『의지와 표상으로서의 세계』의 유머 넘치는 서문을 소개하면서 이 장을 마치도록 하겠다.

"이 책을 읽고 재미없다고 느낀 독자께서는 불평하기 전에 책은 읽는 것 이외에도 여러 용도가 있다는 것을 상기하여 주기 바란다. 서가의 빈 자리를 채울 수도 있고 교양 있는 여자 친구의 화장대나 차 테이블 위에 놓아 둘 수도 있다. 그리고 마지막으로 가장 추천하고 싶은 일이지만 이 책을 비평할 수도 있다."

헤겔과의 싸움에서
참패당한 쇼펜하우어

『의지와 표상으로서의 세계』의 내용에 아주 자신을 가지고 있었던 쇼펜하우어는 세간의 높은 평가를 얻지 못하자 자신감을 잃었다고 한다.

게다가 쇼펜하우어는 베를린 대학의 강사가 되었을 때 대학에서 상당한 인기가 있었지만, 무모하게도 당시 큰 인기를 끌고 있던 헤겔과 같은 시간에 강의를 개설했다가 헤겔의 강의는 항상 수강생들로 넘쳤지만 그의 강의는 수강자가 없어 결국 폐강되었을 정도로 참패했다고 한다.

여기서 쇼펜하우어의 유명한 명언 하나를 들고자 한다.

"계속해서 다른 사람의 사상만을 받아들일 때 자신의 사상은 발전하지 못하고 상상력도 죽어 버리는 법이다. 바로 그렇기 때문에 지속적으로 자신의 생각을 키워 나가야만 하는 것이다. 다른 사람의 사상을 받아들이기에 급급해 자신의 생각을 키우지 않는 사람을 볼 때마다 나는 셰익스피어가 동시대인들에게 다른 나라를 보기 위해 자기 나라를 판다고 한 말을 떠올린다."

그래서 그런지 작곡가 리하르트 바그너는 쇼펜하우어의 철학에 충격을 받고서 그의 대표적인 작품 『니벨룽겐 반지』 제1부를 쇼펜하우어에게 바쳤다.

하여튼 그가 세상으로부터 주목받게 된 것은 1851년에 간행된 『여록과 보충』이라는 만년의 저작 이후의 일이라 할 수 있다.

15

카메라로 풀어 보는
키르케고르의
이것이냐
저것이냐

> **키르케고르**
> **(1813~1855년)**
> 덴마크의 철학자이자 기독교 사상가로 니체와 함께 실존철학의 창시자로 불린다. 당시 헤겔의 주의주의(의지가 지성知性보다 우위에 있다고 생각하는 철학)적인 이성철학을 비판해 인간이 이성적·합리적으로 해석된 것에 불만을 가지고 인간은 보편적인 이성만으로 설명할 수 없는 실존이라는 데로 눈을 돌렸다. 인간의 태도와 신의 관계를 추궁하는 가운데 『불안의 개념(1844)』, 『이것이냐 저것이냐(1843)』, 『죽음에 이르는 병(1849)』 등 많은 저작을 남겼다.

"이것이냐 저것이냐"란 말을 듣고 "무엇이 어떤 거다"라는 의미로 받아들이는 사람도 많을 것이다. 하지만 19세기 덴마크의 철학자 키르케고르가 기록한 이 책은 핫도그에 케첩을 바를 것인가, 머스타드 소스를 바를 것인가와 같은 것 따위와는 전혀 관계가 없는 얘기이다. 이를 알지 못하고 "이것이냐 저것이냐"를 말하다 보면 "앗, 재가 떨어졌어요. 재떨이"라고 하는 꼴이 되어 웃음을 살 수도 있다.

그렇다면 이 책은 도대체 어떤 내용일까? 분명한 것은 술집에서 미팅을 하며 "이것인가 저것인가" 고민하는 것을 멋지게 해명해 주는 책이 아니라는 점은 확실하다. 키르케고르는 파란만장한 반생을 회고하며 "사람은 어떻게 살아가야 하는 것인가"에 대해 글을 썼다. 여기에는 20세기를 대표하는 실존주의 철학의 기본 내용이 담겨져 있다.

이렇게 중요한 책을 어떻게 하면 쉽게 이해할 수 있을까? 책 제목처럼 이걸로 할까 저걸로 할까 고민을 하다가 카메라에 빗대어 설명을 하기로 했다.

먼저 어떤 사람이 이 책을 읽어야 하는지 그 주변의 이야기부터 시작하도록 하자.

"이것이냐 저것이냐"

사람은 항상 무언가에 대한 알 수 없는 불안감을 지닌 채 살아간다. 재미있게 보던 "주몽"과 같은 사극 드라마가 끝난 것에 대해 안타까움에 젖기도 하고 직장에서는 자신의 존재가 회사의 톱니바퀴 하나에 지나지 않는 것 같아 고독감에 휩싸이기도 한다. 더 실감나는 예를 들자면 이 책의 편집자는 틀림없이 "이 책이 전혀 팔리지 않으면 어쩌지?"라는 불안을 안고 있을 것이다.

이러한 막연한 불안감을 어떻게 하면 극복할 수 있을까? 이런 난제를 정면에 놓고 부딪친 사람이 바로 키르케고르이다. 그는 1813년 세계 3대 썰렁 관광지의 하나인 인어상이 있는 덴마크의 코펜하겐에서 태어났다. 종교 사상가였던 그는 일생동안 40권이나 되는 책을 썼는데 그의 저작 활동 면면을 살펴보면 재미있는 것을 발견할 수 있다. 키르케고르는 도덕적인 책을 쓸 때는 실명을 쓰고, 세속적인 책을 쓸 때는 가명을 사용해 항상 두 개의 이름으로 두 종류의 책을 썼다. 이것은 일본의 가수 키타지마 사부로北島三朗*가 자신이 노래한 곡은 기타지마 사부로라는 이름을 올리고, 다른 사람에게 제공하는 곡에는 하라 유즈니原譲二라고 달리 쓰는 것과 비슷하다. "이것이냐 저것이냐"는 키르케고르가 최초로 쓴 작품이다. 그의 가명을 직역하면 "슬픔을 이겨내다"라는 의미인데, 이 이름으로 미루어 짐작할 수 있듯이 이 책은 불안 해소에 관한 안내서 같은 책자라고 할 수 있다. 그러니 만약 자신의 마음에 한 점의 어둠도 없다면 이 책을 읽을 필요는 없다. 그러나 과연 그런 사람이 이 세상에 정말 존재할 수 있을까?

자, 자신의 귀에 이는 잔잔한 불안의 소리를 들어 보시라. 가스밸브를 잠갔는지 걱정이 되는가? 휴대폰의 내용을 남이 보진 않았을까 불안한가? 이에 고춧가루가 끼어 있는 건 아닌지 신경이 쓰이는가?

이처럼 세상에는 크고 작은 여러 가지 불안이 잠재되어 있는데 "이것이냐 저것이냐"는 이러한 불안에 대한 해결을 위해서 출간된 것이다.

---

* **키타지마 사부로** (北島三朗 1936~)
일본 연가의 상징적 존재라고 말할 수 있다. 「함관의 여자」, 「눈물선」 등 다수의 히트곡이 있으며, 무대공연이나 텔레비전 시대극 등에 출연해 배우로서도 높은 평가를 받고 있다.

자 그러면 이를 알기 쉽게 해독하기 위해 요즘 유행하는 카메라를 예로 들어 보기로 하자. 그런데 당신은 디지털 카메라족인가, 아니면 필름 카메라족인가?

"이것도 저것도"와 "이것이냐 저것이냐"

세상에는 여러 가지 불안이 있는 법이다. 그러니 "이것이냐 저것이냐"가 화두로 부상하고 있는 것이다. 그런데 키르케고르는 왜 이런 묘한 책 제목을 붙이게 된 것일까? 그 이유는 한 사상을 비판한 것에서 연유하는데, 그 사상이 바로 헤겔의 "정신현상학"이다(본서 13장 참조). 그 내용은 쉽게 말해 "정신은 모순 대립을 종합하여 더 높은 단계로 발전해 간다"라는 것이다. 여기에서 키르케고르는 헤겔의 "이것도 저것도*"라고 하는 사상을 비판하여 "이것이냐 저것이냐"라고 하는 책을 쓴 것이다.

헤겔의 사상으로 보면 세상 모든 것은 이성적이었다. 당신이 회사에서 해고당하

고, 버스에서 내리는 순간 관절이 어긋나고, 집에 돌아와 보니 가구 전부를 도둑맞는 일이 벌어졌더라도, 그것은 세계의 역사 전체로 따지면 이성적 즉, 변증법적 운동으로 나아가고 있기 때문에 아무런 문제도 없다고 하는, 그런 철학이다. 모든 것은 우주의 원리로 "이것도 저것도" 둥글~게 알맞게 들어가 있다는 식이다.

하지만 키르케고르는 이것과는 다르게 생각했다. "달이 치즈라고 하면 나와 어떤 관계가 있을까?"라고 생각한 것이다. 우주의 원리에 의해 역사가 보다 좋은 것을 지향하며 움직이고 있다면 "이런 나는 어떤가, 이런 나는!"이라고 외쳤던 것이다.

한 가지 더 얘기하자면 2004년 3월 2일, 미항공우주국(NASA)이 화성에 물이 존재한다는 증거를 얻은 것에 대해 사회학자 아미타이 에치오니는 이런 말을 했다고 한다.

"화성에 물이 있다 해도, 그게 왜?"

우리의 생활과는 직접적인 관계가 없어 보이기 때문일 것이다. 키르케고르에게 있어서 중요한 것은 지금 살

---

* **이것도 저것도**
키르케고르는 헤겔의 변증법이 "이것도 저것도"와 같이 일체를 관념적으로 종합해 버린 것을 비판하고 있는데 그러한 변증법을 "양적 변증법"이라고 했다. 그리고는 이와 반대로 살아가고 있는 내(주체)가 "이것이냐 저것이냐"라고 하는 결단에 근거해 선택하는 것뿐이라고 하면서 이 변증법을 "질적 변증법"이라고 불렀다.

고 있는 우리에게 정말 필요한 것은 무엇인가 하는 문제였다. 어떤 것을 위해 살고, 어떤 것을 위해 죽을 수 있는 현실을 사람은 바란다고 생각했던 것이다. 그에게는 헤겔이 주장한 객관적 진리 같은 것은 어떻든 상관이 없었다. 그래서 키르케고르는 변증법에 따라서 "이것도 저것도"에 반하여 내가 고른 인생의 선택인 "이것이냐 저것이냐"가 중요하다고 판단했던 것이다.

"이것" 그리고 "저것"

"이것이냐 저것이냐"라고 하는 작품은 1부와 2부로 나누어져 있다. 1부는 눈앞의 쾌락에 빠져 여자를 좋아하는 A씨의 수기이고, 2부는 건전한 가정생활을 보내고 있는 애처가 B씨가 친구인 A씨에게 보낸 경고 편지의 구성으로 이루어져 있다. 즉, "이것이냐 저것이냐"란 A씨의 쾌락에 젖어 살아가는 방법과 B씨의 도덕적으로 살아가는 방법을 말하는 것이다. 키르케고르는 상반되는 두 사람의 인생을 그려 냄으로써 어떻게 살아가는 태도가 좋은 것인가라는 선택에 직면하게 한다.

A씨와 B씨의 삶 중 어느 쪽의 삶의 태도가 바른 것일까? 그 답을 쾌락적인 A씨와 도덕적인 B씨를 각각 카메라에 빗대어 살펴보도록 하자.

누구든 쉽게 찍을 수 있는 디지털 카메라는 다루기가 편하고 번거롭게 필름을 넣었다 바꿨다 하지 않아도 되며 일일이 현상할 필요도 없다. 바로 보는 것도 가능하며 화질 또한 높다. 이것만 따져 본다면 디지털 카메라 쪽이 필름 카메라보다 훨씬 우수해 보인다. 하지만 디지털 카메라의 간편함을 알면 알수록 이런 모순을 느낄 것이다. "디지털 카메라는 너무 간단해서 재미가 없어"라고 말이다. 그리고 최첨단의 디지털 카메라에서 눈을 돌려 카메라 고유의 멋이 남아 있는 필름 카메라를 바라보게 된다. 게다가 최근 젊은이들 사이에서 인기를 끌고 있는 필름 카메라가 있다. 홀가(HOLGA)*라고 하는 장난감 카메라가 그것인데 바디는 플라스틱제로 엄청나게 싸지만, 노출이나 핀트 등은 그럭저럭 맞는 적당한 카메라이다. 그러나 현상을 하게 되면 깜짝 놀라는데 정말로 멋진 사진이 찍히기 때문이다. 여기서 중요한 것은 만약 처음부터 이 홀가를 사용한다면 "이 카메라는 쓰기가 너무 불편해서 안 되겠어"라고 생각할 수밖에 없다는 것이다. 이 HOLGA만의 멋을 이해하려면 디지털 카메라를 능숙하게 사용할 줄 알아야 가능한 것이다. 바로 이 점이 키르케고르가 말하고 싶어 하는 부분이다.

쾌락적인 A씨의 인생은 미적 실존의 단계에 있었다. 미적 실존이란 매일 매일을 향락으로 보내는 삶의 방식이다. 그러나 키르케고르에 따르면 향락은 반드시 권태감이나 절망으로 끝나 버린다. 그래서 사람은 도덕적인 B씨와 같은 삶의 태도 즉, 논리적 실존의 단계에 들어간다고 한다. 물론 이것은 키르케고르의 철학 모델이므로 우리에게 무리를 해 가면서 "향락적 삶으로부터 논리적 인생으로 비약하라"고 권하는 것은 아니다.

이제 키르케고르의 "이것이냐 저것이냐"에 대해 감이 잡히는가? 그럼 키르케고르는 정말로 디지털 카메라에서 필름 카메라로 바꿔서 만족했을까? 대답은 "아니다"이다. 사실 그것은 답이 아니었다.

키르케고르는 "이것이냐 저것이냐"의 결과를 다음 작품 『철학적 단편

---

* **홀가** (HOLGA)
  젊은이들 사이에서 최근에 많은 인기가 있는 장난감 카메라가 "HOLGA"이다. 싸 보이고 어떤 사진이 찍힐까 상상이 안 가는 물건인데 이것이 기적처럼 아름다운 사진을 찍어 낸다.

에의 후서』라고 하는 책에서 대답하고 있다. 그렇다면 도대체 키르케고르는 『철학적 단편에의 후서』에서 어떤 카메라를 최종적으로 골랐을까?

키르케고르가 도달한 사상

디지털 카메라에서 필름 카메라로 바꾼 사람은 다음에 어떤 카메라를 고를까? 이에 대해 키르케고르는 『철학적 단편에의 후서』의 뒷부분에서 이렇게 서술하고 있다.

"향락적인 인생을 보낸 뒤 논리적인 인생에 몰입하게 된 사람은 결국 최후에는 신과 마주 향하는 것으로 궁극적인 인생에 다다른다."

다시 말해 "사람은 눈앞의 쾌락을 좇고 나서야 자신의 어리석음에 눈을 뜨고 도덕적인 인생을 걸어가기 시작하지만 최후에는 신에게 돌아가 구원을 받는다"라는 것이다. 즉, "디지털 카메라의 편리함에 질려 고유의 멋을 지닌 필름 카메라로 바꾸는 사람이 최후에 도달하는 카메라는 자신의 눈에 보이는 마음의 카메라"라는 것이다.

이러한 3가지 단계를 "실존의 3단계*"라고 부르며 최종 단계를 "종교적 실존"이라고 한다. 바로 이 종교적 실존단계, 카메라로 비유하자면 마

---

* 실존의 3단계

실존의 3단계는 1. 미적 단계(감성적 실존) 2. 논리적 실존 3. 종교적 실존으로 진행된다. 1단계 미적 실존이란 인생의 여러 쾌락에 몸을 맡기며 살아가는 방식이다. 그러나 쾌락을 받아들여 누리자면 항상 변화를 추구하지 않으면 안 되고, 만약 쾌락을 얻는 데 실패할 경우 미적 실존에서 당장 퇴출되어 우울해지게 된다. 키르케고르는 이런 미적 실존의 인생은 반드시 절망에 빠지며 여기서 2단계인 논리적 실존으로 들어가게 된다고 설명하고 있다. 하지만 이 단계에서도 양심적인 사람이라면 자신의 무력감에 절망하게 된다. 3단계는 유한한 자신이 자기 자신을 넘어서 존재로서 완성되는 자신의 절대화를 통해 구원이 이루어지기 때문에 신을 찾아야 하는 것이다. 이렇게 해서 실존은 3단계로 돌입하는 것이다. 자신이 구원받는 것은 왠지 불안하지만 철저히 역사적 사실로서 기독교의 십자가를 믿는다는 식이다. 물론 여기에 있어서 실존은 주체적으로 사유하고 철저하게 자기를 사는 단독자(Einzelne)이다.

음에 울려 퍼지는 풍경이나 사람을 만났을 때 그것을 자신의 기억에 남기는 마음의 카메라야말로 궁극의 카메라라고 키르케고르는 말하고 싶은 것이다. "사신寫神" 즉, 신을 찍은 것이 바로 궁극의 카메라로 찍은 작품인 것이다.

키르케고르의 진실

키르케고르는 사실 경제적으로 그렇게 부유하게 지내지는 못했다. 그의 책은 대부분 부친의 유산으로 자비 출판한 것이다. 키르케고르가 생존에 있을 때 그를 인정해 준 출판사는 거의 없었다.

그런데도 그는 왜 계속 책을 쓴 것일까? 이유는 단 하나 자신이 사랑한 여성 레기네 오르셴을 위해서였다. 키르케고르는 24살 때 처음 레기네를 만났는데, 만나자마자 첫눈에 반해 버렸다. 그때 레기네의 나이는 겨우 14살이었다. 그 뒤로 2년 정도 지나서 키르케고르는 그녀를 설득해 약혼까지 하게 된다. 여기까지는 여느 연애담과 별반 다를 게 없다. 그런데 약혼을 한 지 1년 정도 지난 어느 날 키르케고르

"그녀를 정말 행복하게 해줄수 있는 사람은 내가 아닐지도 몰라!!"

는 그렇게 어렵게 한 약혼을 일방적으로 취소해 버린다. 새로운 여자가 생긴 것도 아니고 애정이 없어진 것도 아니었다. 오히려 그 반대로 레기네를 더욱 사랑하게 되었는데 그 사랑이 지나쳐서일까, 그는 자신의 사랑에 대한 깊은 고뇌에 빠져 버린 것이다.

"그녀를 정말로 행복하게 해 줄 수 있는 사람은 자신이 아닐지도 모른다."

이러한 고민 끝에 키르케고르는 파혼을 결정했지만 레기네는 그 일을 용납할 수 가 없었다. 그래서 키르케고르는 생각했다.

"내가 그녀에게 미움을 받는다면 고통스러운 것도 사라지겠지. 내가 못난 남자라는 이미지가 생기도록 책을 쓰자!"

이렇게 해서 나온 것이 『이것이냐 저것이냐』였다. 그 후 레기네는 키르케고르의 바람대로 다른 남성과 결혼했다. 그래도 키르케고르는 계속 그녀를 사랑해 42살의 젊은 나이로 세상을 떠날 때까지 레기네를 향한 책을 계속 썼다.

키르케고르의 유언장에는 "자신의 모든 재산을 레기네에게 바친다"고 적혀 있다.

오직 한 여자를 위해서 자신의 인생을 바친 키르케고르. 그 사랑만큼은 "이것이냐 저것이냐" 절대 헤매지 않았다. 그러나 정작 그 사랑의 대상자인 레기네는 키르케고르의 변하지 않는 믿음과 성실성에 대해 전혀 몰랐다고 한다.

이제 키르케고르의 『이것이냐 저것이냐』를 확실히 읽은 것 같은 생각이 들 것이다. 조금이라도 미심쩍은 생각이 들면 불안 해소 안내 책자이기도 한 『이것이냐 저것이냐』를 읽어 보자.

속된, 왼손의 저작물
이것이냐 저것이냐

키르케고르는 저작 활동을 실명과 가명 두 가지로 구분하여 사용했다. 각각 오른손과 왼손의 저작으로 불렸는데 오른손은 신앙적이고 도덕적이며 왼손은 세속적, 비신앙적인 것이었다. 오른손의 저작으로 처음 출판된 것이 『두 개의 건덕建德적(교화적) 강화』이고, 왼손의 저작으로 출판된 것이 이 『이것이냐 저것이냐』이다.

키르케고르가 실명과 가명으로 저작 활동을 구분하여 사용한 것은 실존에 대한 그의 이해와 관계가 있을지도 모른다. 그는 실존의 자기 형성 과정을 실존의 3단계로 표현한다. 감성적(미학적) 실존, 논리적 실존, 그리고 종교적 실존 단계가 그것인데, 여기서 그가 가장 중시했던 것이 바로 종교적 실존이었다. 즉, 종교 세계의 가치에 따라 살면서 신앙에 의해 본래적 자기를 찾으려는 삶을 진정한 실존으로 생각했던 것이다.

그러면 키르케고르는 왜 이렇게 지독할 정도로 실존의 문제에 매달리며 창작 활동에 열을 올렸을까? 그것은 파혼을 한 고통을 잊기 위해서라고 한다. 그 결과로 창작 활동에 몰입해 불과 4년 남짓한 동안에 『이것이냐 저것이냐(1843년)』, 『공포와 전율(1843년)』, 『반복(1843년)』, 『철학적 단편(1844년)』, 『불안의 개념(1844년)』 등 굵직한 책들을 내놓았던 것이다. 그러고 보면 남을 감동시킬 수 있는 사상이나 책을 내놓고자 한다면 무엇보다 자기 문제에 철저하게 고뇌해야 하는가 보다.

16

케이크로 읽는
마르크스의
자본론

칼 마르크스
(1818~1883년)
독일의 철학자이자 경제학자이다. 공산주의 사상을 확립한 인물로 유럽 각국의 정부로부터 추방당하면서도 과학적 사회주의를 창시했다. 1848년 엥겔스와 함께 『공산당 선언』을 집필했으며, 그 다음 해부터는 경제학 연구에 몰두하여 『자본론』을 저술했다. 1864년의 국제노동자협회(인터내셔널) 창립 시에는 이론적 지도자로서 참가하는 등 전 세계의 사상계, 노동운동 등에 지대한 영향을 끼쳤다.

마르크스의 『자본론』은 20세기에 세계 각국에서 일어난 수많은 소란의 근원이 이 책 안에 모두 들어 있다고 해도 과언이 아닌 책이다. 그렇게 시대를 크게 뒤흔든 『자본론』은 최근 그 영향력이 약간 줄어들긴 했지만, 여전히 무시할 수 없는 책이다.

아직도 난해하기만 한 이 책을 케이크에 비유하여 알아보자. 『자본론』과 케이크가 무슨 관계가 있냐고 생각하겠지만, 사람을 고용해 케이크를 제조해 파는 과정을 통해 경제에 관한 전반적인 사항을 결부시켜 얘기할 수 있기 때문이다. 게다가 일터에서 벗어나 케이크를 먹으면서 자유의 시간을 만끽하는 것은 마르크스가 『자본론』을 쓴 이유와 상통하기도 하기 때문이다.

『자본론』의 본론으로 들어가기 전에, 일단 자본주의란 무슨 뜻인가부터 이해할 필요가 있다. 국어사전에서는 자본주의資本主義를 이렇게 풀이하고 있다.

"사유재산 제도를 그 기초로 하며, 자본가가 노동자의 노동력을 구입하여 이익 획득을 위해 상품을 생산하는 사회 제도"

쉽게 말하면 호텔 레스토랑에서 일하다가 독립한 일류 파티시에(제과제빵사)가 자신의 돈을 들여 가게를 차렸다고 가정해 보자. 혼자서는 영업을 할 수가 없으므로 사람을 고용하여 맛있는 케이크를 만들어서 판매한다. 그럼 당연히 이익이 발생하여 그 이익이 파티시에에게 돌아온다. 이런 일련의 흐름에 의한 사회 제도를 자본주의라고 하는 것이다.

그렇다면 이 개념을 머릿속에 넣어 두고 마르크스의 『자본론』이 어떤 책인지에 대해 탐험해 보자.

『자본론』이란 책은?

마르크스가 살고 있었던 19세기 유럽의 노동자들은 자본가들에 의하여 아주 가혹한 노동을 강요당하고 있었다. 그런 모습을 본 마르크스는 "자본은 성장하여 늘어났는데, 일하는 민중은 왜 여전히 빈곤한가?"에 대한 의문을 갖게 되었다. 그리하여 자본주의를 분석하여 그 문제점을 지적한 것이 바로 『자본론』이었다.

마르크스는 『자본론』으로 당시 자본주의 사회의 불공평함의 원인을 노동자들에게 깨닫게 하려고 했다. 그런 『자본론』이 그렇게 두꺼운 이유는 정부의 출판 금지 조치를 피하기 위함이었다. 검열관이 두꺼운 책은 읽기귀찮아 하는 걸 노리고 일부러 두껍고 어렵게 쓴 것이다.

그렇다면 당시 정부가 세상에 알려지기를 원치 않았던 『자본론』에 담긴 자본주의의 모순점은 과연 어떤 것이었을까?

"자본론"을 통해 알리고 싶었던 것

마르크스의 『자본론』, 이 책은 당시의 자본주의 사회를 근본부터 뒤흔든 것이었다.

그럼 마르크스는 이 『자본론』을 통해 무슨 이야기를 하려고 한 것일까?

기본적으로 경제의 시작은 물건의 생산이라고 할 수 있다. 그런데 서로 자신이 생산한 물건을 교환할 때에는 빈부 격차가 크게 발생하지 않는다. 하지만 다른 사람을 고용하여 생산하기 시작하면, 이야기는 달라진다. 왜 다른 사람을 고용하면 빈부 격차가 벌어지는지 생각을 해보자.

자신이 큰 케이크 회사의 사장이라고 가정을 해보자. 노동자를 고용하여 매일 8시간씩 일을 시켜 1,000개의 케이크를 생산하고 있다. 그러던 어느 날 공장에 최신형 기계를 도입하였다. 그 결과 1,000개의 케이크를 만드는 데 걸리는 시간은 예전보다 2시간 줄어들게 되었다.

이때 사장인 당신은 어떤 선택을 하겠는가?

① 사원의 노동 시간을 2시간 줄인다.
② 예전처럼 8시간 노동을 고수하여 케이크를 2시간 분 더 많이 만든다.

당연히 ②를 선택하지 않을까? 그러면 결과적으로 사원에게 지불하는 임금은 그대로이므로, 2시간 분을 더 많이 만든 케이크의 매출은 고스란히 사장의 몫이 될 것이다.

이처럼 자본가에게만 주어지는 이익을 마르크스는 잉여가치라 불렀다. 이 잉여가치로 인해 자본가는 더욱 부자가 되는 반면에 노동자는 변함없이 가난하게 된다. 마르크스는 『자본론』을 통해 이를 노동자에게 일깨우려 했던 것이다.

마르크스는 또 다른 대표작인 『공산당 선언』에서는 이렇게 주장하고 있다.

"노동자여, 단결하라!"

다들 한 번쯤은 들어 봤을 것이다. 마르크스는 노동자가 단결하여 어떤 사회를 만들려고 한 것일까? 이 문제를 푸는 열쇠도 케이크에 숨어 있다.

마르크스가 꿈꾼 사회

『자본론』에서 마르크스가 꿈꾼 사회는 도대체 어떤 사회였을까? 그 답은 마르크스의 다음과 같은 말에 들어 있다.

"필연의 영역을 가능한 한 줄이고, 자유의 영역을 늘여라."

그러면 "필연의 영역"과 "자유의 영역"이란 말은 무슨 뜻일까? 쉽게 말해 "필연의 영역"이라는 것은 임금을 얻기 위하여 일하지 않으면 안 되는 시간을 말하고, "자유의 영역"이라는 것은 자유로이 보낼 수 있는 시간 즉, 노는 시간을 말한다.

그러면 "필연의 영역"을 줄이고 "자유 영역"을 늘이라는 것은, 결국 일해야 하는 시간을 줄이고 나머지 시간을 스스로를 위해, 자기실현을 위해 사용하라는 뜻이 된다.

이제 이해가 되는가? 마르크스가 생각한 이상적인 사회란 다름 아닌 노동자가 자신의 업무량을 스스로 조절하면서, 풍요로운 삶을 누리는 사회인 것이다.

이를 한 번 케이크로 빗대어 보자.

사실 케이크에는 여러 종류가 있다. 그중의 하나가 로트렉이라는 케이크이다. 이것은 술독에 빠져 살았던 화가 로트렉의 삶을 모델로, 2종류의 술을 듬뿍 사용하여 어른스러운 맛을 낸 케이크이다. 또 샤름 드 피스타슈라는 케이크도 있다. 이것은 카시스의 자주색과 피스타치오의 초록색이 매력적인 케이크이다. 그밖에 야간비행이란 뜻의 이름이 붙여진 밤 페이스트, 마스카르포네 치즈로 만든 무스, 커피향의 바바로아의 조합이 절묘한 볼 드 뉘, 홍옥을 사용한 폼 타탕 등도 있다.

이 형형색색의 아름답고 맛있는 케이크들을 보면 무엇이 생각나는가? 먹고 싶다고? 물론 그럴 것이다. 하지만 이 형형색색의 아름다운 케이크처럼 우리의 삶이 자아실현된다면 얼마나 좋겠는가? 즉, 상사에게 혹사당하는 일 없이 노동을 한다기보다는 자유롭고 즐겁게, 여러 형형색색의 케이크가 개발되는 시스템처럼 우리 각자의 삶이 빛나게 실현되는 것이야말로 마르크스가 꿈꾼 이상 사회의 맥락과 상통하고 있는 것이다.

마르크스의 『자본론』은 자본주의의 본질을 깨닫게 해 준다. 그리고 이것은 1989년 베를린 장벽이 붕괴되기 전까지 세계의 3분의 1에 해당하는 국가에 지대한 영향을 끼치고 있었다. 그러면 마르크스는 왜 『자본론』을 썼을까? 그 이유는 한마디로 말하면 조국 독일에 대한 사랑 때문이었다.

마르크스의 비극

마르크스가 살아 있던 당시, 조국 독일은 영국, 프랑스에 비하여 대단히 뒤처져 있었다. 왜냐하면 영국이나 프랑스에는 이미 자본주의가 확립되어 있었기 때문이다.

그래서 마르크스는 생각했다. "어떻게 하면 독일이 영국이나 프랑스를 따라잡을 수 있을까?" 하고 말이다. 그 고민 끝에 그가 내린 결론은, "그냥 자본주의를 목표로 삼으면 안 된다. 자본주의 너머에 있는 이상적인 사회 시스템을 목표로 삼아야 한다"는 것이다.

이리하여 마르크스는 『자본론』을 집필하기 시작했지만, 그 작업은 그에게 뜻하지 않은 비극을 가져다 주었다.

자본론 집필을 위해 마르크스는 신문기자를 그만두고 백수가 되었다. 직장을 그만두고, 돈도 안 되는 논문만 쓰고 있는 마르크스가 처자식을 부양할 수 없음은 당연했다. 일가족은 가난의 구렁텅이에 빠져 들었고, 그의 세 아이들은 약을 살 돈이 없어 어린 나이에 사망했다. 그때의 슬픔에 대해 마르크스는 친구에게 보낸 편지에서 다음과 같이 적고 있다.

"내 심장은 피를 흘리고, 내 머리는 불타고 있다. 그래도 마지막까지 냉정해야 한다."

그런 마르크스가 아이들의 죽음, 가난과 싸우면서 쓴 책이 바로 『자본론』인 것이다.

왜 이 사회에는 부자와 가난뱅이가 존재하고, 가난뱅이는 계속 가난에

허덕여야만 하는 것일까? 자본주의사회의 숙명이라 할 수 있는 이 의문에 대해 가난의 구렁텅이 속에서도 연구를 계속했던 마르크스. 그런 그였기 때문에 『자본론』을 쓸 수 있었는지도 모른다.

이제 마르크스의 『자본론』이 조금은 이해가 갈 것이다. 여기에 소개한 부분은 『자본론』은 극히 일부분에 불과하다. 자본주의에 대해 다시 한 번 생각하고 싶은 사람이라면 꼭 두꺼운 『자본론』을 필히 읽어 보기를 바란다.

deep knowledge

마르크스의 방랑의 삶

공산주의와 관련된 여러 일들 때문에 무서운 책이라는 오해를 받기 쉽지만, 『자본론』은 자본주의의 좋은 점, 나쁜 점을 해설하여 어떤 부분을 수정하면 더 좋아진다고 주장하는 책이다. 마르크스는 "자본주의는 곧 악"이라고는 생각하고 있지 않았던 것 같다.

마르크스는 그의 인생 중 태반을 망명으로 보냈다. 1849년에 조국인 프로이센에서 쫓겨나 파리로 갔지만, 거기에서도 몇 개월 후에 쫓겨나고 만다. 그 후 런던으로 이주했지만, 거의 은둔에 가까운 생활이었던지라 가난에 시달렸다.

그러면서도 단순히 "가난한 우리 집을 어떻게 좀 해 줘!"라는 투정이 아니었기 때문에 『자본론』이 설득력을 가지고 있는지도 모르겠다.

한편 마르크스는 애연가였다. 그가 피우는 파이프와 시거 때문에 방 안은 온통 담배 연기로 가득 차 있었다고 한다. 마르크스는 사위인 라파르그에게 이렇게 말했다고 한다. "자본론은 내가 그걸 쓰면서 피운 시거 값도 안 될 거야"라고 말이다.

사실 『자본론』은 1867년에 제1권이 간행되었지만, 마르크스가 살아 있는 동안에 간행된 것은 이 1권뿐이었다. 마르크스 사후에 엥겔스에 의해 그의 유고가 정리되어 1885년에 제2권, 1894년에 제3권이 간행되었다. 엥겔스가 제4권으로 간행하려고 했던 부분은 엥겔스가 죽은 후, 카우츠키에 의하여 『잉여가치학설론』이라는 제목으로 1905년에서 1910년에 걸쳐 3권으로 나뉘어 출판되었다.

17

수집가로 읽어 보는
괴테의
파우스트

요한 볼프강 폰 괴테
(1749~1832년)

독일의 시인이자 작가이다. 젊어서 슈트름 운트 드랑(노도질풍怒濤疾風) 운동의 중심이 되어 독일 고전주의 시대를 구축했다. 저서로는 『젊은 베르테르의 슬픔(1774)』, 『헤르만과 도로테아(1798)』, 『파우스트 제1부(1808~)』, 『빌헬름 마이스터의 편력시대(1829)』, 『파우스트 제2부(1831)』 등이 있다.

독일이 자랑하는 문호 괴테의 처녀작 『파우스트』. 독일이 낳은 문호 괴테는 83년의 생애에서 여러 위대한 작품을 탄생시켰다. 『젊은 베르테르의 슬픔』, 『빌헬름 마이스터의 편력시대』, 『헤르만과 도로테아』 등등. 저 유명한 가곡 『들장미』도 괴테의 시를 토대로 하여 만들어진 것이다.

그중에서 단연 돋보이는 것이 『파우스트』이다. 이 작품은 집필 기간 60년(집필 종료 시 괴테의 나이는 82살였다)이라는, 인생의 쓴맛 단맛을 다 본 괴테의 사상이 담긴 작품(희곡)이다. 여기서는 지식의 탐구자로서의 자세를, 누구나 한 번쯤은 빠져 보았을 수집가에 비유하여 풀어 보도록 한다.

『파우스트』는 어떤 책인가?

독일이 낳은 문호 괴테의 대표작 『파우스트』에서 "파우스트"란 이 이야기의 주인공 이름이다. 이 책의 내용은 주인공인 파우스트가 세계를 손에 넣고 싶다는 야망을 안고 여러 곳을 여행한다는 이야기이다.

200년 전에 쓰인 세계를 여행한다는 얘기가 지금 시대와 통하겠느냐고 의아해하겠지만 사실은 그렇지 않다. 『파우스트』이야기는, 시간 여행과 같은 판타지로 복제인간처럼 최첨단 과학을 방불케하는 인조인간이 등장하며, 이 이외에도 정치의 부패 등 도저히 200년 전에 쓴 것이라고는 믿기 힘들 정도로 현대적인 에피소드가 많이 등장하고 있기 때문이다. 이러한 최첨단 요소가 가득한 『파우스트』를 사람들은 인생의 문제가 모두 들어 있는 책이라고 말한다.

이 책이 이렇게까지 높게 평가받고 있는 이유 중에는 『파우스트』의 집필 기간과 관계가 있다. 괴테가 『파우스트』를 쓰기 시작한 것은 20대 초반 때이고, 완성한 때는 82살에 이르러서였다. 그러니까 집필 기간이 무려 60년이나 걸렸던 것이다. 그러므로 『파우스트』에는 젊은 시절의 사랑에 대한 고민부터 중년기의 일 문제와 노인 문제와 이르기까지, 괴테가 그의 인생에서 경험한 모든 것들이 다 들어 있는 셈이다. 말하자면 『파우스트』는 으슥한 골목길을 배회하는 젊은이들로부터 아저씨, 할아버지에 이르기까지, 세대를 넘어 현대의 인간 모두에게 통용되는 궁극적인 얘기인 것이다.

독일에는 괴테 컬렉션이 있는데 괴테 트럼프, 괴테 가방, 괴테 젖꼭지 같은 것들로 독일에서 실제로 판매되고 있는 것들이다.

이처럼 독일인에게 있어서 괴테란 현재에도 이런 컬렉션이 판매될 정도로 국민적인 존재인 것이다.

그러면 이렇게 위대한 괴테의 『파우스트』를 수집품의 세계에 비유하여 살펴보자.

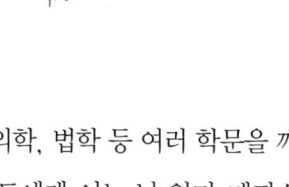

『파우스트』 제1부 이야기

철학, 의학, 법학 등 여러 학문을 깨우친 파우스트에게 어느 날 악마 메피스토가 나타나 둘은 내기를 하게 된다. 그 내기의 내용이란 악마 메피스토가 파우스트를 여러 장소에 데리고 가는데 그 여행 도중에, 파우스트가 어떤 말을 입 밖으로 내뱉으면 파우스트의 영혼은 메피스토의 것이 된다는 것이다. 그 어떤 말이란 "시간이여 멈춰라. 너는 정말 아름답구나"라는 말이다.

여기서 한 가지 의문이 발생한다. 왜 파우스트는 영혼을 빼앗길지도 모르는데 악마와의 내기를 하게 되었냐는 것이다.

파우스트의 이 동기를 수집가의 심리에 비추어 보자.

예를 들면 장난감 총을 수집하는 A씨의 꿈은, 이 세상에 존재하는 모든 장난감 총을 손에 넣고 싶다는 것이다. 이에 비하여 파우스트의 꿈은, "세상 모두를 손에 넣고 싶고, 세상 모든 일을 경험하고 싶다"는 것이다.

탐구심이 왕성한 파우스트는, 세상의 모든 일을 경험하는 여행을 떠나기 위하여 악마 메피스토와의 위험한 내기를 승낙한 것이다. 메피스토와 함께 여행을 떠난 파우스트는 여러 미지의 경험을 하게 된다. 학생들이 모이는 술집에서 왁자지껄 소동을 벌이고, 마녀의 집에서 약을 먹고 20대로 되돌아간다. 14살의 사랑스러운 소녀 그레트헨을 만나 불타는 사랑을 겪기도 하는데 이 사랑은 여러 비극을 낳게 된다.

그 비극이란 두 사람이 사랑을 속삭이기 위해서는 그레트헨의 어머니의 눈을 속여야 한다는 것이다. 그리하여 두 사람은 어머니에게 수면제를 먹여 잠들게 하지만 용량이 너무 많았는지 어머니는 영원히 잠들고 만다.

어머니의 죽음으로 미쳐 버린 그레트헨은 파우스트와의 사이에 태어난 아이를 죽이고 만다. 그 죄로 그레트헨은 사형 선고를 받는다. 연인의 죽음이라는 궁극적인 슬픔을 경험하게 된 파우스트는 절망에 빠진다.

여기서 제1부는 막을 내린다.

어떤가? 『파우스트』 제1부는 이와 같이 드라마처럼 파란만장한 이야기이다. 그 때문에 아주 인기가 있어서 지금까지 여러 번 무대에 오르기도 했다.

하지만 이것만으로 『파우스트』를 이해했다고 착각해서는 안 된다. 제1부만으로 『파우스트』를 이해했다고 착각하는 것은, 한국인이라는 이유만으로 "김치 좋아하죠?"라고 묻는 것과 같이 섣부른 판단이다.

『파우스트』의 진수는, 이 다음에 나오는 아주 난해한 것으로 알려진 제2부에 있다.

『파우스트』 제2부 이야기

파우스트가 제2부에서 취하는 행동은, 뭐 이것저것 여러 가지이다. 뭐가 이것저것이냐고 묻기 전에, 이렇게 한 번 생각해 보라.

우표 수집가였던 B씨는 어쩌다 보니 양철 장난감도 갖고 싶고 딱지도 갖고 싶어져서, 이것저것 모든 것을 수집하기 시작했다.

『파우스트』 제2부도 욕심꾸러기 B씨가 여러 가지를 수집하는 것처럼 이야기가 연속된다.

그레트헨의 죽음을 극복한 어느 날, 가면무도회에 참가하게 된 파우스트는 거기서 신화의 여신 헬레네를 만나 한눈에 반하게 된다.

그 후 파우스트의 제자가 만든 인조인간 호문클루스가 여행의 일원이 되어 여신 헬레네를 쫓아 그녀가 사는 지하 세계로 여행을 떠난다. 어떻게 된 일인지 신화의 신들은 한창 축제 중이다. 그 축제 자리에서 여신 헬레네*와 재회한 파우스트는, 어찌어찌하여 성주가 되어 두 사람은 결혼하게 된다.

그런 두 사람 사이에 귀여운 아들이 태어난다. 그런데 어찌된 일인지 아들은 곧바로 죽어 버린다. 아들의 죽음을 계기로 헬레네도 모습을 감춰 버린다.

그리하여 이것저것 경험을 쌓아 간 파우스트는, 마지막에 이런 생각을 하게 된다. 그것은 사람들에게 도움이 되는 자유의 나라의 건설이다. 이 행동이야말로 수집가가 마지막에 다다르는 경지나 다름없다.

도자기 수집가인 C씨, 그의 꿈은 세상에 존재하는 모든 도자기를 손에 넣는 것이다. 하지만 그는 세상의 모든 도자기를 손에 넣는 것은 불가능하다는 것을 깨달았다. 그래서 C씨는 이런 경지에 다다르게 되었다. 여태까지 모은 수집품을 다른 사람의 도움이 되는 데 쓰겠다고.

---

* 헬레네
그리스 신화에 나오는 트로이 전쟁의 원인이 되었던 절세의 미녀로 제우스와 레다 사이에 태어났다. 바람둥이 제우스가 백조로 변신해 레다에게 접근해 태어난 여신으로 가장 인간적인 여신이 되었다.

이렇게 생각한 C씨는 스스로의 수집품을 공개하는 도자기 박물관을 오픈하게 되었다.

파우스트가 자유의 나라를 만들고자 한 동기도 이와 마찬가지다. 세상의 모든 일들을 경험하는 것은 불가능하다. 그러면 여태까지의 경험을 다른 사람의 도움이 되는 데 쓰고 싶다는 생각 때문이다. 그리하여 그는 결국 완성된 자유의 나라를 떠오르며 이렇게 말한다.

"시간이여 멈춰라. 너는 정말 아름답구나."

해서는 안 되는 말을 내뱉은 파우스트는 그대로 목숨을 잃는다. 하지만 그의 영혼은 어째서인지 악마 메피스토의 것이 되는 게 아니라 천사들에 의하여 천국으로 옮겨진다.

이렇게 『파우스트』 제2부는, 이것저것 다 담긴 이야기이다.

세상을 모두 알고자 한 사나이 파우스트. 독일에서는 파우스트처럼 탐구심 왕성한 사람을 "파우스트적인 사람"이라고 부른다고 한다. 작자 괴테 또한 파우스트처럼 탐구심 왕성한 사람이었다.

그러면 "파우스트"를 쓴 괴테는 과연 어떤 사람이었을까?

괴테의 인생

독일의 문호 괴테는 위대한 문학자였을 뿐만 아니라 정치가, 변호사, 해부학, 식물학 등 다방면에 학식이 깊었던 사람이었다. 하지만 그런 괴테의 작품 안에서도 큰 비중을 차지하고 있었던 것은 바로 연애였다.

실례로 『파우스트』 제1부에는 그가 21살 때 사랑한 여성 프리데리케 브리온과의 체험이 등장하고 있다. 그리고 그가 25살 때 쓴 『젊은 베르테르의 슬픔』도, 남의 아내였던 샤롯데와의 연애 경험에서 탄생한 것이다. 그 후 괴테는 동네 아가씨인 크리스티아네와의 오랜 동거 끝에 결혼했다. 그런 괴테가 마지막으로 사랑한 상대는 19살의 소녀 울리케였다.

그때 괴테의 나이는 74살이었다. 아내 크리스티아네를 잃은 후였던 괴테는 울리케에게 결혼을 신청했으나 당연히 거절당했다. 괴테는 실의에 빠져 시집 『마리엔버트의 비가』를 집필했다.

이처럼 수많은 연애에서 여러 작품을 낳은 괴테. 그의 원동력은 사랑하는 마음 그 자체라 할 수 있을 것이다.

괴테의 『파우스트』가 이제 이해가 갈 것이다. 그렇다면 이제 마지막으로 괴테가 남긴 명언을 소개하도록 하겠다.

"사람은 노력하는 한 헤맨다."
"눈물에 젖은 빵을 먹어 보지 못한 사람은, 인생을 논할 자격이 없다."
"우리가 태어난 것은 사랑 때문이고, 우리가 멸망하는 것도 사랑 때문이다."

이런 괴테가 마지막으로 남긴 것은 "빛을, 더 빛을"이라는 말이었다.

수집가 괴테

괴테 자신도 실은 여러 물건의 수집가였다. 독일에 있는 괴테 기념관에는 그가 연구를 위하여 수집한 방대한 컬렉션이 전시되어 있다. 광석, 화석, 뼈, 식물 표본, 이상한 기계 등등. 그것들은 세계를 모두 알고자 했던 사나이 괴테의 삶을 전해 주고 있다.

1774년에 간행된 『젊은 베르테르의 슬픔』의 저자로도 알려진 괴테. 이는 사랑과 자살을 테마로 한 감상적인 작품으로 문학사상 가장 박력 있는 고백 소설로도 알려져 있다. 사랑에 빠진 젊은 여성은 꼭 읽어 보길 바란다.

『파우스트』는 15세기 독일에 실존했다고 알려진 사기꾼 "파우스트 박사"의 전설을 토대로 했다고 한다.

괴테는 또한 『식물변태론』, 『색채론』 등의 작품을 남겼다. 그야말로 다양한 재능을 가지고 있었던 것이다.

임종시에 "더 빛을"이라는 유명한 말을 남긴 괴테. 사실은 단지 방이 어두웠기 때문이라는 것이 최근의 유력한 학설이 되고 있다.

괴테와 나폴레옹 1세의 유명한 일화가 있다. 그는 괴테를 만난 후, 이렇게 말했다고 한다. "그야말로 진짜 인간이다"라고.

괴테와 관련해 에피소드를 하나 더 소개하자면, 일본의 유명한 모 과자 업체의 기업 이름은 『젊은 베르테르의 슬픔』에 등장하는 연인의 이름에서 인용했다고 한다.

Dostoevskii

18

개그맨으로 바라보는 도스토예프스키의
죄와 벌

도스토예프스키
(1821~1881년)
러시아의 소설가로 1821년 빈민구제 병원장의 둘째 아들로 모스크바에서 태어났다. 17세에 공병사관학교에 입학했지만 졸업 후에 작가가 되기로 결심했다. 『가난한 사람들(1846)』과 『이중인격자(1846)』를 집필한 후에는 개혁가 그룹에 참가했다. 1849년 체포당해 사형을 선고를 받았지만 사형집행 예정 시간 직전에 특사로 감형되어 시베리아에 보내지는 중노동형이 선고되었다. 마침내 10년 후 모스크바로 돌아와 『지하 생활자의 수기(1866)』를 썼다. 이 작품이 예술적, 사상적으로 전기가 되어 이후 『죄와 벌(1866)』, 『백치(1868)』, 『악몽(1871~1872)』, 『카라마조프의 형제들(1879~1880)』 등의 대작을 남겼다.

고리대금업자 알료나 이바노브나를 살해한 가난한 대학생 라스콜리니코프, 그를 애모하는 창부 소냐 세묘노브나 마멜라도바……. 등장인물의 극히 일부만 들어 보아도 도무지 난해해서 질려 버릴 것 같다. 하지만 이 또한 "개그맨"에 빗대어 소개하면 쉽게 이해될 수 있을 것이다. 그러니 용기를 내어 이 두꺼운 책을 살펴보기로 하자.

"죄와 벌"은?

우리는 사실 『죄와 벌』을 오해하고 있는 경우가 많다. 실례로 직장 여성 30명에게 『죄와 벌』이란 어떤 책인가?"라고 질문을 했더니, "뭔가 어려워 보인다"에 26명, "뭔가 어두워 보인다"에 2명, "뭔가 무거워 보인다"에 1명, "그게 뭐야?"에 1명이 대답하는 결과가 나왔다. 확실히 시중에 번역되어 나와 있는 『죄와 벌』의 여러 책들은 대부분이 두껍다.

하지만 그 줄거리는 단 5초로 설명될 수 있다.

"대학을 중퇴한(1초) → 가난한 청년이(2초) → 매우 인색한 대금업자 노파를(3초) → 살해해 버렸다(4초) → 끝(5초)"

이것이 정말이냐고? 물론이다.

그렇다면 이렇게 간단한 이야기가 어떻게 그렇게 두꺼울 수 있을까? 그 이유는 이 책 안에 로망스나 악의 음모 등과 같은 가슴을 조마조마하게 하고 두근거리게 하는 내용이 넘쳐 나기 때문이다.

사실 죄와 벌을 쓴 러시아의 문호 도스토예프스키는 그 위압적인 풍모

와는 어울리지 않게 도박을 좋아했다. 결국 여행지에서 룰렛(도박의 일종)에 빠져 빈털터리가 되었고 어떻게든 다시 돈을 빌리려고 집필한 것이 바로 『죄와 벌』이었다.

그러니까 지금으로부터 약 140년 전, 월간지 『러시아 통보*』에 연재된 이 작품은 누구든지 즐길 수 있고 계속 읽고 싶어지도록 써진 최고의 엔터테인먼트 소설**이었던 것이다.

살인의 동기

『죄와 벌』의 주인공 라스콜리니코프는 고리대금업자인 노파를 살해한다.

"잠시도 유예할 수 없다. 그는 도끼를 꺼내 들고 양손으로 도끼를 머리 위로 번쩍 쳐들어서는 가까스로 의식을 유지하면서 힘도 거의 넣지 않고 기계적으로 도끼의 등으로 노파의 머리를 내리쳤다."

그러면 왜 그는 이런 무서운 범죄를 저지른 것인가? 노파 살해의 동기를 해독하는 열쇠는 의외의 부분에 있다.

구두쇠라는 평판을 받고 있는 대금업자인 노파를 살해해 버린 가난한 청년 라스콜리니코프, 사실 그는 이런 생각에 홀려 있었다. "모든 인간은

---

* 러시아 통보
러시아의 문예정치 잡지이다. 1856~1887년에는 모스크바, 1887~1906년에는 모스크바와 페테르부르크에서 발행했다. 보수적인 평론가이자 저널리스트인 M.N. 카토코프가 창간한 월간지(처음부터 1861년까지는 격주간)로, 특히 1861년 이후에는 반동진영의 이익을 대변함으로써 『현대인』 지와 대립하였다. 이 잡지에는 투르게네프의 『그 전야』, 『아버지와 아들』, 도스토예프스키의 『죄와 벌』, 『백치』, 『악령』, 『카라마조프의 형제들』, 톨스토이의 『카자흐』, 『안나 카레니나』 등 많은 걸작이 게재되었다.

** 엔터테인먼트 소설
엔터테인먼트란 '오락'이란 뜻으로 가장 많이 쓰이며, 여러 방면으로 다재다능한 사람을 부를 때도 사용한다. 독자들의 흥미를 주된 타깃으로 삼아 쓰여진 소설을 엔터테인먼트 소설이라고 한다.

보통 사람과 비범한 사람으로 나누어진다. 보통 사람은 복종만 하면서 살아가야 한다. 그러나 비범한 사람은 여러 가지 범죄를 행할 권리를 가지고 있다"고 말이다.

얼마나 무서운 생각인가? 그럼 그 비범한 사람이란 대체 어떤 사람을 뜻할까? 비범한 사람이란 상대가 아무리 대단한 권력가나 재력가라고 해도 전혀 겁먹지 않는 위치에 있는 사람이다. 오히려 그런 사람을 어린애 다루듯 놀며 조롱할 수 있는 사람으로 "개그맨"을 들 수 있다. 개그맨은 본래 자신이 어떤 사람이든 간에 가장 센 권력과 재산을 지닌 역할을 맡고 등장하면 그런 사람이 되는 것이다.

물론 이런 짓을 우리 같은 평범한 사람이 한다면 당연히 제재를 받을 것이고, 그로 인해 인생이 헛되게 끝나 버릴 수도 있다. 어떤 사람이 대단한 사람들의 머리를 때리고 조롱하는 것은 결코 용서될 수 없지만, 개그맨에게는 세상 사람들을 웃기기 위해서 그 선을 넘는 행동도 용서된다는 말이다.

이것이 바로 주인공 라스콜리니코프가 노파를 살해한 동기라고 할 수 있다. 스스로를 비범한 사람이라고 믿는 그는 학비를 낼 수 없는 자신을 위해, 결혼을 결심한 여동생을 구하기 위해서, 그리고 대학에서 공부를 계속해 언젠가 가난한 사람을 돕기 위해서 돈을 빌린 노파에게 돈을 빼앗는 것은 당연히 용서받을 수 있는 일이라고 생각한다. 사람을 구하기 위해서라면 어떤 선을 넘더라도 죄가 되지 않는다고 생각한 것이다.

하지만 범행 후에 라스콜리니코프에게 다가온 것은 격심한 마음의 동요였다. 마치 "오늘은 격식 없이 자유롭게 마시자"라고 하는 사장의 말을 진심으로 받아들여 술에 취해 술주정을 부렸다가 다음 날 낯부끄러운 얼굴로 지내는 것과 같은 이치이다. 라스콜리니코프는 결코 비범한 사람이 아닌 단지 평범한 인간에 불과했던 것이다.

『죄와 벌』을 재미있게 읽는 비법

돈가스를 맛있게 먹는 방법은 결코 끝부분부터 먹지 않는 데 있다. 끝부분의 고기는 대부분 기름인 경우가 많은데 그 부분부터 먹는다면 입 안이 느끼해져 버려 고기 맛을 느끼지 못할 수 있기 때문이다.

따라서 돈가스를 먹을 때는 반드시 제일 중간부터 먹어야 한다. 이것만으로도 돈가스의 맛은 몇 배나 더 맛있어진다.

『죄와 벌』을 재미있게 읽는 방법이 없을까 하고 생각해 본 적이 있을 것이다. 돈가스 먹는 법을 알면 돈가스의 맛을 십분 즐길 수 있는 것처럼 『죄와 벌』도 읽는 비법을 읽으면 그 재미가 몇 배는 더할 것이다.

우선 등장인물의 이름에 대해 살펴보자.

주인공인 라스콜리니코프를 비롯해 세묘노브나 마멜라도바, 표트르

페트로비치 루진 등. 이처럼 『죄와 벌』에 등장하는 인물들의 이름은 상당히 복잡한데 그 이름들에는 어떤 비밀이 숨겨져 있다.

예를 들어 주인공을 바짝 추궁하는 검사 표트르 페트로비치는 황제의 의복을 의미하는 러시아어 포르피리를 비꼬아 붙인 이름이다. 또 신을 깊게 믿고 주인공 마음의 기둥이 되어 준 소냐는 신의 예지를 나타내는 단어이다.

그리고 주인공인 라스콜리니코프도 찢는다는 의미의 라스콜치를 비꼰 것이다.

마치 우리나라의 『춘향전』처럼 도스토예프스키의 『죄와 벌』도 알기 쉽게 이름이 붙여진 것이다. 러시아어를 조금만 알아도 『죄와 벌』을 꽤 재미있게 읽을 수가 있다.

한편 주인공 라스콜리니코프의 전체 이름은 로지온 로마누이치 라스콜리니코프이다. 그런데 러시아어로 쓴 그 이니셜을 뒤집어 보면 무섭게도 666이라는 숫자가 등장한다. 이것은 기독교에서 악마를 가리키는 숫자로 사람들에게 두려움을 주는 것이다.

이렇듯 도스토예프스키는 이름에 666의 숫자를 드러나지 않게 숨김으로써 주인공이 짊어진 무서운 운명을 암시하고 있었던 것이다. 이처럼 『죄와 벌』 안에는 기독교에 대해 정통하다면 보다 더 즐길 수 있는 장치가 무수히 흩어져 있다. 이런 간단한 비법으로도 『죄와 벌』은 그 재미가 몇 배로 배가 될 것이 틀림없다.

도스토예프스키가 생각한 선善

도스토예프스키의 『죄와 벌』은 확실히 엔터테인먼트 소설이라고 할 수 있다.

그러나 그 속에는 사실 깊은 주제가 숨겨져 있다. "가난에 고통 받는 사람들을 구하기 위해서"라는 소박한 믿음으로 대부업체 노파를 살해한 라스콜리니코프. 하지만 그 직후 그에게 엄습한 것은 격렬한 마음의 동요였다. 그러던 어느 날 가난 때문에 몸을 파는 소녀 소냐를 만나게 된다. 그녀의 아름다운 마음에 반한 라스콜리니코프는 소냐에게 죄를 고백한다.

"나, 사람들에게 선을 안겨주려고 했어. 몇백, 몇천이라는 선행을 할 수 있었을 거야. 나는 전혀 모르겠어. 왜 똑같은 살인인데 폭탄이나 포위 공격은 정당하다고 여기는 것인지?"

라스콜리니코프는 대체 무엇이 선이고 무엇이 악일까라는 것에 많은 의문을 품고 있었다. 그런 그에게 소냐가 권한 것은 경찰에게 죄를 털어놓으라는 것이었다.

사실 150년 전의 러시아는 일부 귀족이 많은 재산을 차지하고 서민은 빈곤으로 고통받고 있었다. 당시 28살이었던 도스토예프스키는 소설을 집필하는 한편 과도한 노동으로 신음하고 있던 농민들을 해방하기 위해 개혁 운동에도 참가하고 있었다.

그러나 정부의 엄격한 감시로 인해 그는 체포당하고 말았다. 결국 징역 4년을 선고받고 보내진 곳은 극한의 땅 시베리아였다. 가난한 농민들을 위한 소망을 이루려고 했지만 그에게 다가온 것은 시베리아 형지에서의 지옥과 같은 중노동이었다.

대체 무엇이 선이고, 무엇이 악인 것일까? 이것이 이 책을 쓴 15년 전,

시베리아의 땅에서 도스토예프스키가 품은 생각 바로 그것이었다. 다시 말해 도스토예프스키는 『죄와 벌』에서 수많은 모순으로 소용돌이치는 사회에 뭐가 선이고 뭐가 악이냐고 질문을 던지고 있는 것이다.

궁핍한 생활 속에서 탄생한 불후의 명작, 『죄와 벌』

기독교 권에서 13일의 금요일이 불행으로 여겨지는 이유는 뭘까? 그것은 아마 예수가 십자가에 매달렸던 날이 금요일이라 전해지고, 또 그 전날 밤 제자들과의 최후의 만찬을 한 인원수가 13명이었던 것에서 온 듯하다.

그러고 보면 『죄와 벌』도 불행의 13이라고 하는 숫자와 전혀 관계가 없는 것도 아닌 것 같다. 왜 그런지는 몰라도 『죄와 벌』은 13일간의 과정을 기록한 작품인 것이다.

도스토예프스키는 러시아 문학사상, 최초의 직업작가(전업작가)로 알려져 있다. 하지만 그 과정은 평탄치 않았다.

그는 농노해방을 눈앞에 둔 것 같이 고조된 사회적 분위기 속에서 형인 미하일과 함께 잡지 『시대』를 창간하여 시사 문제를 집필하는 한편, 시베리아 옥중 생활의 체험을 바탕으로 독특하고 참신한 장편 소설 『죽음의 집의 기록(1861~62년)』과 그의 전기 창작의 총결산이라고 할 수 있는 『학대받는 사람들(1861년)』을 발표함으로써 문단에 확고하게 복귀했다.

그 다음 수년간은 그에게 문학상의 중대한 전기가 되는 시기였다. 사회적으로 농노해방 뒤에 야기된 정치적 반동이 이어지고 있었고, 개인적으로도 아내와 형이 죽는 등 중대한 사건이 겹친 시기였다. 이때 후기의 대작들을 풀 수 있는 열쇠로 인정되는 중편 『지하 생활자의 수기(1864년)』가 나왔던 것이다.

그 와중에 그는 1864년 잡지 『에포하』를 발행했는데 완전히 실패하여 거액의 빚만 짊어지게 되었다. 그 결과 안나 스니트키나와 재혼한 뒤로도 빚쟁이의 추궁을 피해 4년이나 해외에서 체류해야만 했다. 그런데 이것이 밑바탕이 되었는지 바로 이런 궁핍한 생활 속에서 그의 불후의 명작인 『죄와 벌(1866년)』, 『백치(1868년)』, 『악령(1871~72년)』, 『영원한 남편』 등이 탄생하게 되었다. 이로써 그의 생활은 비교적 안정된 생활을 누리게 되었다. 그러고 보면 시련을 겪어야 좋은 책이 나오는 것인가 보다.

Marcel Proust

19

찹쌀떡으로 풀어 보는
프루스트의

잃어버린
시간을 찾아서

마르셀 프루스트
(1871~1922년)
프랑스의 소설가로, 어린 시절부터 천식을 앓았다. 파리 대학의 법학과에 입학한 후 사교계와 문학 살롱에 드나들며 단문집이나 라스킨의 번역 등으로 문학 활동을 했다. 1905년 어머니의 죽음이 전환이 되어 문학사상 가장 위대한 작품의 하나로 꼽히는 『잃어버린 시간을 찾아서(1913~1927)』를 구상했으며, 죽기 며칠 전까지도 집필을 계속했다.

초여름의 햇빛이 내리쬐는 정오가 좀 지난 무렵이다. 실외의 세련된 한 카페에서 마들렌을 먹으며 미간에 주름을 짓고 권태감이 감도는 프루스트의 『잃어버린 시간을 찾아서』를 읽는 한 남자가 있다. 이러한 광경을 문학소녀가 본다면 순식간에 사랑에 빠질지도 모르는 일이다. 장대한 소설 프루스트의 『잃어버린 시간을 찾아서』를 한번 읽어 보겠다고 고민한 적이 있을 것이다. 그럴 때마다 텍스트의 어려움에 고개를 흔들었을 것이다. 지금부터 옛날 추억의 향수를 즐기는 듯이 『잃어버린 시간을 찾아서』를 쉽게 해독해 보자.

『잃어버린 시간을 찾아서』는 어떤 책인가?

유럽에서는 이렇게 얘기한다고 한다.

"마르셀 프루스트의 '잃어버린 시간을 찾아서'를 읽지 않고 소설가가 되고자 하는 자는 없다"고.

프랑스의 대철학자인 사르트르(본서 29장 참조)도 이 책의 애독자였다. 그는 그 내용에 충격을 받아 그 자신도 소설가로 데뷔할 정도였다. 그의 데뷔작 『구토*』는 『잃어버린 시간을 찾아서』의 패러디에 속한다. 이것만 봐도 사르트르가 프루스트의 영향을 정면으로 받았다는 것을 알 수 있을 것이다. 소설가 보부아르도 프루스트를 절찬했는데 사르트르와 보부아르 부부는 쌍으로 프루스트의 열렬한 팬이었던 것이다.

그렇다면 그토록 소설가들이 예찬하는 『잃어버린 시간을 찾아서』는 도대체 어떤 책일까? 그것은 한마디로 말하자면 "아주 긴~ 소설"이라는 것이다.

프루스트가 38살에 펜을 잡고 51살에 죽기 전까지 13년간 오직 한결같이 이 소설만 썼다는 것을 통해 얼마나 긴지 상상할 수 있다. 게다가 이 책의 등장인물은 2,000명 이상으로 이름을 외우기조차 힘들다. 뻔뻔스런 딸 마르베르치누 시모네, 무척 사교적인 부루베리 공작부인, 창녀 오디뜨 드 크레시 등 혀를 굴릴 만한 이름이 2,337명이나 등장하기 때문에 읽는 것이 어려워 박차를 가하려고 해도 도무지 진도가 나가지 않는다.

이러한 난해함 때문에 그 당시 프루스트의 소설을 책으로 내 줄 출판사는 어디에도 없었다. 프루스트 자신이 자비로 출판을 할 수밖에 없었다.

이렇게 길고 읽기 어려운 이 소설을 독파하려고 도전했다면 적어도 1년은 투자를 해야 할 것이다. 너무 무리라고 손사래를 치고 싶어질지도 모르는 일인데, 그렇다면 1년 걸리는 이 소설을 55자로 요약해 보자.

"주인공인 청년은 자신의 인생에 큰 불안을 안고 살아가고 있다. 그러던 어느 날 모난 돌에 걸려 넘어질 뻔한 순간 소설을 써 보자고 생각했다. 끝."

흥미가 생기면서 불쑥 이 소설을 읽어 보고 싶다는 생각이 들 것이다. 1년간 읽어야 할 소설이 단 몇 줄로 요약이 된 것을 보고 더 깊이 파고 들고 싶어질 것이다. 이 책은 단순히 스토리가 재미있는 소설이 아니다. 스토리 중시는 19세기에 유행한 소설의 스타일이었고, 20세기에 들어오면

---

* **구토**
사르트르의 소설이다. 주인공인 로칸탄은 해안에서 주은 작은 돌이나, 카페의 점원인 서스펜더는 등 아무것도 아닌 것을 봤을 때 왠지 "구역질"을 느낀다. 그리고 어느 날 공원에 세워진 마로니에 나무의 뿌리를 보고 격심한 "구역질"을 느낀다. 그것은 "사물이 있다"는 것(노출된 존재)에 대한 "구역질"이었다. 즉, "무언가가 있다"고 하는 것의 근본적인 부조리성을 의미하고 있는 것이다.

서부터는 인간의 의식을 묘사하려고 하는 요소가 가해지게 되었다.

이런 면에서 『잃어버린 시간을 찾아서』는 확실히 최첨단을 달리는 참신한 소설이었다. 그리고 그 속에는 하나의 중요한 키워드가 있다. 바로 "무의지적 기억*"이다.

그럼 먼저 프루스트를 말하려면 절대 빼놓을 수 없는 이 무의지적 기억이란 것은 대체 무엇일까? 이를 어린 시절의 향수를 불러일으키는 찹쌀떡에 빗대어 알기 쉽게 풀어 보기로 하자.

무의지적 기억이란

"무의지적 기억"이란 키워드를 이해하지 못한다면 『잃어버린 시간을 찾아서』의 표지를 열지 않고 읽는 것과 같다. 그렇다면 언뜻 보기에도 어려운 이 말은 무슨 의미일까? 그것은 방금 전에 말한 찹쌀떡이 해명해 줄 것이다. 사실 보통 중년 샐러리맨의 생활은 거의 생활에 쫓겨 지내기가 일수다. 과거를 돌아보지 못하고 앞만 보고 달려가기에 급급한 형편이다.

이렇게 바쁜 생활을 하다가 어느 추운 겨울날 밤늦게 귀가하던 중 어딘가에서 "찹쌀~떡 사~려!" 하고 외치는 소리를 듣게 되면, 갑자기 가슴이 뭉클해지는 기분을 느낄 것이다. 먹을 것이 흔하지 않던 보릿고개 시

---

* **무의지적 기억**
프루스트는 철학자 베르그송을 존경했다. 베르그송의 『생의 철학』을 소설로 발표한 것이 『잃어버린 시간을 찾아서』라고도 한다. 베르그송은 시간을 수직선적(공간적)으로 잡을 수 있다는 잘못을 지적하고 리얼한 시간으로서의 "순수지속"을 설명했다. 그리고 기억에는 기계적인 기억과 추억적인 기억이 있는 것을 지적하면서, 후자는 뇌부터 크게 불거져 나오는 풍부한 것이라 간주했다. 프루스트는 과거가 시간 속에서 없어진다 해도 기억의 깊은 곳에 비축되어 있어 속삭임을 계기로 다시 끄집어내어 이전의 모습을 의식의 겉으로 되살릴 수 있다고 보았다. 그는 이것을 환기시키는 것이 예술의 역할이라고 간주한 것이다.

절, 추운 겨울밤에 찹쌀떡 장수가 와서 그것을 사 가족들이 함께 모여 오순도순 먹었던 추억이 아련하게 떠오를 것이다. 지금까지 가장 깊은 곳에서 잠들어 있던 시간이 되살아나는 것이다. 이렇게 어떤 일을 계기로 과거의 추억이나 기억이 되살아나면 그것은 자연스레 깊은 기쁨으로 연결이 된다. 바로 이것이야말로 프루스트가 소설 속에서 하나의 축으로 만든 "무의지적 기억"이다.

이런 "무의지적 기억"은 사실 여러 곳에서 느낄 수 있고 실제 음식점이나 심지어 개그 프로그램에서 이용하고 있기도 하다. 그 예로 "시골밥상"이라는 간판이 걸려 있는 것이나, 어느 개그 프로그램에서 "행님아! 행님아!" 하는 것이 그것이다. 어린 시절의 기억을 떠올리게 함으로써 인기를 끌고 있는 것이다.

이제 "무의지적 기억"이 무엇인지 이해하겠는가? 그렇다면 『잃어버린 시간을 찾아서』의 본질이 다가올 것이다.

"잃어버린 시간을 찾아서"의 내용

『잃어버린 시간을 찾아서』의 첫머리는 이렇게 시작된다.

"긴 시간에 걸쳐 '나'는 일찍부터 자곤 했었지."

아무 설명도 없이 등장하는 이 "나"라고 하는 주인공은 이름도 연령도 밝혀지지 않은 가공의 인물로 프루스트 자신과 지극히 닮은 인물상이다. 둘의 공통점은 어린 시절부터 병약하고 마더 콤플렉스였다는 점이다. 독서를 좋아해 소설가가 되고 싶다고 생각한 것이다. 프루스트의 분신이라고도 할 수 있는 "나"의 인생을 엮은 이야기가 바로 『잃어버린 시간을 찾아서』인 것이다.

그 내용을 요약하면 다음과 같다.

어느 추운 겨울날 추위에 떨면서 집으로 돌아오자 어머니는 따뜻한 홍차와 마들렌 케이크를 내준다. 그것을 입에 넣은 순간 나는 갑작스럽게 엄청난 쾌감에 사로잡혀 굉장한 행복감에 빠져든다. 그것은 어린 날의 기억과 연결되어 있다.

어렸을 때 할머니가 홍차와 마들렌 케이크를 내준 것을 기억한 순간, 나의 마음에 갇혀 있던 어린 날의 기억과 감각이 한번에 넘쳐 흘러 강력한 기쁨을 느낀다.

자신에게 문학적 재능이 없다는 것을 깨닫고 절망의 끝에 있던 "나"는 어느 날 지인의 파티에 가는 도중 돌에 걸려 넘어질 뻔한다. 그 순간 다시 그 케이크를 먹었을 때처럼 쾌감에 휩싸인다. 예전에 베네치아의 대성당의 입구에서 넘어질 뻔한 그 기억이 떠올라 예술을 접할 때의 행복한 기분에 빠진 것이다.

그때 "나"는 결심한다.

"시간을 테마로 한 소설을 쓰자!"

주인공은 "무의지적 기억"에 따른 유년시절의 회상으로 시작하여 여러 가지 체험을 하고 마지막에는 작품 창조의 이유를 발견한다. 즉, 주인공이 "소설을 쓰는 것이야말로 나의 천직이다~!"라는 것을 발견해 가는 스토리이다.

쉽게 말해서 소설의 형식으로 "소설이란 대단해요"라고 호소하는 형식을 가진 이 작품은, 바로 자신이 자신의 일을 "멋있다"고 말하는 "멋진 봉"과 같은 것이다.

프루스트의 사상

프루스트의 『잃어버린 시간을 찾아서』에는 약간의 비밀이 숨겨져 있다. 너무나도 긴~소설이어서 프루스트는 전편이 출판되기 전에 세상을 떠났다.

이 『잃어버린 시간을 찾아서』 전 7편* 가운데 프루스트 자신이 출판한 것은 제4편까지 뿐이다. 그리고 남은 세 권은 프루스트의 동생인 노벨이 형의 뜻을 이어 출판을 한 것이다.

그런 장대한 작품 속에서 프루스트가 전달하고 싶어 했던 것은 대체 무엇이었을까? 그것은 "작가가 독자에게 제공하는 작품은 독자의 내부의

---

* 제7편
프루스트는 1908년경부터 오로지 이 『잃어버린 시간을 찾아서』의 집필에 몰두했다. 그러나 원래 병약했던 그는 전7편 장편 중 제4편 "소돔과 고모라"를 출판하려 하던 1922년에 죽고 말았다. 이후의 부분은 프루스트의 동생 노벨이 유고에 근거해 사후에 간행한 것이다.

것을 분명히 식별시키기 위한 광학기기이다"라는 것이다. 다시 말해서 "프루스트가 독자에게 보여 준 작품은 독자의 상상력이나 기억을 분명하게 하기 위한 재촉"이다.

즉, 책이란 독자의 상상력이나 기억을 불러 상기시키는 꿈과 같은 아이템이라는 것이다. 그리고 이런 프루스트의 주장은 바로 군고구마나 찹쌀떡을 볼 때 아련한 옛 추억을 떠올리며 느끼는 것에서 확인할 수 있다. 바로 거기서 되살아 나오는 과거의 기억이야말로 "잃어버린 시간"이다.

마찬가지로 당신의 사소한 일상 체험이 필름을 감는 장치가 되어 "무의지적 기억"을 불러일으켜 상기시킬 때, 당신의 마음속에는 당신만의 호화로운 기억에 다다르게 된다. 프루스트의 「잃어버린 시간을 찾아서」를 독파하는 것은 당신의 옛 추억의 향수를 만끽하는 것이 될 수 있다.

소설의 살을 붙이는 작업, 여분의 영양

병약한 얼굴과 품위가 느껴지는 이미지를 볼 때 확실히 프루스트는 "도련님" 스타일은 아니었다. 그의 아버지는 의사였고, 어머니는 유대인 금융가의 딸이었다. 사교계에 드나들던 학생 시절의 프루스트는 다른 사람들의 말투를 흉내 내는 화술가로 알려졌다고 한다. 흉내 내기가 특기였던 것이다.

이런 프루스트가 『잃어버린 시간을 찾아서』를 집필할 때는 외부의 소음을 차단하기 위해서 코르크로 방 전체를 도배하고 그 안에서만 틀어 박혀서 밤낮이 바뀐 생활을 이어갔다고 한다.

결국 그는 1919년 『잃어버린 시간을 찾아서』의 제2편 "꽃피는 아가씨들의 그늘에"로 프랑스의 가장 권위 있는 문학상인 콩쿠르 상을 수상했다.

어쨌든 위대한 이 소설을 프루스트는 교정 인쇄 때에도 폭넓게 가필, 수정을 가해 더욱 팽창시켰다고 한다. 그 살을 붙이는 작업을 프루스트 자신은 "여분의 영양"이라 불렀다.

『잃어버린 시간을 찾아서』가 완전히 새로운 시도로 평가받는 것은 세상의 전체상을 자기 내면을 깊이 생각해가는 과정의 도중으로부터 묘사한 점에 있다. 그 방대한 작품 속에는 당시의 프랑스 사회의 여러 가지 측면이 그려져 있다. 그리고 그 사회의 측면에서 느끼는 것으로부터 주인공의 자아가 폭로되는 것이다.

20

점占으로 풀어 보는
카프카의
성

프란츠 카프카

(1883~1924년)
체코 프라하의 독일계 유대인 작가이다. 궁극적으로 부조리한 사건을 도리어 극도로 자연스럽게 리얼한 문체로 그려 내어 독특한 현실성을 담아 내고 있다. 제2차 세계대전 후, 특히 실존주의자로부터 주목을 받아 일약 20세기 문학의 중요한 작가로 각광받았지만 작품 자체가 신비해 베일에 싸여 서로 대립되는 여러 해석을 낳고 있다. 대표작으로 『변신(1915)』 등이 있다.

머리말 부분을 낭독해 소설책의 제목을 맞추는 퀴즈가 있다면, 정답률 1위는 틀림없이 "아침에 일어났더니 벌레"로 이어지는 『변신』일 것이다. 카프카는 변신을 비롯해 20세기 문학계, 최대의 충격이라고도 하는 부조리소설을 낳은 작가이다.

"카프카"는 체코어로 까마귀라는 의미이다. 카프카와 까마귀, 두 단어 모두 "까(카)"로 시작하는 세 글자의 단어인데 카프카가 완성한 것은 그 이름에 막상막하일 정도로 미묘한 세계였다. 여기서는 "얇은 책"이 많은 그의 소설에서도 드물게 "두꺼운" 작품인 "성"을 "점占"에 빗대어 알기 쉽게 풀어 보자.

카프카의 미묘한 세계

일찍이 철학자 사르트르는 카프카를 가리켜 이렇게 말했다.

"그야말로 현대 최대의 작가 중 한 명이다."

사르트르가 "나도 그중의 한명이지만……"이라고 중얼거렸는지 어땠는지는 확실치 않지만 말이다. 그런 카프카의 소설을 해독하는 키워드는 딱 잘라 말해 "부조리"이다. 예를 들어 카프카의 대표작 『변신』은 주인공 그레글이 눈을 뜨자 거대한 벌레로 변해 있었다는 것으로 시작한다. 왜 벌레가 되었는가에 대한 설명은 일절 없다! 게다가 그레글은 벌레가 되었다는 것 등은 그다지 신경 쓰지 않고 오히려 회사로 가는 열차시간에 늦을 것을 걱정하기만 한다. 마치 바보역을 맡고 나온 개그맨처럼 말이다.

또한 장편 『심판』에서는 주인공 요세프 K가 30살의 생일날 아침 아무 이유도 없이 갑자기 체포되어 그로부터 1년 후 그대로 처형당해 버린다.

그 이유도 역시 모른 채 끝난다. 이유도 설명도 없다는 건 확실히 부조리이다. 아니 심하게 말하자면 엉망진창이라는 것이다. 하지만 이것이 바로 카프카의 소설이 사람들에게 충격을 주었던 이유였다.

그런 카프카가 쓴 작품 중에 가장 부조리하다고 불리는 작품이 이 『성』이다. 그 장편의 소설 내용을 20자 이내로 정리해 보면 다음과 같다.

"성에게 이끌렸다. 그러나 성에는 도달하지 못한다."

단지 이 내용뿐인데, 아니 단지 이것만이기 때문에 『성』은 20세기를 대표하는 한 권이 되었다. 그런데 성에게 이끌렸는데 도달할 수 없다니, 이것이 대체 무슨 말인가? 주인공이 길을 잃어 헤맨 것일까? 아니면 도착지인 성의 장소를 모르는 것일까? 그러나 그런 것이 아니다. 성은 확실히 눈앞에 보인다. 그런데 도달할 수 없는 것이다.

이런 바보 같은 이야기가 있을 리가 없다고 생각하겠지만 사실 이런 바보 같은 이야기가 우리의 주변에서 일어나고 있다. 그 베일을 푸는 열쇠는 바로 점에 숨겨져 있다. 자, 그 점이라는 열쇠로 『성』의 문을 열어 보도록 하자.

점으로 해독한 카프카의 "성"

"K가 도착한 것은 밤늦은 때였다. 마을은 깊은 눈으로 앞이 가로막혀 있었다. 성은 어느 하나도 보이지 않고, 안개와 암흑으로 둘러싸여 있었다.(『성』 제1장)"

소설의 주인공은 측량사로 성에 고용된 K이다. 그러나 도착한 마을의 촌장으로부터 "미안하지만 우리에게 측량사는 필요 없다네"라는 말을 들는다. 그리고 성으로 가려고 해도 "여기에 썰매는 다니지 않아요"라는 응답만 들려 온다. 그런데 성으로부터 "당신의 일하는 모습에는 만족해요"라고 전혀 발신자를 알 수 없는 감사장이 도착한다.

성은 눈앞에 있는데 전혀 도달할 수 없다. 그런 부조리에 가득 찬 카프카의 세계를 우리의 주변에 있는 것을 사용해 체험해 보자.

예를 들면 당신은 8월 14일 태어난 사자자리의 여성이다. 당신은 지금 사랑으로 고민하고 있다. 그런 당신의 눈을 멈추게 한 것은 여성 잡지의 별자리 운세이다. 거기에는 이렇게 적혀 있다.

"짝사랑 중인 사람이 유리하다. 이번 달 당신을 무시할 남자는 거의 없을 것이다."

매우 좋은 계시다. 그러자 이번에는 다른 잡지의 운세에 눈이 멈추었다. 그것을 읽으니 "짝사랑 중인 사람은 1대 1이 되면 부자연스러워질 듯. 지금의 관계를 유지해야 할 때입니다"라고 어째서인지 방금 전의 잡지와 정반대의 내용이 적혀 있다.

불안해진 당신은 또 다른 잡지의 운세에 손을 뻗친다. 그러자 거기에는 "싱글인 사람은 인기가 높아질 때. 당신을 몰래 노리고 있던 사람이 출현할 듯"이라고 또 다른 내용이 적혀 있는 것이다! 아아, 도대체 어느 점을 믿어야 그에게 도달할 수 있다는 것인가!

여기서 질문이다. 그때 당신이라면 어떻게 할 것인가? 정답은 "좋은 운세만을 믿는다"는 것이다.

바로 이것이 『성』의 주인공 K가 취한 행동이다. 그는 마을 사람들 중에서 유일하게 자신에게 호의를 보여 준 아가씨와 그대로 관계를 가져 버린다. 그래서 두 사람은 마을의 학교에서 함께 생활하기 시작한다. 그러나 K의 관심은 성에 도달하는 것이다. 그렇지만 마을 사람들은 K를 이리저리 마음대로 놀리기만 할 뿐이다. 말하자면 아무리 사랑하고 있다고 해도, 운세에서 정말로 그와의 궁합은 좋은 것일까, 이대로 사귀어도 괜찮은 것일까, 아님 헤어져야 할 것인가에 대해 언제까지나 이리저리 제각각의 말을 하며 조롱하고 있는 모양과 같은 격이다.

어쩌면 카프카가 그린 부조리로 가득 찬 세계는 우리가 살아가는 이 세계의 참된 모습이었을지도 모른다.

사실 사회가 혼란스럽거나 부조리할수록 점은 인기를 끈다. 그러면 왜 사람은 이렇게 점을 좋아할까? 점에는 많은 사람들을 속이는 어떤 비밀이 숨겨져 있기 때문이다. 그리고 그 비밀이야말로 카프카의 소설이 시대를 넘어 사람들을 매료시키는 이유이기도 하다.

카프카의 매력과 점의 관계

한 중년 부인이 점을 치러 왔을 때 무조건 맞는 점괘란 "마음고생이 많겠네요"라는 말이다.

이 점괘는 점집을 찾아오는 누구에게도 틀리지 않고 아마 무조건 맞는 말일 것이다. 사실 점을 보러

왔다는 것 자체가 벌써 무슨 근심이 있다는 것을 말해 주는 것이다. 게다가 중년 부인이라면 자식 걱정, 남편 문제 등 고민거리가 한두 가지가 아닐 것이다. 설사 이런 문제가 없다고 하더라도 자신만이 안고 있는 고민이 있을 수 있는 것이다. 그래서 어떻게든 동감할 수 있는 말인 것이다.

이렇게 점술사는 상대방이 어떤 상황이든 동감할 수 있는 말을 사용하고 있는 것이다.

사실 카프카의 소설도 이것과 같다.

"그는 걸음을 재촉했다. 그러나 성으로부터 멀어지고 있는 것은 아니지만 가까워지고 있지도 않았다.(『성』제1장)"

이 "성"이라고 하는 단어는 사실 이미지를 떠올리기 쉬운 단어이다. 하지만 실제 소설의 이야기에는 무대가 없다. 즉, 카프카는 점과 같이 어떻게든 잡히는 단어를 소설의 세계에 군데군데 끼워 넣어 독자의 이미지를 자극하고 있는 것이다.

일류 점술가들은 결코 결론을 단정 짓지 않는다고 한다. "헤어지는 것이 좋을지도 모르겠네요. 그렇지만 만약 솔직해진다면 그와 다시 회복될지도 모르겠네요"라는 식이다. 그리고 상담자가 이것저것 생각하게 하는 것이다.

그런 힌트를 능숙히 내고 최종적인 결론은 상대에게 맡겨 버린다. 그것이 일류 점술가인 것이다.

카프카의 소설도 이와 마찬가지다.

여관의 여주인 : "대체 당신은 뭐야?"
K : "토지측량사입니다."
여관의 여주인 : "당신은 사실을 말하지 않는군. 왜 말하지 않는가?(「성」제13장)"

이런 대화 도중 돌연 소설은 끝나 버린다. 사실 「성」은 미완성의 작품이다. 수많은 마음에 걸리는 힌트를 주면서도 결론을 내지 않은 채 카프카는 펜을 놓았다.

그때까지의 소설은 어떠한 결말이나 메시지가 있었다. 하지만 카프카의 작품에는 그것이 없다. 점과 같이 소설의 해석을 독자의 손에 맡긴 것이다. 바로 이것이야말로 카프카의 소설이 지금까지 많은 독자를 매료시킨 이유이다.

더욱이 이 「성」의 소설은 여러 가지로 해석되고 있다. 도대체 절대로 도달할 수 없는 성이라고 하는 것은 무엇을 표현하고 있는 것일까? 예를 들어 성의 해석을 들어보면 다음과 같다.

① 성은 관료주의의 상징이다.
② 성은 아버지, 권력의 상징이다.
③ 성은 신의 상징이다.

아직도 베일은 벗겨지지 않은 채 다양한 해석이 사람들의 입에 오르내리고 있다.

카프카와 밀레나

사실 카프카의 여자 관계는 그의 소설과 같이 부조리로 넘치고 있었다. 29살 때, 그는 첫사랑 페리세와 만난 지 2년 만에 약혼한다. 그러나 겨우 한 달 만에 약혼을 취소해 버린다. 그러다가 그로부터 3년 후 다시 그녀와 약혼한다. 하지만 그때에도 카프카는 일방적으로 약혼을 파기해 버린다.

도무지 이해할 수 없는 행동이다. 하지만 카프카가 이렇게 비뚤어진 연애를 하게 된 데에는 이유가 있었다. 바로 밀레나라고 하는 여성이 자리 잡고 있었던 것이다. 그래서 밀레나와 카프카의 사랑을 모르고 『성』을 말한다는 것은 불가능하다.

카프카와 밀레나, 두 사람의 만남은 밀레나가 카프카의 소설을 번역하고 싶다고 얘기를 건넨 것에서 시작되었다. 그리고 편지를 주고받는 사이에 두 사람에게는 행복한 신뢰 관계가 생기기 시작했다. 카프카가 친구 앞으로 쓴 편지에는 이렇게 쓰여 있다.

"그녀는 내가 이때까지 본 적도 없을 정도로 초롱초롱하게 빛나는 불입니다."

한편 밀레나도 친구 앞으로 편지에 다음과 같이 쓰고 있다.

"그의 불안이 어떤 것인지 나는 뼛속까지 알고 있습니다."

카프카가 안고 있던 불안은 낮에는 관청에서 근무했기 때문에 좋아하는 소설은 밤이 되어야만 쓸 수 있다는 것이었다. 또 자신을 인정해 주지 않는 완고한 아버지와는 싸움이 끊이지 않았다. 그리고 그는 성에 대한 강한 두려움을 안고 있었다. 밀레나는 그런 그의 불안이나 고충을 누구보다도 잘 이해해 주었다. 그러나 두 사람에게는 간단히 엮일 수 없는 이유가 있었다. 그것은 당시 카프카에게는 유리에라고 하는 약혼자가 있었고, 밀레나에게도 남편이 있었던 것이다.

어느 날 카프카는 밀레나에게 이런 편지를 보냈다.

"무언가를 말하려고 해도 당신이 그를 사랑하고 있기 때문에."

여기서 그라고 하는 것은 밀레나의 남편이다. 불안한 카프카는 밀레나에게 이 말을 부정하는 말을 받아내기 위해 한 문장을 엮었던 것인데 역시 그답게 꼬았던 것이다. 그래도 열심히 고백했다.

하지만 밀레나로부터 온 답장은 카프카에게 깊은 상처를 주는 말이었다.

"당신이 말한 대로입니다. 나는 그가 좋습니다. 그러나 카프카 당신도 좋습니다."

이 편지를 계기로 영원히 이어질 것이라 생각했던 관계는 겨우 10개월 만에 종지부를 찍게 되었다. 짧았지만 서로의 속마음까지 들여다보았던 깊은 관계였다. 그리고 밀레나를 향한 감정이 가시지 않은 채 카프카가 쓰기 시작한 소설이 바로 『성』이었다.

이 소설은 결국 주인공 K는 성에 도달하지 못한 채 마을 사람들에게 놀림을 당하는 채로 중간에서 끝나 버린다.

그러나 어찌어찌해서 이 소설의 결말을 카프카는 친구에게 말한 적이 있었다. 소설에도 써 있지 않은 『성』의 결말이란 다음과 같다.

"여전히 성에 도달하지 못한 어느 날, K는 성으로부터 알림을 받는다. 거기에는 이렇게 적혀 있었다.

"마을에 거주하고 싶다고 하는 K의 요구는 받아들일 수 없지만 마을에서 생활하고, 일하는 것을 허가한다*고."

그것을 본 K는 어떤 생각을 했을까? 카프카는 다음의 문장으로 그 마음을 나타내고 있다.

"지쳐 버렸다. 단지 더 이상 지치지 않는 끝으로 가 죽어 버렸다."

---

* **이제부터는 마을에서 생활하고, 일하는 것을 허가한다**
당시 그의 주변에 반유대인의 기운이 높아지고 있었던 것을 상징적으로 보여 주고 있다.

deep knowledge

끝이 없는 소설을 쓰고 싶어 했던 카프카

생전의 카프카는 단편 소설가로서 알려져 있었다.

유고 작품 가운데 「아메리카」, 「심판」, 「성」 등의 장편소설은 유고 관리자인 카프카의 친구 막스 브로드가 카프카의 유언을 따르지 않고, 사후 공개한 것이다.

카프카는 "끝이 없는 소설"을 쓰고 싶어 했다고 한다. 그것이 정말 가능할지는 모르겠지만 말이다. 왜냐하면 소설의 끝이란 여백을 마주하고 있는 글자들의 경계선이 아니라, 결국 소설의 모든 이야기가 귀착되는 귀결점이자 목적지가 되기 때문이다.

하여튼 카프카는 자신의 작품에 대해 언급한 아포리즘(금언) 중에서 다음과 같이 말했다.

"자신의 우화나 비유가 죄다 이해되지 않는 멋은 이해되지 않는 것을 전하려고 하다는 것이다"라고.

한편 카프카의 가장 큰 콤플렉스는 전제적인 아버지였다고 한다. 체력도 있고 의지도 강해 사업에도 성공했던 아버지는 때로는 아들을 생활불능자라고 보기도 했다. 그렇지만 그런 아버지의 존경과 공포, 증오 등의 복잡한 감정은 그의 어떤 작품에도 직집적으로 나타나지 않는다.

Friedrich Wilhelm
Nietzsche

21

다이어트로 해독한
니체의
짜라투스트라는 이렇게 말했다

> **프리드리히 윌리엄 니체**
> **(1844~1900년)**
> 독일 철학자로 본 대학에서 고전문헌학을 배웠으며, 1869년 젊은 나이에 바제르 대학에서 교편을 잡았다. 『비극의 탄생(1872)』을 집필했지만 학회로부터 인정받지 못하고 고립되기까지 했다. 이에 기독교를 비롯한 지금까지의 철학의 전통적 가치를 바꾸는 새로운 가치의 창조를 과제로 놓고 연구하여, 마침내 『짜라투스트라는 이렇게 말했다(1883~1891)』에서 그 새로운 가치의 체현자로 "초인"이라고 하는 개념을 제시했다. 그 밖의 다른 저작으로는 『서광(1881)』, 『선악의 피안(1886)』, 『도덕의 계보(1887)』, 『이 사람을 보자(1888)』 등이 있다.

누구나 한번쯤은 난해한 책을 읽으면서 은근히 자부심을 느끼는 경우를 맛보았을 것이다. 하지만 이런 자존심에 상처를 입을 때가 종종 있다. 그런 종류의 대표적인 책 중 하나가 바로 니체의 『짜라투스트라는 이렇게 말했다』이다.

이 책은 정력적인 선율의 연속으로 우리들에게 용기를 불러일으키기도 하지만, 결국 무엇에 대해 쓴 것인지 도무지 시원스레 이해되지 않기로도 유명하다. 이 책에는 신이 없다면 사람이 신이 될 수도 있다는 당치 않은 소리가 담겨 있다.

하지만 만약 이 책을 아직도 끝까지 읽지 못했다면 얼마나 안타까운 일인가? 마치 음식점에서 "쫄깃한 쫄면"을 먹어 보려고 주문했다가 불어 터진 쫄면이 나와 아예 입맛을 버린 경우와 같은 격일 것이다.

"짜라투스트라"의 그 말

『짜라투스트라는 이렇게 말했다』를 읽을 때 맨 먼저 머릿속에 떠오르는 것이 주인공 "짜라투스트라"가 도대체 누구냐는 것이다. 짜라투스트라는 니체의 분신이다. 그리고 혀가 꼬일것 같은 그 이름은 조로아스터교(고대 페르시아의 종교)의 창시자 조로아스터를 독일어로 읽은 것이다.

이 책은 줄거리만 보면 매우 간단한데 철학자 짜라투스트라가 산 속에서 고독한 수행 생활을 하며 쌓은 지혜를 사람들에게 나누어 주기 위해 산에서 내려왔다고 하는 내용이다. 그렇다면 짜라투스트라는 산에서 내려와 사람들에게 무엇을 가르치려고 한 것일까? 그것은 여러분들도 익히 알고 있는 유명한 말 "신은 죽었다"이다.

그러고 보면 이에 빗댄 말들이 참 많다는 걸 떠올릴 수 있을 것이다. 조니 로튼*은 "락이 죽었다"라고 말했고 장 뤼크 고다르**는 "영화는 죽었다"라고 했다.

짜라투스투라는 "신"은 죽었다는 가르침을 사람들에게 말해 줄 작정으로 산에서 내려왔다.

"신은 죽었다"의 의미

"니체" 하면 얼른 떠오르는 게 "신은 죽었다"***이다. 그만큼 이것은 그의 대표적 이미지로 굳어진 것이라 할 수 있다. "거침없이 하이킥"에서 이순재 하면 야동을 떠올리는 것처럼 말이다.

그럼 그 의미는 뭘까? 물론 여기서의 "신"은 기독교의 신이다. 니체가 살던 19세기 유럽에서 도덕의 기본이 된 것은 기독교의 가르침이었다.

---

* **조니 로튼** (Johnny Rotten 1956 ~)
70년대 붐을 일으킨 런던의 핑크 동향의 중심적 존재로 조니 로튼이 섹스피스톨즈(Sex Pistols)를 이끌었다. 1976년 10월 싱글 "ANARCHY IN THE UK"로 데뷔했는데 발매와 동시에 방송금지처분을 받았다. 77년 2월에 베이스 기타인 시드 비셔스가 합세해 더욱 사회 문제를 일으키다가, 77년 10월에 앨범 "Never Mind The Bollocks"를 발매하고 영국에서 1위를 했다. 그리고 그 골든 디스크를 획득한 데뷔앨범을 내걸고 미국 투어를 감행하지만, 투어가 끝난 다음 날 조니 로튼은 "록은 죽었다"라는 말을 남기고 밴드에서 퇴장하여 섹스피스톨즈는 허무하게 해체되었다. 그 후 피스톨즈를 떠난 조니 로튼은 이름을 존 라이튼으로 바꾸고 P.I.L로 활동하기 시작했다.

****장 뤼크 고다르** (Jean-Luc Godard 1930 ~)
1959년 "네 멋대로 해라"로 "누벨바그"의 기수로 등장한 영화감독이다. 그는 언제나 참신하고 혁신적인 영화를 만들어 내는 것으로 유명하다. 1983년에 "미녀 갱 카르멘"으로 베니스 국제 영화제에서 황금사자상을 수상했는데, 그때 그는 그 영화제에서 "영화는 죽었다"는 감정적인 발언을 했다. 대표작은 "네멋대로 해라", "미치광이 삐에로", "경멸" 등이 있다.

*****신은 죽었다**
이것은 서양의 역사를 지탱하던 기독교의 가치가 붕괴됨을 의미하는데, 그것은 곧 인간 최고 가치의 소멸이기도 하다. 신의 죽음은 이 세계에 의미가 없는 것 즉, 인간으로 하여금 니힐리즘이라 하는 현상을 맞닥뜨리게 한다.

그런데 이렇게 단단히 사람들의 머릿속에 뿌리박힌 기독교 사상에 대해 니체는 다음과 같이 말했다.

"약자인 르상티망*(원한, 복수심)이 창출한 환상에 지나지 않는다."

언뜻 의미가 다가오지 않는다면, 요즘 크게 유행하고 있는 다이어트에 비유하여 해석하면 쉽게 이해할 수 있을 것이다. 예를 들면 이렇다.

어느 날 A양은 "다이어트를 해야지, 안 되겠어!"라고 생각한다. 이처럼 사람은 누구나 현재 자신의 처지보다 더 나아지길 원하고 있고, 또 열심히 해서 가치를 높이고 싶어 한다. 바로 이런 의지가 니체가 말한 "힘으로의 의지**"이다. 이 경우에서는 다이어트를 해서 날씬해지고 싶다고 하는 의지를 말한다.

하지만 현실적으로는 그 목표를 달성하지 못하고 좌절하는 경우가 많다. 그렇다면 어떻게 될까? 뭔가 자신의 행동을 정당화시킬 수 있는 핑계거리를 찾아야 할 것이다.

A양은 다시 생각한다. "아~ 언제까지 이렇게 다이어트 해야 하는 거야. 더 이상은 못하겠어. 그러면 다이어트를 하지 않아도 상처 입지 않고 살 수 있는 길은 없을까? 그래 맞아! 분위기라는 게 있지! 사람은 외모보다 내면에서 나오는 가치가 더 중요한 거야. 몸이 아니라 마음이야. 신도 분명 이렇게 생각할 거야. 그러니까 다이어트라는 건 필요 없는 것이지."

＊ 르상티망
원한을 품는 것을 의미한다. 니체가 말하는 "힘으로의 의지"에는 두 가지 방향이 있다. 하나는 자기를 확대해 가는 방향이고, 다른 하나는 좌절했을 경우에 원한을 품고 현실의 가치를 부정 비판하며 날조한 배후 세계(신, 이데아) 등으로 자신을 정당화하는 방향이다. 여기서 니체는 자신의 패배를 인정하여 원한을 품지 않고 현실을 긍정해 살아가라고 한다.

＊＊ 힘으로의 의지
이성에 의해 의식적으로 통제하지 못하는 본질적인 원리로, 그것은 보다 자신을 높이기 위한 치열한 에너지이기도 하며, 자기 자신을 몰락시켜 희생되어도 새로운 가치를 만들려고 하는 힘이기도 하다.

이런 경우 A양은 실제 현실에서는 졌지만 마음속으로는 이기게 된 것이다. 이것이 니체가 얘기하는 르상티망이다. 즉, 다이어트의 고통을 견딜 수 없어 "육체보다 정신이 소중하다"라고 가치를 전도시켜 자신의 행동을 정당화시키는 것이다.

게다가 A양은 다이어트를 열심히 하고 있는 B양에게 설교까지 하기 시작한다.

"그렇게 외모만을 중시해 어쩌려고 그러니? 사람은 내면이 중요한 거야. 싸구려 옷을 입어도 마음이 명품이어야 하는 거지."

이것이 니체가 말하는 "도덕"이다. 도덕이라는 건 원래부터 선악으로 명확히 구별되어 있는 것이 아니었다. 하지만 가치를 전도시켜 등장한 도덕은 때에 따라 강력한 무기로 등장한다. 물론 그 근거는 신이며, 이 신이야말로 궁극의 가치인 것이다. 사실 신이라고 한다면 "다이어트 하라"고 하기보다는 마음을 닦으라고 주문할 것 같지 않은가?

이처럼 다이어트에 좌절하면서 보여 주는 A양의 상황은 기독교가 탄생한 배경과 매우 흡사하다. 아시다시피 기독교가 탄생한 땅은 로마제국에 의해 지배당하고 있었다. 그런 그들의 삶은 무척 힘들고 고단했다. 그래서 그들은 현실은 불행하지만 언젠가 신의 나라에서 구원을 받을 것이라는 걸 믿으며 살았다. 즉, 니체의 주장에 의하면 억압받는 "힘으로의 의지"가 신을 날조해 버렸다는 것이다. 신이 있는 것이 아니라 있는 편이 좋다는 식으로 말이다. 그렇다면 신은 원래부터 없었던 것이 아닐까?

물론 여기서 신이란 사람에게 있어서 최고의 가치를 의미한다. 바꿔 말하면 참된 것이 처음부터 있었던 것이 아니라, 그렇게 세계를 해석하는 인간의 방식이 먼저 있었다는 말이 되는 것이다. 그 때문에 니체는 "신은 훨씬 전에 죽었다"고 폭로한 것이다. 결국 최고의 가치가 없다는 말인 것이다. 이처럼 궁극의 가치가 존재하지 않는 것을 니체는 니힐리즘*이라 표현했다.

궁극의 가치가 존재하지 않는다? 참 어려운 말이다. 그렇다면 여기서 잠깐 한 가지 짚고 넘어가 보자. 우리는 왜 좌측통행을 해야 하는가? 도대체 무엇 때문인가? 궁극적인 이유는 무엇인가? 그러나 사실 따져 보면 아무 이유가 없다. 단지 어렸을 때부터 그렇게 교육을 받아왔기 때문이다. 그런데 중요한 것은 좌측통행을 하면 사람들의 이동 통로가 서로 얽혀 불편함을 겪게 된다는 것이다. 그래서 세계 어느 나라에서도 좌측통행을 하는 나라는 없다고 한다. 우측통행을 하면 사람의 생체적인 리듬에도 맞고, 앞에서 오는 차를 볼 수도 있어 사고가 덜 난다고 한다. 그런데도 여전히 우리나라에서 좌측통행을 하는 것을 보면 참 웃지 않을 수가 없다. 우리가 지금까지 얼마나 바보였는가라는 생각이 들 것이다. 그렇다면 이제부터 니체가 말한 대로 궁극의 가치가 없어졌으니, 나의 "힘으로의 의지"로 우측통행을 하는 것으로 바꾸는 것은 어떨까?

---

* **니힐리즘**
니체에 따르면 플라톤주의도 기독교도 처음부터 있지도 않았던 것을 전제로 생긴 것이므로 무無를 토대로 한다. 따라서 신의 죽음을 선고함에 따라 니힐리즘이 분명해질 때, 인간은 궁극의 기초를 잃고 방황하게 된다는 것이다.

소리 내어 읽고 싶은 "짜라투스트라"

『짜라투스트라는 이렇게 말했다』의 내용을 모두 살펴보는 것은 참으로 어려운 일이다. 그렇다면 이 책의 내용 중 대표적인 것 세 가지를 고르라고 한다면 그것은 무엇일까? 다시 말해 소리 내어 읽고 싶은 짜라투스트라의 세 가지가 무엇인지 짚어 보자.

먼저 정신의 세 가지 변화가 있다. 정신이 사막 속의 낙타가 되고, 낙타가 맹수가 되고, 최후엔 맹수가 어린 아이로 되는 변화이다.

이것은 니체 사상에서 정신의 진보를 3단계로 표시한 상징적 표현이다. 사막은 "신의 죽음" 즉, 니힐리즘의 세계를 표현하고 있다. 그리고 낙타는 큰 짐을 진 채로 낡은 사상 안에서 노력하고 있는 상태를 말한다. 하지만 낙타는 사자로 변하여 보다 자유로운 사상에서 "내가 해야만 해"라고 외친다. 그러나 니체에 의하면 이것은 아직 멀었다. 최후엔 어린 아이가 되어 모든 인생을 "맞다"라고 긍정하는 것이 이상理想이다. 세계를 있는 그대로 받아들이고 삐뚤어지지 않게 살아가야 한다는 것이다.

두 번째로 영원토록 변하지 않는 선악은 존재하지 않는다는 것이다. "이 세상에 절대적으로 바른 것은 있을 수 없다. 바르다고 믿고 싶을 뿐이다. 오직 '힘으로의 의지'가 있는 것뿐이다"라고 니체는 말한다. 그리고 "힘으로의 의지"가 서로 부딪혔을 때 사람들은 살아남은 의지를 바르다고 생각한다.

지금까지의 철학도 토너먼트에서 이긴 철학이 올바르다고 일컬어지지 않는가. 실제로 올바른 것이 아니라 올바르다고 믿고 싶은 것을 사람들이 받아들이는 것이다. 그렇다면 선도 악도 사람의 사정에 따른 해석이 나올 수 있는 것이다. 물론 그렇다고 해서 "나쁜 짓을 해도 괜찮다"는 의미는 아니다.

마지막으로 초인超人이다. 어쩌면 이것이야말로 니체의 가장 핵심적인 사상이라고 말할 수 있다.

초인은 대지를 뜻하며 온갖 어려움에 대해 "예스"라고 말할 수 있는 사람이다. 주위 사람을 들먹이며 괜히 핑곗거리를 만들어 변명을 하지 않는 사람이다. 이런 사람은 현실을 초월한 세계에 진실이 있다거나 혹은 이 고통이 끝난다면 좋은 일이 있을 거라고 생각하지도 않는다. 똑바로 현실을 주시하여 모든 어려움을 있는 그대로 받아들이는 사람이다. 결국 "대지"란 현실의 세계인 것이다. 세계가 무의미하다면 자신의 힘으로 의미를 만들자. 바로 이러한 사람이 새로운 신 즉, 초인인 것이다.

영원회귀 사상

그럼 현실을 긍정하며 살아간다면 모든 것은 다 해결되는가? 그렇지는 않다. 인생에는 여러 우여곡절이 발생할 수 있다. 우동을 주문했는데 라면이 나온다거나, 이발소에서 머리를 잘라 달라고 했더니 영구 같은 머리로 만들어 버렸다든가 하는 일들이 있을 수 있다. 또한 힘든 다이어트가 언제 끝날지는 모르는 일이다. 우리는 다람쥐 쳇바퀴 돌듯 원 주위를 순환하며 돌고 있는 것인지도 모른다. 다이어트→ 리바운드→ 다이어트→ 리바운드 하는 식으로 말이다.

인생도 이와 같다. 이것이 바로 영원회귀* 라는 사상이다. 즉, 신이 죽어 버린, 목적이 없는 세계에서는 무의미한 사건들이 영원히 반복된다는 것이다.

그렇다면 우리는 인생에 어떻게 대처하며 살아가야 할까? 다시 말해 한참 다이어트 중일 때 우리는 어떻게 생각을 해야 하느냐 말이다. "아아 빨리 이 괴로움으로부터 벗어나고 싶다. 지금은 힘들지만 아주 조금만 더……"라고 할까?

이것은 『짜라투스트라는 이렇게 말했다』를 몰랐던 때의 일이다. 이제 알았다면 이렇게 생각해야 한다. "이것이 다이어트인가, 그렇다면 다시 한 번 더"라고 말이다. 다이어트가 끝나면 그동안 못 먹었던 것을 마구 먹어 버릴 거야라고 생각해서는 안 된다는 것이다. 다이어트의 괴로움에 맞서서 "더 배고픔을! 더 배고픔을!"이라고 현실을 계속 받아들여 이상적인 체형을 유지하려고 끊임없이 노력해야 한다. 다이어트 자체를 사랑하라는 것이다. 그렇게 하면 당신의 다이어트도 반드시 성공할 것이고, 또 그 고통을 견뎌 낸 만큼 당신은 더 강하게 살아갈 수 있게 될 것이다.

* **영원회귀**
세계는 당구공과 같이 출현하는 패턴이 정해져 있으므로 무한의 시간 속에서도 같은 것이 끊임없이 반복된다. 극단적으로 얘기하자면 우주가 탄생하고 은하계가 태어나고 지구의 역사가 시작되고 그러다가 언젠가 없어진다 하더라도 다시 똑같은 은하계가 태어나 지금과 완전히 똑같은 지구의 역사가 시작된다는 것이다.
따라서 우주는 영원히 반복하는 둥근 고리 운동이며 인간의 생도 마찬가지로 환희와 고뇌를 가진 채로 영원히 돌며 멈추지 않는다. 그러므로 내세도 피안도 있을 리 없으며 순간순간에 충실한 것이야말로 의미가 있다고 생각하는 것이다.

이처럼 인생은 고통으로 가득 차 있다는 것을 그대로 긍정하는 것을 니체는 운명애運命愛라고 표현했다. 인생의 참다운 즐거움은 영원히 멈추지 않는 고통을 극복해서 새로운 가치를 만드는 데 있다는 것이다. 그리고 이렇게 자기 자신의 운명을 그대로 받아들이고 사랑하는 존재를 니체는 초인이라고 불렀다.

하지만 인간은 약한 존재로 초인이 되는 것은 상당히 어렵다. 그러니까 너무 서둘러서는 안 된다. 초인은 자신을 신으로 바꿀 수 있는 존재로, 다시 말해 인간이 신이 되는 것을 말한다. 그러므로 우리는 최고의 가치가 바로 인간에 있다고 믿는 시대가 머지않은 미래에 올 것이라고 기대하면서 힘을 내어 현재를 살아가야만 한다.

그래서 니체는 이렇게 말하고 싶었던 것이다. "인간과 동물과 초인 사이에 걸쳐져 있는 것은 한 개의 그물이다"라고 말이다. 즉, 중간자적 존재인 인간은 초인이라는 이상을 향해 끊임없이 자기를 극복해 나가야 한다는 것이다. 자, 이제 당신도 초인이 되어 자신의 고통을 사랑하며 살아갈 수 있을 것이다.

deep knowledge

깊은 지식 코너

작은 목사님, 니체

교향곡 "짜라투스트라는 이렇게 말했다"는 영화 "2001년 우주여행"의 배경곡이다. 최근에는 이종격투기선수 밥 샙(Bob Sapp)이 입장할 때 사용되는 곡으로도 유명하다. 니체의 책과 제목이 같은 이 곡은 R 슈트라우스가 니체의 책을 읽고 자극을 받아 작곡한 것이라고 한다.

사실 "짜라투스트라는 이렇게 말했다"의 제4부는 니체 자신이 자비출판한 것으로 40부만 인쇄되었으며, 실제로는 정말 친한 친구에게 총 7부만 배부되었다고 한다.

니체의 아버지는 목사(프로테스탄트)였다. 그래서 니체는 어린 시절부터 기독교에 정통했으며 "작은 목사님"이라고도 불렸다. 그런 그가 1889년 1월 3일, 이탈리아의 토리노의 길 위에서 쓰러져 의식을 회복했을 때에는 발작을 일으키고 있었다. 그날부터 4일 동안 그는 친구들에게 "디오니소스 십자가에 걸렸던 자"라고 서명한 광기의 편지를 보냈다고 한다.

후에 어머니의 집으로 들어와 살면서도 건강이 나아지지 않고 체력도 더욱 쇠약해져 현실 세계로부터 점점 멀어져 갔다. 그리고 끝내 1900년 8월 25일 이 세상을 떠났다.

22

마술로 풀어 보는
후설의
이덴

에드문트 후설
(1859~1938년)

독일의 철학자이다. 엄밀한 학문으로서의 철학의 확립을 목표로 삼고, "사상 그 자체"를 목표로 한 표상학을 제창했다. 이로 인하여 현대 철학의 유력한 일파인 표상학이 확립되었다. 저서로는 『논리학 연구(1900~1901)』, 『엄밀한 학문으로서의 철학(1911)』, 『이덴(1913)』, 『데카르트적 성찰(1930)』 등이 있다. 그의 사상은 하이데거나 사르트르 등 훗날 실존주의 철학의 기본적인 지주가 되었다.

"진리란 무엇인가?"를 추구하며 골똘히 고민에 빠진 철학의 세계에 그냥 멍하니 보는 것으로 마음의 진실을 확인할 수 있다는 획기적인 학문인 "현상학"을 제창했다.

후설의 『이덴』을 약간 확대 해석시켜 재미있는 마술에 비유하여 어떤 것인지 알아보자.

『이덴』은 어떤 책일까?

독일이 낳은 위대한 철학자 에드문트 후설. 사람들은 그의 철학을 흔히 이렇게 평하곤 한다.

"멍하니 보는 철학이다."

후설이 등장한 19세기, 철학의 주류는 데카르트로 대표되는 근대철학이었다. 근대철학의 사고방식은 인간이 사물을 인식하는 메커니즘 즉, 세계 그 자체가 거기 존재하고, 그 존재를 인간이 인식한다는 것이었다. 하지만 이러한 사고방식은 당시 커다란 벽에 부딪힌 상태였다.

예를 들면 지금 눈앞에 있는 것을 사과라고 인식했다고 치자. 하지만 정말 그것이 사과라는 것을 어떻게 증명할 수 있을까? 우리에게는 사과로 보이지만, 사실은 정교하게 만든 가짜일지도 모르고 우리 이외의 다른 사람들에게는 귤로 보일지도 모르는 일이다. 이런 식으로 가다 보면 한도 끝도 없을 것이다. 즉, 세계가 거기 존재하고 그것을 사람이 지각한다는 사고방식으로는 사물을 올바르게 인식하고 있는지 여부를 알 수 없었던 것이다.

이런 상황에서 한 가지 해결책을 찾아낸 사람이 바로 후설이었다. 그가 새로이 고안해 낸 학문은 현상학이었다.

현상학의 내용을 간단하게 정리하자면 "멍하니 보이는 그대로를 기술하는 철학"이었다.

후설은 여태까지 쓰여 왔던 사물을 올바르게 인식하려는 사고방식을 버리고 그냥 멍하니 관찰한다는 새로운 관점을 제시하여 커다란 벽에 부딪혔던 철학의 난제를 해결했다.

만약 지금 이 책을 멍하니 읽는다면 이런 태도야말로 현상학적이라 말할 수 있다. 그런데 왜 멍하니 보는 행위가 철학의 난제를 해결할 수 있다는 것일까?

여기서 문제 하나를 내겠다. 사과는 무슨 색깔일까? 당연히 붉은색이라고 생각하겠지만 개가 볼 때는 회색이다. 사실 빨갛게 보는 것은 인간뿐이고 사과의 원래 색깔은 전혀 다른 색이라는 가능성도 없지 않다.

그럼 왜 우리는 사과의 색깔을 객관적으로 빨간색이라 판단하고 있는 것일까? 후설의 현상학이 바로 이 문제를 해결하고 있다.

현상학이란 무엇인가?

자신이 보고 있는 사과를 왜 사과라고 판단할 수 있을까? 이런 철학의 난제를 해결한 것이 현상학이라고 하였는데 그러면 현상학이란 철학은 도대체 어떤 것일까? 이는 에포케epoche라는 단어로 설명할 수 있다.

에포케란 "판단 중지"라는 뜻인데 에포케를 하면 자신이 맞다고 생각하는 근거를 찾을 수 있다.

더 알기 쉽게 마술에 비유하여 풀어 보자.

여기 마술사의 손 위에 공이 떠 있다고 하자. 그걸 보고 "아, 실로 이어 놨네!" 하고 트릭을 찾아낸 당신! 그런 당신은 올바른 답을 찾아내지 못한 것이다. 왜냐하면 그 답은 마술사 자신이 트릭을 밝히기 전까지는 알 수 없으니까 말이다.

그럼 올바른 답은 무엇일까?

다시 한 번 마술사의 손 위에 공이 떠 있는 것을 상상하여 보기 바란다. 이때 아무 생각 없이 그냥 멍하니 쳐다보면서 "왜 떠 있는 것처럼 보일까?" 하고 생각해 보라. 그러면 손에서 "떨어져 있으니 떠 있는 것이다. 실로 이어 놓지 않았으니 떠 있는 것이다"와 같은 생각들이 떠오를 것이다.

이것이 올바른 대답이다. 즉, 왜 공중에 공이 떠 있는지 생각하는 것을 그만두고 공이 떠 있는 현실을 멍하니 쳐다보면 스스로 답이 떠오른다고 후설은 주장했던 것이다.

그러면 왜 멍하니 보고 있으면 답이 저절로 떠오를까?

예를 들면 눈앞에 장미가 있다고 치자. 이 장미를 멍하니 쳐다본다. 그리고 왜 이것이 장미라고 생각하는지 그 이유를 떠올려 보자. 그러면 빨가니까, 꽃이니까, 가시가 있으니까, 꽃잎이 크니까 등등 여러 가지 이유가 있을 것이다. 그 결과 이런 사실을 깨달을 수 있을 것이다.

장미란, "단순한 물체가 아니라 자신이 인식하고 있는 의식상의 의미이다"는 걸 말이다. 즉 장미라는 것은 바깥 세계에 물체로서 존재하는 것이 아니라 당신이 여러 가지 의미를 붙여서 만들어 내고 있는 것이라는 걸 이해할 수 있을 것이다.

"일단 자신의 마음에 직접 물어 보면 자기 스스로부터 답이 저절로 나온다"는 것, 바로 이것이 후설의 현상학이다.

이제 멍하니 있는 것의 가치를 알겠는가? 사과 색깔은 빨갛다고 믿는 이유를 알려면 왜 빨간지를 생각하는 것이 아니라 그냥 멍하니 사과를 보면서 생각한 일을 써 가는 것, 그것만으로 충분하다. 그야말로 마음의 일기장인 셈이다. 이것이라면 누구나 할 수 있는 것처럼 보인다. 즉, 현상학을 이용하면 누구나 철학을 할 수 있게 되고 누구나가 세계를 어떻게 인식하고 있는지를 알 수 있게 된다는 것이다.

그러나 그런 현상학에도 한 가지 문제가 있었다. 그것이 무엇인가는 다음에서 살펴보기로 하자.

인간의 의식과 현상학

후설은 현상학으로 자신의 마음속을 들여다보면 여러 가지 일들을 깨달을 수 있다고 주장한다. 하지만 그에게도 딱 하나 깨달을 수 없었던 것이 있었다. 인간의 인식이 그것이었다.

후설이 현상학을 고안하고 나서도 고민해야 했던 문제란 결국 타인에 대한 의식 문제였던 것이다.

예를 들어 당신이 남자 친구와 데이트를 하고 있다고 가정하자. 그때 그가 당신에게 "좋아해"라고 말했다. 행복한 순간이지만 바로 문득 당신의 머릿속에 이런 의문이 솟구쳤다. 그가 "좋아해"라고 말하는 것과 내가 "좋아해"라고 말하는 것 중 어느 쪽이 더 크게 좋아한 것일까라고.

그래서 당신은 그에게 "나 얼마나 좋아해?"라고 물어본다. 하지만 그는 "많이 좋아해"라는 애매한 답변을 할 뿐이다. 이 대답을 들은 당신의 뇌리에는 이런 의문이 떠오른다.

혹시 내가 좋아하는 것만큼 날 좋아하지 않을지도 몰라. 결국 그가 뭘 생각하고 있는지 아무것도 알 수 없잖아. 무슨 생각을 하는지 알 수 없다는 건……. 이를 계속 확대해 가면 결국 이렇게도 된다. 그는 인조인간일 가능성도 있겠지. 그러면 이 세상 사람들은 모두 인조인간이고 그렇지 않은 것은 나 혼자?일 수도 있는 거잖아?

이렇게 남도 나와 같은 의식을 가지고 있는지 나와 같은 존재인지를 생각하다 보면 결국 미궁에 빠지게 된다. 이것이 타인에 대한 의식 문제인 것이다. 하지만 모두가 진심으로 자기 이외의 인간은 모두 인조인간이라고 생각하지는 않을 것이다.

그러면 인간이란 다른 사람이 자신과 같이 의식을 가지고 있다는 걸 어떻게 느끼는 것일까? 이 의문에 후설은 다음과 같은 답을 내놓았다. "그 답은 바로 감정 이입이다"라고 말이다.

예를 들어 망치로 맞고 있는 사람이 있다고 치자. 당신을 그를 보고 어떻게 생각할까?

① 아프겠다
② 간지럽겠다
③ 재미있겠다

대부분의 경우 ①이라고 생각할 것이다.
그러면 왜 아플 것이라고 생각하는 것일까?

① 그냥
② 내가 맞으면 아플 테니까

이것은 ②번, 즉 내가 맞으면 아플 거라고 생각하기 때문이다. 이처럼 상대방의 입장에서 생각해 보면 자신과 같은 의식이 남에게도 있다는 걸 느낄 수 있다는 걸 알 수 있다. 이것을 후설은 나중에 "의미의 전이"라고 설명했다. 하지만 이 설명은 철학계에서 대단히 평판이 좋지 않았다.

현상학의 수법을 사용하면 자신이 어떻게 세계를 이해하고 있는지를 알 수 있는 반면에 타인의 마음 또한 내가 어떻게 이해하고 있는가라는 방향으로 흘러가게 되는 것이다. 결국 "나"를 중심으로 한 혼자만의 세계에 빠져들게 된다는 위험에 노출되게 된 것이다.

이 타인에 대한 의식 문제는 후세의 철학자들이 접근하려 노력하고 있지만 아직 해결되었다고 보기는 힘들다.

후설의 인생

현상학을 낳은 후설. 보통 철학자라고 하면 무지하게 가난하거나 독특한 연애관을 가지고 있는 등 좀 특이한 경우가 많지만 후설의 경우는 전혀 그렇지가 않았다.

후설은 1859년, 독일의 유복한 가정에서 태어났다. 그런 그의 인생은 한마디로 평범 그 자체였다. 젊은 시절에는 친구로부터 "멍청이"라고 불릴 정도로 평범한 학생이었고 대학 교수가 되고 나서도 웅얼거리는 말버릇 때문에 학생들에게 인기도 별로 없었다. 하지만 이렇게 평범하고 별 볼 일 없는 후설도 철학에 대한 태도만은 달랐다.

그 증거로 그는 이렇게 말한 바 있다.

"나의 모든 생애는 영원한 철학을 가능하게 하기 위하여 바쳐졌다."

이렇게 후설이 자기 인생의 전부를 바쳐 만들어 낸 현상학이라는 철학은 그 후 하이데거나 사르트르 등 여러 철학자들에게 영향을 끼치게 되었고 현대 철학의 기초가 되었다.

평범한 한 남자가 한 가지 일에 인생을 걸고 그 결과 역사에 이름을 남긴 것이다. 평범한 인생을 살고 있다고 생각하는 사람에게 불현듯 용기를 갖게 해 준다.

우리가 지금 인생에서 뭐가 옳고 그른지 망설이고 있다면 일단 아무 생각 없이 멍하니 지내 보는 것도 좋은 것이다. 뭔가 생각지도 못한 일을 발견할지도 모르는 일이니까 말이다.

마지막으로 후설이 남긴 말을 소개하도록 하겠다.

"세계란, 의식에 의하여 구성되어 있는 것이다."

이 말을 자기 나름대로 해석하여 눈앞의 세계를 멍하니 쳐다보면 여태까지 찾지 못했던 진실을 느낄 수 있을지도 모른다.

진리만 추구하면
진리는 보이지 않는다

"엄밀한 학문으로서의 철학"을 구축하는 데 전 생애를 바친 후설이지만 유대인이었던 그는 만년에 나치스 정권 때문에 곤경을 치러야만 했다. 그의 저서 『유럽적 인간성의 역사 철학적 이념』은 나치스 시절에 겪은 비극적 상황이 집필의 동기가 되었다고 한다.

후설은 원래 수학자였는데 철학자가 된 후 처녀작 『산술의 철학 제1권(1891)』을 썼다. 그는 심리주의의 입장에서 자연수를 모아 센다는 심리 작용부터 설명하려 했으나 결국 실패하여 2권 이후는 집필하지 못했다.

후설이 70살 때에 제자에게 이야기했다는 일화는 여러 해석을 낳고 있다. 후설은 어린 시절 주머니칼을 선물로 받았다고 한다. 그런데 그 칼이 잘 잘리지 않았기 때문에 그는 열심히 칼날을 갈았다. 하지만 가는 데에만 열중하여 날이 점점 얇아지는 것을 깨닫지 못했다고 한다. 이는 진리를 추구하는 데만 열중하여 오히려 진리가 보이지 않게 되었다는 것으로도 해석할 수 있지 않을까.

만년에 접어들어서도 자신을 "초보자"라고 자칭했던 후설. 그러나 이러한 태도는 겸허하다기보다는 자신이 내린 결론에 결코 만족하지 않는, 집요한 탐구심의 말로라고 볼 수 있을 것이다.

23

불꽃놀이로 파악한 하이데거의
존재와 시간

마르틴 하이데거

(1889~1976년)
독일의 철학자로 프라이부르그 대학 교수였다. E. 후설의 현상학을 기초로 새로운 존재론을 전개하여 실존주의로 분류되기도 한다. 주 저서 『존재와 시간(1927)』 외에도 『숲 속의 길(1950)』, 『형이상학입문(1953)』, 『니체(1961)』 등이 있다.

서양에서 철학이라고 하는 학문이 시작된 이래 여러 철학자들이 몰두해 온 주제가 있었다. 그것은 "여기에 ○○가 있다*"라고 하는 것이었다. 그런데 20세기 독일에서 "도대체 그 '있다' 는 것의 자체가 무엇일까?"라고 생각지도 않았던 문제를 들이댄 사람이 등장했다. 그가 바로 하이데거이다.

그가 쓴 『존재와 시간』은 현대 사상에 많은 영향을 미쳤지만 쉽게 해독되지 않는 난해한 책으로 유명하다. 하지만 이 책은 시대를 앞서가는 젊은이들의 필수 아이템이다. 언뜻 보기에도 어려워 보이는 제목이지만 가을 밤하늘을 수놓는 "불꽃놀이"를 좋아하는 사람이라면 누구나 쉽게 이해할 수 있을 것이다.

하이데거의 『존재와 시간』을 허무하지만 아름다운 "불꽃놀이**"에 비유하여 살펴보기로 하자.

20세기 최대의 철학서로 불리는 이 『존재와 시간』은 그리 두껍지 않다. 제1장의 제2편까지로 미완성이기 때문이다. 아마 다 완성했다면 꽤 두꺼워졌을 것이다. 미완성인데도 불구하고 이 『존재와 시간』이 철학계에 큰 충격을 안겨 주었던 것은 무엇 때문일까? 그 이유는 지금까지 누구도 생각하지 않았던 의문에 대해 말하고 있기 때문이다.

『존재와 시간』이란 어떤 책일까?

『존재와 시간』은 독일이 낳은 철학계의 카리스마 마르틴 하이데거의 명작이다.

철학자 사르트르, 후크, 데리다는 모두 하이데거의 마니아인데 특히 사르트르는 하이데거의 강의에 감명을 받아 『존재와 무無』(본서 29장 참조)라고 하는 아주 비슷한 제목의 책을 냈을 정도였다. 이 『존재와 시간』은 이천 수백 년에 걸친 철학의 역사를 크게 바꿨다고 평가 받는다. 그럼 이 이유를 먼저 알아보자.

하이데거 이전의 철학자들은 언제나 "사물이란 무엇인가? 인간이란 무엇인가? 세계란 무엇인가?" 등을 생각해 왔다. 그리고 대부분의 철학자는 그에 대한 답으로 "사물이란 ○○이다", "인간이란 ○○이다", "세계란 ○○이다"라고 말해 왔다. 그러나 하이데거는 달랐다. 그는 이렇게 생각했다.

"그것은 ○○이다"에서 "이다"가 아닌 "○○가 있다"*라고 하는 건 어떤 것일까?"

"이다"가 아닌 "있다"에 대한 의문이었다. 말하자면 "도대체 인간이나 사물이 존재하는 것이란 어떤 것인가?"라고 하는 것이다. 이 의문에 철학계는 소스라치게 놀랐다!

말하자면 중국 음식점에 가서 "역시 삼선자장이 맛있어", "아니지, 간자장이 맛이 더 낫지"라고 논쟁을 하고 있을 때, "도대체 자장이란 어떤 것?"이라고 말한 것처럼 상당히 파격적인 것이었다. 그때까지 모두 당연하다고 생각했던 것에 굳이 의문을 제기한 것이다. 하이데거의 이러한 지적은 유럽의 철학자들이 지금까지 몰랐던 것을 갑자기 깨닫게 했다.

하이데거는 말했다.

---

* **○○가 있다**
하이데거는 존재자와 존재를 구별한다. 예를 들면 "컵"(=존재자)과 "컵이 존재한다"(=존재)라고 하는 것은 다르다. 또한 "사물이 어떻게 존재하는가?"(존재적 물음)와 "존재란 무엇인가?"(존재론적 물음)는 다르다. 이것을 존재론적 차이라 한다.

** **불꽃놀이**
불꽃놀이는 중국으로부터 이슬람제국, 유럽에 전해졌다고 한다. 유럽에 있어서 불꽃놀이 최고最古의 기록은 14세기 후반, 이탈리아 피렌체에서 터뜨린 불꽃놀이라고 한다.

"존재란 무엇일까? 이렇게 묻는 것이 가능한 것은 인간뿐이다."

확실히 돌멩이가 "존재"란 무엇인가라고 의문을 갖지는 않는다. 개나 소도 "존재"란 무엇인가라고 고민하지 않는다. 오직 인간만이 "존재"란 무엇인가를 생각하고, 또 그렇게 하는 것이 가능하다. 그런 인간을 하이데거는 "현존재"라고 이름 붙였다.

그런데 현존재인 인간만이 안고 있는 "존재란 무엇일까"란 의문에 대해 하이데거가 유도해 낸 답은 상당히 난해하다. 하지만 이를 간단하게 해독하는 열쇠가 있었으니 그것은 바로 앞서 얘기한 대로 불꽃놀이다.

존재란 어떤 것인가?

"존재"란 어떤 것인가? 하이데거가 이런 의문을 던지기 이전에 사람들은 존재를 어떻게 파악하고 있었을까? "존재"를 불꽃놀이에 놓고 파악하여 보자.

하이데거 이전의 방법이라면 그 "불꽃놀이"라고 하는 존재는 "유황, 탄소가루가 배합된 물질의 약 0.1그램을 빨강, 초록, 노란색 등으로 물들인 얇은 종이에 합쳐 불을 붙이면 불꽃이 떨어지는 완구이다"라고 설명했다. 어디까지나 물리적인 측면으로 이해했던 것이다. 하지만 하이데거에 있어서의 "존재"란 전혀 달랐다. 단적으로 말한다면 "존재라는 것은 기분으로 이해되는 것"이라는 것이다.

도무지 무슨 말을 하는지 잘 모르겠다고? 그러면 한 시뮬레이션으로 알기 쉽게 설명해 보자. 물론 이것은 하이데거의 "존재"란 어떤 것인가를 알기 위해서이다.

가령 자신이 20살의 여대생이라고 하자. 몇 개월 전부터 사귀기 시작한 남자 친구가 있는데, 그와 1박2일의 여행을 떠나게 되었다. 물론 그 남자 친구는 당신에게 있어 첫 남자 친구이다. 즐겁게 놀았고, 밤이 되었다. 조용한 밤의 강가에서 문득 그가 이렇게 말했다.

"불꽃놀이 할까?"

그는 당신 몰래 불꽃놀이를 준비한 것이다. 그런 그의 생각이 당신을 기쁘게 했다. 둘이서 강가에 웅크리고 앉아 드디어 불꽃놀이를 하기 시작했다. 바람으로 고생했지만 마침내 심지에 불이 붙었다. 불안하게 주변을 비추는 불꽃놀이의 불이 당신의 눈동자에 비친다. 그때 당신은 이렇게 생각한다.

'오늘밤의 이 불꽃놀이를 절대 잊지 않겠다고.'

만약 이런 경우라면 지금 당신 앞에 떨어지는 불꽃은 특별한 불꽃인 것이다. 그리고 이 불꽃놀이에 대한 추억은 당신만의 것이며, 누구나 가지고 있는 추억이 아니다. 바로 이것이 하이데거의 "존재"에 대한 이해이다. 즉, 처음 남자 친구와 함께 한 첫 불꽃놀이는 다시 말해 당신만의 불꽃놀이는 다른 사람이 보기엔 보통의 불꽃놀이에 지나지 않는다(객관적 존재). 하지만 당신의 이 불꽃놀이에 대한 생각 즉, 기분(정황성)은 누구에게나 같은 것이 아닌 바로 당신에게 있어서 특별한 불꽃놀이이다. 그래서 당신의 불꽃놀이의 존재는 "바꿀 수 없는 것"이라는 것, 이것이 하이데거가 말한 "존재"이다.

하이데거가 이끌어 낸 "존재"란 어떤 것인가란 답을 왠지 모르게 어디선가 들어본 적이 있지 않은가? 사실 노래 중에 이런 하이데거의 사상을 가사로 읊고 있는 것이 많다. 심신이 부른 "오직 하나뿐인 그대"라는 노래도 사실 이런 하이데거의 사상 세계이다. 사람들은 이 노래를 부르면서 자기도 모르는 사이에 하이데거의 사상을 흥얼거리고 있는 것이다.

이처럼 "존재"란 것은 바로 "당신만의 특별한 only one"이라는 것이다. 그러나 하이데거의 생각은 이에 머무르지 않았다. 이 존재에 새로운 키워드인 "시간"을 만나게 한 것이다.

죽음을 바라보며 살다

하이데거의 사상을 해독하기 위한 또 하나의 키워드는 "시간에 사는 현존재(인간)가 그곳보다 먼저 이미 어떠한 가능성도 없는 궁극의 가능성을 가지고 있다"는 것이다.

어떠한 가능성도 없는 궁극의 가능성! 이렇게 말해도 도무지 알 수 없다면 이것도 역시 불꽃놀이가 가르쳐 줄 것이다.

화려한 불꽃놀이의 밤이다. 하지만 오늘밤의 즐거운 불꽃놀이도 언젠가는 끝나게 된다. 그리고 불꽃놀이의 밤을 매듭지어 오는 것은 옛날부터 언제나 그 심지였다. 마지막 불꽃놀이를 위해 심지에 불을 붙인다. 그리고 불꽃놀이의 마지막은 갑자기 닥쳐온다.

인간도 이것과 완전히 같은 점이 있다. 그것은 자신의 죽음이다. 하이데거가 말한 "어떠한 가능성도 가지지 않은 궁극의 가능성"이란 자신의 죽음인 것이다.

하이데거는 또한 이렇게도 말하고 있다.

"죽음은 확실히 찾아온다. 죽음의 확실성에는 그것이 '언제' 찾아오는가의 불확정성이 수반되고 있다."

바꿔 말하면 "불꽃놀이의 불의 꽃은 확실히 떨어진다. 그러나 그것이 언제 떨어질지는 모른다"는 것이다.

누구도 피할 수 없는 죽음이란 것을 사람들은 두려워한다. 죽음이 두려운 것은 그것에 의해 "존재"를 잃어버린다는 점 때문이다. 그래서 앞으로 다가올 죽음을 잊기 위해 인간은 매일 매일 쓸데없는 수다 등으로 시간을 낭비하고 그 불안을 어물어물 넘기고 있다.

하지만 하이데거는 이런 식으로 자신의 죽음에서 눈을 피하는 인간을 비판하고 있다. 왜 그런 것인가?

불의 덩어리로부터 불꽃이 떨어지는 불꽃놀이는 머지않아 그것도 픽

하는 소리를 내며 떨어지고 말 것이다. 뭔가 씁쓸한 순간이다. 하지만 그 씁쓸함도 불꽃놀이의 매력이다. 이 씁쓸함을 모르고 불꽃놀이의 전부를 말한다는 건 불가능하다는 것이다.

마찬가지로 인간도 자신의 죽음을 자각하여야 처음으로 자신이라고 하는 존재의 한순간 한순간이 더욱 선명하고 생생해지게 된다.

하이데거는 다음과 같이 밝히고 있다.

"죽음에 대해 자유로운 것만이 현존재(인간)에 단적인 목적을 부여한다"고 말이다. 즉, 자신의 죽음을 똑똑히 바라보고 산다면 매일 매일이 소중해지고 자신의 존재를 빛낼 수 있다는 것이다. 하이데거는 바로 이 점을 말하고 싶었던 것이다.

사실 하이데거에게도 그만의 특별한 "존재"인 사람이 있었다. 그녀의 이름은 한나 아렌트(Hannah Arendt)이다. 하이데거의 생애와 떼려야 뗄 수 없는 그녀는 대체 어떤 인물이었을까?

하이데거와 아렌트

하이데거와 아렌트. 이 두 사람의 관계는 크게 세 시기로 나눌 수 있다.

1기. 열애기(1924~1930)

하이데거와 아렌트는 1924년에 만났다. 그때 하이데거는 35살, 아렌트는 18살이었다. 당시 하이데거는 마르부르크 대학의 교수였고 아렌트는 그 제자였다. 두 사람은 교사와 제자라는 관계이면서 사랑에 빠진 것이다. 사람들의 눈을 속인 격렬한 사랑이었지만 그 연애에 종지부를 찍을 때가 다가왔다.

2기. 냉각기(1931~1950)

두 사람의 관계를 변하게 한 것은 시대의 흐름이었다. 당시 독일에서는 나치즘이 대두되었다. 하이데거는 나치즘을 지지했다. 한편 젊은 정치철학자로서 활약하고 있던 아렌트는 그런 하이데거의 처세에 실망하고 독일을 떠나기로 결심했다. 이미 되살리기에는 불가능한 듯한 관계였지만, 두 사람에게는 다음의 전개가 기다리고 있었다.

3기. 우애기(1951~1975)

독일 패전의 영향은 하이데거에게도 미쳐 왔다. 전쟁이 끝나자 동시에 교직에서 추방된 것이다. 나치스 지지자라는 오명을 입었다. 그런 그를 구한 것이 사실 아렌트였다. 1950년 모든 것을 잃은 하이데거 앞에 아렌트는 스스로 나타났다. 그리고 철학자로서의 지위를 확립하고 있던 그녀는 하이데거의 오명을 벗기는 데 힘써 그의 저작을 해외에서 출판하기 위한 대리인으로 활약하기 시작했다.

이렇게 굴곡 많은 시간을 보낸 두 사람의 인연은 그 후 아렌트가 죽기 전 25년 동안이나 이어졌다. 아렌트가 죽기 1년 전, 하이데거 앞으로 온 편지에는 이렇게 쓰여 있다.

"당신이 하신 강의, 그것을 할 수 있는 사람은 단 한 명도 없었습니다. 당신 이전에도 없었습니다."

하이데거의 생애를 받쳐 주었던 아렌트! 그녀는 하이데거에 있어서의 "존재", 특별한 only one이었던 것이다.

죽음을 자각하고 산다는 것은 말로 할 수 있을 만큼 간단한 게 아니다. 그러나 눈길을 돌리지 않고 똑바로 자신의 죽음이라는 사실을 주시할 때 인생의 한순간 한순간은 빛이 나고 매일 매일에 충실할 수 있을 것이다.

나치스의 지지자, 하이데거

하이데거는 1920년대 독일 남서부의 슈바르츠발트 지방의 마을에서 떨어진 산속 작은 집에서 부인과 둘이서 검소하고 금욕적인 생활을 보냈다. 시인 횔덜린의 도움을 받아 생활을 한 탓에 그 나름의 존재의 비밀을 찾으려고 했던 것이다.

또한 1916년 하이데거는 전부터 존경하던 현상학의 대가인 후설을 방문해 그의 저작 『내적 시간의식의 현상학』 초고를 편집하기도 했다. 두 사람은 친밀한 사제관계로 묶여 있었다. 그래서 1928년 후설의 후임으로서 프라이부르그 대학의 정교수로 임명됐는데, 그것은 후설이 자신의 뒤를 이을 적임자로 그를 뽑았기 때문이었다.

그런 그에게 나치스와의 관계는 단기간이었지만 그의 인생에 불운의 그림자를 드리우게 했다. 그렇게 된 가장 큰 원인은 1933년 11월 총장이 되었던 그가 학생에게 행한 연설 때문이었다. 그때 그는 "이미 제군들이 교양과 사상의 존재를 지배받는 것은 용서하지 않겠다. 히틀러 스스로가, 그리고 그만이 독일의 현재 및 장래의 진실이다. 그의 말은 제군의 법이다"라고 말해 버렸던 것이다.

하지만 그는 나치스를 인정하고 있지는 않았으며 자신의 철학이 나치스의 선전문서에 사용되는 것을 거절하기도 했다. 단지 그는 새로운 지도자가 권력을 잡을 쯤에 다시 독일의 지적 문화의 부흥이 일어나지 않을까 하는 바람 때문에 그런 발언을 했을 것이라고 여겨지고 있다.

Saussure

24

역전 도시락으로 해독한 소쉬르의
일반언어학 강의

소쉬르
(1857~1913년)
스위스의 언어학자이다. 제네바, 라이프치히, 베를린의 대학에서 공부했다. 1877년에 『인도 · 유럽어 원시 모음 체계』에 관한 논문을 발표했다. 당시는 부당한 무시를 당했지만, 이것은 그의 비교언어학사상의 금자탑이라고도 일컬어진다. 그는 스위스의 제네바 대학에서 3차례에 걸쳐 일반언어학 강의를 진행했는데, 그의 사후 이때 제자들이 필기한 노트와 그의 초고를 대조 편찬해 출간한 것이 바로 『일반언어학 강의(1918)』이다. 이 책은 소쉬르의 이름을 일약 유명인사로 끌어올려 주었다. 오늘날 구조주의적 방법의 창시자 중의 한 사람이다.

구조주의는 20세기 후반부터 21세기의 현재까지 사상계의 왕좌로 군림하고 있으며, 은밀하게 우리의 행동이나 생활에도 영향을 끼치고 있다. 구조주의의 시조는 스위스의 언어학자 소쉬르가 쓴 『일반언어학 강의』이다.

내용이 난해하여 언어의 성립을 연구한 이 책이 어떻게 구조주의에 도달하는가를 설명하는 것은 바로 멀고 먼 여행을 떠나는 것과 같다. 이 어려운 사상을 기차역에서 파는 도시락을 사 가지고 여행을 떠나 보는 기분으로 살펴보자.

"일반언어학 강의"란?

소쉬르는 언어학자로서 그 지위를 달리했다. 만년에 그는 스위스의 제네바 대학에서 언어학을 강의했는데, 그것이 후의 『일반언어학 강의』로 발표되었다는 것은 유명한 이야기이다. 거기에 기록된 소쉬르의 사상은 20세기의 모든 언어학자의 공유재산이 되었다고도 한다. 그런 대작의 내용은 지금으로 따지자면 "언어라는 여행의 안내 책자" 같은 것이라 할 수 있다.

흔히 지루하고 따분한 일상 속에서 자신의 세계를 넓히고 싶다고 생각한 사람은 여러 가지 행동을 하게 된다. 어떤 사람은 영어회화 학원에 다니기도 하고, 또 어떤 사람은 국선도 수련을 하기도 하고, 아니면 아예 회사를 그만두고 시골로 내려가 살기도 한다.

그러나 그런 것을 하지 않고도 자신의 세계를 넓힐 수 있는 방법은 『일반언어학 강의』를 읽는 것이다. 간단히 자신의 세계를 넓힐 수가 있는데, 『일반언어학 강의』는 바로 자신의 세계를 새롭게 발견하기 위한 이치가

기록되어 있다. 이런 점 때문에 "자기 세계가 좁다"고 고민하고 있는 분들에게 꼭 읽어 보라고 권하고 싶은 책이기도 하다. 『일반언어학 강의』는 인생의 여행 가이드 책자와 같은 것이다.

그런데 이 책은 실제 읽으려고 하면 꽤 어렵다. 기차역의 도시락을 사 가지고 여행을 떠나는 기분으로 한 번 읽어 보자. 소쉬르와 역전의 도시락이 무슨 관계가 있을까 싶은데, 역전 도시락의 매력을 아는 것이 바로 소쉬르의 『일반언어학 강의』의 진수를 깨닫는 것이라는 걸 이제부터 알게 될 것이다.

역전 도시락의 탄생으로 설명하는 일반언어학 강의

역전에서 파는 도시락을 먹는 것은 여행의 즐거움 중의 하나이다. 그런 역전 도시락이 『일반언어학 강의』를 어떻게 이해시켜 줄까?

먼저 소쉬르는 이 책에서 무엇을 말하고 있는가를 살펴보자. 직접 옮겨 쓰면 이렇다.

"언어에 의해 이름 붙여지기 전의 사물이나 관념은 존재하지 않는다."

도대체 무슨 소리인지 모를 것이다. 역전 도시락으로 빗대어 보도록 하자. 역전에는 여러 도시락이 있다. 그런데 이 도시락에는 한 가지 확실한 점이 있다. 기차역이나 지하철역이 생기기 전에는 그 역전의 도시락이 존재하지 않았다는 것이다.

이것을 소쉬르의 말로 표현하면 "언어에 의해 역전 도시락이라고 이름 붙여지기 전에는 지하철역 도시락이나 기차역 도시락의 개념은 존재하지 않는다"는 것이라고 말할 수 있다. "역전 도시락이라고 하는 언어가 있기 때문에 비로소 역전 음식이 무엇인지 아는 것처럼 언어가 있기에 비로소 세계를 안다"는 것이다. 이것이 바로 "언어에 의해 이름 붙여지기 전의 사물이나 관념은 존재하는 않는다"는 의미이다.

그렇다면 언어가 있기에 처음 세계가 태어난다고 하는 것은 대체 어떤 의미일까?

언어는 세계를 넓힌다

우리는 눈앞에 먼저 물리적 대상이 실제로 존재하고, 그에 따라 말이라는 이름표를 붙인 것이라고 생각한다. 예를 들면 우리 눈앞에 불고기 도시락, 카레 도시락, 햄버거 도시락, 모듬 초밥 도시락 등이 가게 앞에 진열되어 있다고 하자. 그러면 우리는 이들의 종류가 서로 다르다는 것은 처음부터 알고 있었으며 이름은 각각 나중에 붙여진 것이라고 생각한다.

그런데 정말로 그런 것일까?

만약 우리가 도시락이라는 단어밖에 모른다고 하자. 그러면 당연히 눈앞에 진열되어 있는 여러 종류의 도시락을 보고서 그냥 "도시락"으로 묶어 버린다. 하지만 종류를 나타내는 언어가 있다면 "불고기 도시락", "카레 도시락", "햄버거 도시락", "모듬 초밥 도시락"으로 처음 도시락 세계를 나눌 수 있게 되는 것이다.

소쉬르에 따르면 언어는 시니피앙과 시니피에*라는 두 개 측면으로 되어 있다고 한다. 예를 들어 "도시락"이라는 단어는 "dosirak"이라고 발음하지 않으면 안 된다. 또 "도시락"이라고 보이는 문자가 없어서도 안 된다. 이것이 시니피앙이다. 즉, 시니피앙은 시각과 청각으로 파악하는 것이 가능한 음성이나 문자의 이미지이다. 또한 도시락이란 단어에는 도시락의 의미를 가지고 있다. 이것이 시니피에이다. 밥을 담는 작은 그릇에 반찬을 곁들여 담는 밥, 바로 그 개념을 말하는 것이다.

이처럼 소쉬르는 어떤 말이든 반드시 시니피앙과 시니피에라는 두 요소를 가지고 있다고 생각했다. 특히 여기서 중요한 것은 대상이 되는 도시락 그것과 언어가 결합된 것이 아니라, 언어의 세계는 시니피앙과 시니피에로 독립한 세계라는 것이다. 먼저 도시락 세계가 있는 것이 아니라 언어가 있고 나서 도시락 세계가 나누어져 있다는 것이다. 더 정확히 말한다면 언어 그 자체가 인간의 세계라는 것이다.

또 다른 예를 일본의 역전 도시락을 통해 들어 보기로 하자. 여기에 두 개의 도시락이 있다고 치자. 하나는 그냥 역전 도시락이라고 하고 다른 하나는 마을의 호카 도시락(도시락 브랜드 이름, 일본은 우리나라와 달리 도시락 문화가 매우 발달되어 있어 거의 일상 생활화되어 있을 정도이다)이다.

이 두 개를 일본 사람에게 보이고 "이것은 무엇입니까?"라고 물으면, 그들은 당연히 "이쪽은 역전 도시락, 저쪽은 호카 도시락입니다"라고 대답할 것이다.

그러나 같은 것을 미국인에게 보여 주면 이렇게 대답한다고 한다.

---

* **시니피앙** signifiant과 **시니피에** signifie
언어(기호)는 감각에 호소하는 표현부인 시니피앙과 기호의 의미 내용, 개념을 표현하는 시니피에signifie로 되어 있다. 동전의 뒷면만을 사용하고 앞면을 사용하지 않을 수 없는 것처럼 문자(시니피앙, 기표記票)와 그 의미(시니피에, 기의記意)는 뗄 수 없다. 단 그것들은 심적인 것이므로 시니피에와 현실의 대상이 같은 것은 아니다. 언어는 시니피앙과 시니피에가 결합한 것만으로 사물과 결합되어 있는 것은 아니다. 즉, 그 외의 세계가 어떻게 되어 있는가를 제쳐 두고 시니피앙과 시니피에라는 안경을 통해서만 세계에 대해 생각할 수 없다.

"This is the lunch box, and that is the lunch box, right."(이것은 도시락이고, 저것도 도시락입니다.)

또 이 두 사람 모두가 어제는 역전 도시락, 오늘은 호카 도시락으로 점심을 먹었다면, 일본인은 당연히 "어제 점심은 역전 도시락, 오늘 점심은 호카 도시락을 먹었습니다"라고 대답하는데 반해, 미국인은 이렇게 대답한다고 한다. "I have a lunch box today, and also have a lunch box yesterday."(어제도 오늘도 점심은 런치박스였습니다.)

이제 좀 이해가 갈 것이다. 이러한 실례를 통해 두 사람 모두 같은 것을 먹었는데도 불구하고 일본인 쪽이 더 점심 레퍼토리가 넓다고 생각될 것이다. 즉, 미국인이 "lunch box(도시락)"라고 하는 말만 갖고 있는데 반해, 일본인은 "역전 도시락"과 "호카 도시락"이라는 두 개 이상의 단어를 가지고 있다는 것으로도 풍부한 점심식사 생활을 보내는 것이 가능한 것이다.

이렇게 "일반언어학 강의"는 언어가 늘어나면 세계가 넓어진다고 하는 것의 근거를 뒷받침하고 있는 책이다.

이제 "언어에 의해 이름 붙여지기 전의 물건이나 개념은 존재하지 않는다"

라는 의미를 알겠는가? 우리는 하늘에서 내리는 눈을 함박눈, 싸락눈, 진눈깨비 등으로 얘기한다. 즉, 눈의 종류가 먼저 있었던 것이 아니라 "인간이 언어로 세계를 잘라 나눈 것이다"라는 것이다.

한편 이 『일반언어학 강의』에 나타난 언어론의 영향으로 큰 사상적 조류가 형성되었다. 그 이론이 후의 실존주의를 대신해 대유행한 구조주의*라고 하는 사상이다. 즉, 소쉬르의 『일반언어학 강의』를 알고 구조주의라는 언어를 모르는 것은, 바로 역 앞에 주차해 놓은 자신의 소중한 자전거 바구니 안에 깡통이나 신문지, 잡지 등이 쑤셔 넣어 있어 쓰레기통으로 취급 받는 것과 같이 안타까운 일이다.

역전 도시락의 다양화와 구조주의

구조주의를 극단적으로 얘기하면 이렇다.

"본질 따위는 없다. 어떤 사물 사이의 무의식적 관계뿐이다."

확실히 잘 모르겠다면 이번에도 역시 도시락 문화가 많이 발달되어 있는 일본의 역전 도시락을 예로 들어 설명해 보도록 하자.

---

* **구조주의**

1960년대에 프랑스를 중심으로 전개된 사상적 조류이다. 구조주의의 근원은 스위스의 언어학자 소쉬르가 제창한 구조언어학이다. 그는 언어를 그 표층적인 의미에 의해서가 아닌 더 심층에 숨겨진 불변적인 의미 즉, 구조에 의해 기호적으로 파악하려고 했다. 그 후 야코브손에게 인계되어 구조로서 사물을 파악하는 방법은 프랑스의 인류학자 레비스트로스에 의한 인류학에 적용되어 대반향을 일으키고 많은 사상가들에게 큰 영향을 끼치게 되었다.
이 구조주의에 있는 구조 개념의 특징은, 구조를 사물의 자연적 관계가 아닌 오히려 사물이 그것에 의해 다른 것으로부터 구별되어 출현한다는 차이의 체계로 간주하고, 그렇게 구조가 인간의 사회적, 역사적 실천에 있어 무의식중에 활동하고 있다고 생각한 점이다.

여기에 A씨와 B씨라고 하는 두 사람의 역전 도시락 가게가 있다고 하자. 두 가게 모두 만들고 있는 것은 스키야키(일본의 대표적인 쇠고기 음식) 도시락이다. 두 사람은 자신의 도시락을 명물 도시락으로 만들기 위해 최선을 다하고 있다.

우선 A씨는 좋은 고기를 사용하고 오직 한결같은 스키야키 도시락의 맛만을 추구했다. 그리하여 완성한 스키야키 도시락은 확실히 맛있는 도시락이 되었다. 그러나 전국을 대표하는 명물 도시락으로까지는 되지 못했다. 왜 그럴까? 스키야키 도시락은 일본에선 전국의 기차역에 산더미처럼 쌓여 있기 때문이었다.

하지만 이들 스키야키 도시락이 전부 같은 것이었을까? 포장이나 양념, 고기의 질 등 모두 달랐을 것이다. 그런데 왜 같은 스키야키 도시락이라는 테두리로 묶였던 것일까?

구조주의에 따르면, "구조"란 요소와 요소로 이루어진 관계로부터 전체로 변환하면서 변하지 않는 것이라는 것이다. 도시락으로 빗대어 말하자면 스키야키의 요소인 소고기, 설탕, 간장 등의 양념이나 냄비로 끓이는 것, 계란으로 먹는 것 등등이 여러 스키야키 도시락에 따라 미묘하게 다른데도 불구하고, 스키야키 도시락 세계와의 관련성은 변하지 않는다는 것이다. 즉, 개개인의 사람들이 의식하지 않고도 전체의 관련 즉, 구조로서의 스키야키 도시락이 있는 것이다.

그렇다면 이 구조 분석을 응용해서 새로운 스키야키 도시락을 만들려면 어떻게 해야 좋을까? 우선 스키야키 도시락은 이렇지 않으면 안 된다

---

* **아치치 스키야키 도시락**
일본의 오쿠하(奧羽)본선, 고메자와(米?)역에서 팔리고 있는 역전 도시락이다.

는 생각을 버려야 한다. 즉, 스키야키 도시락의 본질이라는 것은 없고 도시락 사이의 관계만 있다는 것이다. 그러므로 조금의 차이에 의해 또 새로운 도시락이 생기게 되는 것이며, 게다가 그것은 스키야키 도시락의 구조에 알맞게 들어갈 수가 있는 것이다.

이런 연유로 B씨는 지금까지 없었던 스키야키 도시락이 생길 수 없을까 생각해 전국의 역을 돌아다니며 스키야키 도시락의 데이터를 수집했다. 그 결과 이런 조사결과가 산출되었다. 그것은 가게에서 먹는 스키야키와 같은 따끈따끈한 스키야키 도시락(역전 도시락)은 없다는 것이었다.

빗대자면 1988년 3월, 신고베新神역에서 팔기 시작한 "아치치 스키야키 도시락*" 같은 것을 말한다. 이것은 끈을 세게 당기면 따끈따끈해지는 역전 도시락이다. 지금이야 일본에선 이런 도시락이 많지만 당시만 해도 선구적인 것으로 "아치치 스키야키 도시락"은 눈 깜짝할 사이에 명물 도시락이 되었다.

"구조주의적 발상"

이처럼 스키야키 도시락은 이것뿐이라는 완고한 고집 때문에 실패한 A씨와 그것에 반해 도시락 사이의 관련성을 파악해 마케팅에 의해 성공한 B씨를 비교해 보자. 이를 보면 B씨는 바로 언어를 거듭거듭 고쳐가는 것으로 새로운 세계가 넓혀진다는 구조주의적 사고를 응용한 사례였다고 말할 수 있다.

　일본의 역전 도시락이 구조주의적 발상에 의해 태어났다고 하면 과언일지도 모르지만, 그 외에도 일본에는 역전 도시락이 많이 있다. 요코가와역의 고개의 솥밥이나 모리역의 오징어밥이 그것이다.

　고개의 솥밥은, 당시 역전 도시락이라 하면 종이나 나무 박스에 넣는 것이 상식이었는데, 처음으로 도기를 사용하여 그 희귀함 덕분에 바로 국민적인 역전 도시락으로 성장한 것이다. 또 모리역의 오징어밥은 오징어 안에 밥이 채워져 있는 아주 간단한 것인데, 하나의 아이디어가 다른 역전 도시락과 차별화를 이루었던 것이다.

　지금 일본의 역전 도시락의 종류는 전국으로 볼 때 삼천 가지나 된다고 한다. 현재 일본이 이렇게 여러 가지 역전 도시락을 즐길 수 있는 것이 소쉬르의 덕분일 리야 없겠지만, 이로부터 언어(기호)의 마법이라는 것을 생각해 보지 않을 수 없을 것이다.

소쉬르와 화성어

　소쉬르는 묘한 연구를 했다. 그것은 화성어이다! 이 화성어를 모르고 소쉬르를 말하는 것은 밥이 빠진 오징어밥의 역전 도시락과 같을 것이다. 소쉬르와 화성어, 그것은 오징어밥에 있어서 오징어와 밥과 같이 떼려야 뗄 수 없는 관계였다.

사실 아시다시피 『일반언어학 강의』는 소쉬르가 제네바 대학에서 행한 언어학의 강의를 모은 것이었다. 그러나 정작 소쉬르 자신은 강의한 내용을 어떠한 형태로든 세상에 발표하는 것을 거절했다. 그럼에도 불구하고 제자들은 소쉬르가 죽은 후, 그 대단함에 너무나도 감명을 받은 나머지 강의의 내용을 정리해서 출판했다. 그러니까 『일반언어학 강의』란 소쉬르에 있어서는 해적판과 같은 것이다.

그럼 왜 소쉬르는 본인 강의 내용을 발표하는 것을 거절했던 것일까? 진짜 이유는 소쉬르 외에는 알 도리가 없겠지만 추측하건대 한 여성과의 만남과 관계가 있다고 여겨지고 있다.

1890년 소쉬르는 부인 마리와 참을 수 없는 불화에 시달렸고 알코올 중독증에 걸려 사람들을 피하며 자택에서 혼자 틀어박혀 있기 일쑤였다. 그런 때에 그는 여성 심령술사, 에레나 스미스라는 여성을 만나게 되었다. 심령술사인 그녀가 종종 화성인을 소쉬르의 몸에 들어가게 하여 화성어로 대화하도록 했을지도 모른다.

아무튼 그때부터 소쉬르는 현실에서 도망치듯이 화성어의 연구에 빠지게 되었는데 결국 아무런 발견도 하지 못한 채 끝나 버렸다.

그러나 그 이야기가 사실이라면 『일반언어학 강의』의 사상은 화성어의 연구와 깊은 관련이 있을 것이다. 화성인은 화성어에 의해 세계를 분절하고 지구인은 지구어로 세계를 분절한다. 그러므로 화성인과 지구인은 다른 세계에 살고 있는 것이다. 즉, 화성어야말로 『일반언어학 강의』를 낳아 준 부모라고 말할 수 있는 것이다.

언어가 세계를 분절한다는 소쉬르의 세계는, 지구만으로는 성에 차지 않아 우주로까지 발을 넓힌 것인지도 모른다.

"언어에 의해 이름 붙여지기 전에 사물이나 관념은 존재하지 않는다"

거나 "언어를 늘인다면 세계가 넓어진다"는 문구를 보고서 무슨 생각이 드는가?

　만약 자기 인생의 선택지가 좁다고 느끼고 있다면 이 책을 꼭 읽어 보길 바란다. 특히 애인이 생기지 않아 고민하고 있는 사람이라면 부디 호소하는 문장인 시니피앙와 시니피에에 대해 연구해 보는 것이 좋을 것이다.

deep knowledge

깊은 지식 코너

말은 다른 말과의 차이를 통해 규정된다

예를 들어 "오른쪽"이라는 말에는 그 "오른쪽"이라는 개념을 형성하는 물체가 없다. 즉 이 "말"을 규정하는 데에는 "왼쪽의 반대"라고 하는 것밖에 없다.

이렇게 여러 가지 말이 다른 말과의 차이를 통해 규정되어 있다고 소쉬르는 생각했던 것이다. 그리고 그런 생각이 구조주의의 탄생으로 연결된 것이다.

사실 소쉬르는 현대 언어학의 아버지이자 구조주의의 원류, 기호학의 창시자로 불린다. 또한 비교역사문법에도 특출한 재능을 보였다. 한마디로 말해 그의 연구는 20세기 인문학 전 분야에 걸쳐 있다고 해도 과언이 아닐 정도이다.

하지만 그에겐 기인다운 성품이 있어서 강의 후에는 자신이 준비한 노트를 찢어 버리기도 했고, 또 학위 논문 외에는 생전에 저서를 내지 않았다. 그 때문에 그의 제자들이 강의 노트를 편집해 낸 『일반언어학 강의(1907~11년)』는 논란의 여지가 있다고도 보고 있다.

한편 소쉬르의 집안은 대대로 자연과학 분야의 학자들을 배출한 명문가라고 한다. 그 핏줄을 이어받아서인지 그도 자신의 조상이나 형제들처럼 조숙한 천재였다고 한다. 중학교 시절인 15살에 벌써 『언어의 일반체계』라는 책을 집필해 스승을 놀라게 하기도 했으니 말이다.

그뿐만이 아니다. 라이프치히 대학 시절에는 프랑스어나 독일어, 영어 같은 현대어는 물론이고 라틴어, 고대 그리스어, 고대 페르시아어, 고대 독일어에도 능통했다고 한다. 이러한 능력이 세계 언어학사에 획을 긋게 해 주는 인물이 되는 데 일조를 한 것 같다.

25

텔레비전 업계로
해독하는 프로이트의
정신분석입문

지그문트 프로이트
(1856~1939년)
오스트리아 빈의 정신과 의사로 정신분석학의 창시자이다. 인간의 "무의식"을 발견했으며 연상법과 꿈의 해석에서 신경증을 치료하는 새로운 기법을 사용함으로써 무의식의 과정과 성적 행동을 중시한 정신분석학을 확립했다. 그의 임상적 학설은 20세기의 사회과학, 예술, 현대 사상 등에 아주 큰 영향을 미쳤다. 저서에는
『정신분석학 입문(1917)』, 『꿈 해석(1900)』 등이 있다.

당신 안에 또 하나의 당신이 있다?『정신분석입문』은 그러한 자신을 찾는 이정표가 되는 두꺼운 한 권의 책이다. 자기 자신은 자기가 제일 잘 안다고 생각할지 모르지만 심야에 에이리언에게 유괴당해 무의식의 기억을 제거당하고 있다고 생각해 보라. 이렇게 제거된 무의식적 기억은 당신에게 어떠한 영향을 미칠까?『정신분석입문』을 읽으면 확실히 알게 될 것이다.

사실 프로이트는 사람들의 마음을 들여다보고 더렵혀진 심층심리를 들추고 있는 정신분석학의 창시자이다. 그런 그가 쓴 대표적인 저작『정신분석입문』을 해몽과 연애심리 테스트의 일종이라고 보고 아무 생각 없이 다가섰다가는 혼쭐이 나는 그런 난해한 책이기도 하다. 그런데다가 책이 무지 두껍다. 실제 책을 보면 읽고 싶은 마음이 전혀 들지 않을 정도이다.

프로이트의 이론을 일반서민의 심층심리가 가장 잘 반영되어 있다고 말할 수 있는 텔레비전 업계에 빗대어 해설해 보자. 만약 당신이 TV 가이드와 같은 텔레비전 잡지를 한 번이라도 본 적이 있다면 이 책을 간단하게 이해할 수 있을 것이다. 어쩌면 "이 이야기도 저 이야기도 결국 그 이야기에 묶어 버리는" 프로이트의 이론으로 인해 이 장도 전부 "그 이야기"가 되어 버릴지도 모른다.

『정신분석입문』이란 책은?

마음 깊숙한 곳에서 자고 있는 무의식의 세계. 프로이트는 그 마음의 메커니즘*을 명확히 하여 새로운 학문으로 만들었다. 그 이름은 "정신분석". 즉『정신분석입문』은 "정신분석"을 만들었던 장본인에 의해 쓰인 책으로 매우 유서가 깊은 입문서이다.

하지만 이 책이 평범하게 써진 것은 아니었다. 실은 프로이트가 빈 대학에서 그때까지의 연구 성과를 기초로 해 일반인을 대상으로 한 강의 모음집이었다. 말하자면 이 책은 프로이트의 베스트 라이브앨범인 셈이다.

그럼 거기에는 어떠한 내용이 수록되어 있을까?

그 주요 표제는 다음과 같다.

제1강. 서론

제2강. 시행착오

......

제8강. 소아의 꿈

제9강. 꿈의 검

제10강. 꿈의 상징적 표현

......

제12강. 꿈의 분석 예

......

제20강. 인간의 성생활

그런데 그 강의의 청강자는 제1차 세계대전 중이었기 때문인지 겨우 11명에 불과했다. 확실히 프로이트의 비밀 라이브였던 셈이다.

✱ **마음의 메커니즘**

프로이드는 마음의 메커니즘을 "이드", "자아", "초자아"의 세 개의 영역으로 나눴다. 이드는 무의식의 영역으로 본능적 에너지의 저장고이다. 또한 쾌락에 종속되어 쾌락을 찾고 고통을 피하려고 한다. 반면에 초자아는 양심적인 자아이다. 이드와 자아는 초자아에 끼어 있으면서 이것들과 외계를 중계하는 영역이다.

꿈과 텔레비전

사람은 때때로 마치 다른 누군가에게 조종당하는 것처럼 자기 자신을 통제하지 못할 때가 있다. 그 답은 자신의 무의식에 있을지도 모른다. 이런 무의식의 세계를 탐구하기 위해 프로이트는 그 현상에 주목했다. 그것은 "꿈"이었다. 사람은 무슨 연유로 꿈을 꾸는 것일까? 꿈에서는 어째서 기묘한 이미지가 가득 넘치는 것일까? 이에 대해 프로이트가 제창한 이론은 조금 난해한데 텔레비전으로 프로이트의 꿈 이론을 풀 수가 있다.

프로이트가 밝혀낸 마음의 메커니즘이란 어떤 것일까? 그에 따르면 인간의 마음은 빙산과 같기 때문에 표현되는 것은 일각에 지나지 않는다고 한다. 즉, 마음의 대부분은 수면 아래에 있는 무의식의 영역에 숨겨져 있다는 것이다. 그리고 그 무의식의 영역 "이드"에는 "이거 하고 싶어. 저거 하고 싶어"하는 본능적 행동이나 감정 즉 "리비도*"가 눌려져 있어 언제나 밖으로 나가려고 한다는 것이다.

그럼 이것을 텔레비전에 빗대어 생각해 보자.

만약 당신이 여행 혹은 요리 프로그램을 보고 있다고 하자. 이때 당신은 자기도 모르는 사이에 틀림없이 여행을 하고 싶다, 맛있는 것이 먹고 싶다는 생각을 하고 있을 것이다. 하지만 바쁜 일상의 현실에서 갑자기 그렇게 훌훌 떠나는 건 쉽지가 않을 것이다.

이런 상황에서 텔레비전은 어떤 역할을 하게 될까? 바로 당신의 내면

---

* **리비도**
리비도는 성적 에너지이다. 프로이트의 이론은 범 성욕론으로 모든 심리 에너지를 성욕으로 환원한다. 그 리비도가 비틀어 구부러져 노이로제 등의 정신환자가 생기게 된다. 하지만 이 리비도는 문화와 예술 방면에서 사회적 창작의 에너지가 되기도 한다.

에 감춰져 있는 욕구의 빈틈을 채워 주게 될 것이다. 이것이 프로이트가 주장한 꿈의 목적과도 같은 것이다. 꿈은 잠을 방해하면서 심적인 여러 자극을 환각적으로 충족시켜 그 욕구 불만을 해소시켜 준다는 것이다.

잠을 방해하는 심적인 여러 자극! 이렇게 말하면 뭔가 어렵게 느껴지겠지만 꿈은 만족되지 못한 요구이다. 가고 싶고 먹고 싶지만 떠날 수도 없고 먹을 수도 없다. 그 무의식의 세계에서 억압은 정신을 자극하고 잠을 방해해 버린다. 그곳에서 불만을 해소하고 우리에게 보다 좋은 잠을 줄 작정으로 꿈이 생겨나는 것이다.

하지만 꿈이 이렇게 단순하지만은 않다. 우리는 좀 더 기묘하고 복잡한 꿈을 꾼다. 긴 계단이나 함정을 헤매는 것, 하늘을 나는 것, 미지의 인물, 쫓기는 꿈 등 다양한 꿈을 꾼다. 예를 들면 맛있는 것이 먹고 싶다는 시청자의 욕구가 분명 있지만 "다큐멘터리 아름다운 맛"과 같은 직접적인 프로그램은 별로 없다. 미인을 보고 싶어 하는 시청자의 욕망 또한 확실히 있지만 "세계의 미인을 찾아서"와 같은 직접적인 프로그램은 거의 없다.

이러한 이유는 텔레비전을 제작하는 현장에서 답을 찾을 수 있는데 담당 프로듀서들이 시청자들의 욕망에 직접적으로 화답하는 프로그램을 만드는 것을

좋아하지 않는다는 것이다.

어느 한 프로듀서의 말은 이러한 단면을 잘 보여 주고 있다.

편지에 의하면 "맛집이나 여행지, 미인 등은 확실히 어떤 것이든 시청자가 보고 싶어 하는 소재입니다. 하지만 그것을 직접적으로 내보내면 시청자들은 더욱 더 강한 자극을 원하고 머지않아 질려 버려서 텔레비전을 보지 않게 될지도 모릅니다."

즉, 이루지 못하는 시청자들의 욕구를 직접적으로 보여 주는 것이 반드시 시청자들을 위하는 것은 아니라는 것이다. 꿈의 세계도 이와 마찬가지다. 꿈의 세계에도 프로듀서가 존재해 자극이 없도록 검열하고 꿈을 왜곡해 주고 있는 것이다. 이것이 꿈이 복잡한 이유이다. 이렇게 꿈의 왜곡을 일으키는 프로듀서들을 프로이트는 초자아 超自我*라고 불렀다.

이러한 초자아는 도덕적이고 양심적인 것이기에 꿈뿐만이 아니라 일상생활에 있어서도 전부 검열하고 누르고 있다는 것이다. 즉, 무의식으로부터 끓어 올라오는 리비도(욕망의 에너지)에 대해 "그런 것을 표출하면 위험하지 않을까?"라고 여겨지는 것을 억압한다는 것이다. 그래서 직접적으로 분출되지 못한 리비도는 여러 가지 형태로 왜곡되고 비틀어져 원래의 모습과 많이 달라져서 의식된다는 것이다.

텔레비전 프로그램의 프로듀서들은 자주 이런 말을 한다고 한다.

"음, 뭔가, 기획 응용이 부족한 것 아닌가!!"

이와 같이 마음의 프로듀서들도 무의식적으로 끓어 올라오는 욕구에 대해서 이러한 심사를 내린다는 것이다. "음, 이건 너무 직접적이네. 밖으

---

* **초자아 超自我**
아이는 어른으로부터 배운 것에 의해 자기 스스로 자신을 벌하게 되고 도덕적인 양심이 형성되어 간다. 이 때문에 양심에 의한 무의식적인 억압이 일어나게 된다. 이것이 검열이고, 그 검열하는 기관을 초자아라고 한다.

로 내보낼 수 없겠어. 조금 더 비틀어 봐!"라고 말이다.

이 무의식의 욕망이 왜곡에 왜곡을 더해서 상징적인 꿈으로 표현된다는 것이다. 프로이트는 바로 이 왜곡 뒤에 숨어 있는 법칙을 발견한 것이다.

프로이트는 유명한 프로듀서?

무의식의 욕구가 왜곡되어 꿈으로 된다. 즉, "무의식의 욕구 → 비틀림(왜곡) → 꿈"으로 나타나고 있는데, 여기서 프로이트는 그 왜곡에 4개의 법칙이 있다는 것을 밝혀냈다. 즉 압축, 이동, 시각화, 상징화의 법칙이 바로 그것이다. 사실 이것은 놀랍게도 텔레비전 업계에 있어서 큰 히트 프로그램을 제작하기 위해 빠뜨릴 수 없는 중요한 법칙이 되고 있다.

1. 압축의 법칙

MBC "경제야 놀자" 프로에서는 집 안에 그냥 묻혀 있는 물건들을 현금으로 바꿔서 그 돈을 펀드나 주식 등에 투자할 수 있도록 하는 내용을 다루고 있다. 이것은 물건을 현금화시키는 것과 그 돈을 다시 재투자할 수 있도록 하는 시청자들의 두 가지 소망을 동시에 풀어 주는 프로그램이다. 이것이 바로 프로이트가 말하는 압축이다. 즉, 복수의 희망을 하나로 묶어 주는 것을 말한다.

우리가 꿈을 꿀 때도 이런 경우가 많다. 분명 데이트의 상대를 잘 보면 얼굴은 A씨인데, 스타일은 B씨이다. 이런 꿈은 사실 얼굴은 A씨가 좋지만 스타일은 B씨가 좋다고 하는 무의식의 소망이 압축된 것이라 할 수 있다.

2. 이동의 법칙

MBC의 버라이어티 프로그램인 "황금어장"은 원래 시청자들의 사연을 재연하고 고민을 풀어 주는 것이 주된 것이었고 패널들이 토크하는 것은 부수적인 부분이었다. 하지만 그 프로그램에 패널들이 토크하는 것이 주된 것으로 되어 연예인들의 고민을 해결하는 "무릎팍도사"라는 코너가 마치 주 프로그램처럼 느껴지고 있다. 이것이 바로 이동의 법칙이다. 이동은 본래의 주역이 다른 것에 들어가 바뀌어 버리는 것을 말한다.

꿈에서도 이것은 발견된다. 꿈속에서 분명 그와 결혼해야 하지만, 왜인지 그의 아버지와 결혼식을 올리고 있다. 이 꿈은, 그와 결혼한 후 그의 아버지 즉, 시아버지와 잘 지낼 수 있을까에 대한 걱정의 표출인 것이다. 그런 무의식의 불안이 "그"와 "그의 아버지"를 이동시켜 버린 것이다.

3. 시각화의 법칙

이것은 "러브하우스"에서 멋지게 집을 꾸며주거나, "쪽박집"과 "대박집"을 비교하며 "신장개업"을 해 주었던 프로그램에서 찾아볼 수 있다. 사실 멋진 집에서 살고 싶고, 장사를 잘해 돈을 벌고 싶지만 구체적으로 어떻게 해야 하는지를 모른 경우가 태반이다. 그런데 이 프로그램에서는 그것을 시각화하여 보여 줌으로써 사람들의 공감을 얻은 것이다. 이것이 바로 시각화의 법칙 즉, 추상적인 이미지를 구체적으로 보여 주는 것이다.

우리는 자주 간절히 소망하고 바라는 것을 꿈에서 목격하게 된다. 멋진 집에서 살고 싶다는 소원이 꿈에서 이루어져 그런 곳에서 실제로 살고 있는 꿈을 꾼다. 그리고 때로는 자신이 바라던 직업을 꿈에서 얻게 되어 일하고 있는 것을 보기도 한다.

4. 상징화의 법칙

높은 시청률을 기록하는 버라이어티 프로그램을 보면 거기에는 어떤 장치가 깔려 있는 것을 볼 수 있다. 즉, 결정적 캐스팅이다. 예를 들면 "무한도전"에서 정준하 씨 같은 경우 "식신"이나 "괴물", "헬멧" 등으로 상징화되어 있고, 박명수 씨는 "악마"나 "아버지"로, 그리고 노홍철 씨는 "돌+아이" 등과 같은 것으로 표상되어 있다. 이렇게 함으로써 시청자에게 프로그램의 내용이나 전개 등을 빠르게 전달하고 시청자의 시선을 붙잡고 있는 것이다. 이것이 바로 상징화의 법칙이다.

이것 역시 꿈에서 드러나고 있다. 즉, 꿈속에서도 무의식 안에 자고 있는 이미지를 정해진 영상으로 옮겨 놓아 그 사람에게 전달하려고 하는 것이다. 실례로 꿈에서 발코니가 있는 집은 무의식 속의 여성을 상징하고, 또 집을 여는 열쇠는 남성의 상징이다. 그리고 댄스나 등산은 성행위의 상징이라는 상황을 의미한다고 한다. 프로이트는 이 많은 것들을 동화나 신화, 풍습, 속담을 읽는 동안 세계에서 공통적으로 일어나는 특징의 관계 속에서 찾아냈다고 한다.

이와 같이 프로이트는 꿈의 메커니즘을 훌륭하게 풀어냈다. 역사에 "만일"이라는 단어는 허용되지 않지만, "만일" 그가 요즘 방송사에 입사했다면 틀림없이 전국적인 히트 프로그램을 여러 개 만들어 내지 않았을까 싶다.

어떻게 처음 프로이트는 정신분석 연구를 시작하게 된 것일까? 그것은 우리의 일상생활과 관련이 있을지 모른다. 우리는 사람들의 이름을 잘 잊어버리고 늘 회사에 지각을 하게 된다. 집을 나와서 역에 다다를 때쯤이면 문을 잘 잠고 왔는지 걱정이 되어 부랴부랴 다시 가 보지만 역시 잘 잠겨져 있다.

　이처럼 우리는 자신도 잘 알고 있지만 어찌하지 못하는, 이해가 되지 않는 행동을 하게 된다. 이러한 행동들이 일상생활에 지장을 줄 정도로 일어나면 우리는 그것을 "신경증(노이로제)"이라는 병에 걸렸다고 말할 수 있다. 프로이트의 연구는 이 "신경증"과의 싸움에서 시작된 것이다.

정신분석의 사용법

프로이트는 지금부터 약 120년 전 오스트리아의 빈에서 정신과의사를 하고 있었다. 그를 찾아오는 환자들은 대부분 신경증으로 고통스러워하는 사람들이었다. 신경증이란 정신적인 요인이 몸의 증상으로 나타나는 병이다. 예를 들어 하루에도 몇 번이나 손을 씻지 않으면 신경이 쓰인다고 하는 강박신경증 등은 그 변형적인 예라고 할 수 있다. 프로이트는 그 신경증의 원인은 환자의 무의식에 잠복해 있는 그 무언가가 원인이라고 판정했다. 그리고 그 무언가를 밝히면 신경증을 고치는 것이 가능하다고 보았다. 실례로 프로이트를 찾은 한 여성은 자기 전에 반드시 기묘한 의식을 행했다고 한다. 방의 시계를 전부 밖에 내놓고 꽃병을 떨어지지 않게 책상 위에 전부 모아 놓았다. 쿠션을 침대의 테두리에서 만질 수 없도록 놓는 등 그 의식은 한두 시간이 넘게 걸렸고 그러는 그녀의 행동들을 보며 부모는 잠을 이룰 수가 없었다고 한다.

　그녀의 행동을 프로이트는 이렇게 분석했다.

　"시계와 그 시계 소리는 성적 흥분을 의미한다. 꽃병은 그 형태가 여성을 상징하고, 그것을 부서지지 않게 하는 행위는 성행위에 대한 불안감을 의미한다. 그리고 쿠션은 여성을, 침대의 테두리는 남성을 의미하고, 그것을 떨어뜨려 놓는 것은 남성과 여성을 떨어뜨려 놓는 것을 의미한다."

프로이트는 이상의 분석을 통해 그녀가 잠자리에 들기 전에 하는 이상한 행동은 그녀의 무의식에 잠재되어 있는 성적 바람을 의미하고 동시에 부모의 애정을 독점하고 싶어 하는 욕구를 보이고 있다고 보았다.

다시 말해 그녀는 매일 밤 벌인 의식을 통해 자신의 희망이 표면화되는 것을 억눌렀으며 아버지와 어머니가 친밀한 관계를 가지는 것을 못마땅해 하고 있었다는 것이다.

이처럼 신경증의 원인의 대부분은 과거에 다친 마음의 상처에 있다. 그런데 사람들은 그것을 무의식 안에 가두려고 한다. 그러나 그렇게 과거로부터 도주해서는 고쳐지지 않는다. 과거와 마주해서 받아들이는 것이 가능할 때 처음으로 신경증은 회복의 길로 나가게 되는 것이다. 즉, 프로이트가 시작한 정신분석은 사람의 마음을 과거의 경계로부터 해방하여 미래를 향해서 자유롭게 걸어가기 위한 수단인 것이다.

프로이트는 언젠가 이렇게 말한 적이 있다.

"꿈을 꾼 사람은 그 꿈이 무엇을 의미하는지를 알고 있다. 단지 자신이 꿈의 의미를 알고 있다는 것을 알지 못할 뿐이다."

　오늘밤 당신은 어떤 꿈을 꿀 것인가? 미묘한 이미지가 넘쳐흐르는 꿈일지도 모른다. 하지만 분명히 당신은 그 꿈의 본질적인 의미를 알고 있다. 그것이 당신의 고뇌를 해결하는 실타래가 되어 줄지도 모른다.

deep knowledge

아이러니한 코카인의 국부마취 효과의 발견

프로이트에게는 6명의 자식이 있었다. 그 가운데 딸 안나는 나중에 아버지의 후견자가 되었다.

사실 프로이트는 팽이버섯류의 수집가였고 그에 대한 전문적 식견을 갖춘 전문가였다. 또 여행을 좋아해 고금학적 진품도 수집했다고 한다. 확실히 수집가였던 모양이다.

그런 그가 종합병원에 근무하고 있을 때 국제적인 평가를 받을 수 있는 발견을 했다. 그것은 소량의 코카인이 과로에 효과를 나타낸다는 것이었다. 그는 그 연구결과를 논문으로 발표하고 이후에는 코카인이 국부마취에 효과가 있다는 것을 발견하기도 했다. 그러나 약혼자를 만나러 간 사이, 동료 중의 한 사람이 안료수술을 위해 마취약으로 코카인을 사용했다고 발표해 버렸다. 그로 인해 프로이트의 발견은 존재가 희미해졌다. 하지만 코카인의 중독성이 알려지게 되자, 도리어 비판의 대상이 되어 버렸다. 참으로 모순된 세상의 아이러니가 아닐 수 없다.

어쨌든 프로이트는 성격 발달에는 단계가 있다고 하면서, 특히 생의 초기 6년 동안의 생활이 인간의 성격 발달에 지대한 영향을 미친다고 주장하였다. 초기 발달의 중요성을 역설한 이 이론은 유아교육을 비롯해 자녀 양육에 큰 변화를 가져왔다.

26

아로마테라피로
풀어 보는 제임스의
프래그머티즘

> **윌리엄 제임스**
> **(1842~1910년)**
> 미국의 철학자이자 심리학자이다. 프래그머티즘을 발전 보급시킴으로써 미국 사회에 큰 영향을 끼쳤다. 그는 또한 종교적 체험이나 심령 연구자로도 알려져 있다. 저서에는 『심리학 원리(1890)』, 『프래그머티즘(1907)』, 『근본적 경험론(1912)』 등이 있다.

비즈니스 서적 코너에가 보면 긍정적 사고로 인생이 바뀐다는 책이 많이 나와 있는데 그런 사고방식의 기본이 되는 사상이 프래그머티즘이다. 그리고 그 제창자로 알려진 제임스가 쓴 책이 바로 『프래그머티즘』이다. 프래그머티즘 사상은 미국의 일류 비즈니스맨이 지지하는 것으로 "일단 해본다 → 결과가 좋으면 만사 OK"라는 내용으로 과연 "Made in USA"다운 철학 책이다. 이 책을 여기서는, 향기의 효능을 본인이 스스로 파악하게 되는 아로마테라피(향기 요법)에 비유하여 알아 보자.

『프래그머티즘』은 어떤 책인가?

"프래그머티즘"은 유럽에서 활발했던 철학 사상 가운데 흔하지 않은 미국 태생의 사상이다. 그리고 아직도 미국의 일류 비즈니스맨들에게 지지를 받고 있는 현역의 사상이라고 할 수 있다. 그러면 이러한 "프래그머티즘*"이란 도대체 무슨 사상일까?

알아 보기 전에 우선 문제 하나를 풀어 보자.

문제: "딱딱하다"라는 것은 어떤 얘기인가? 아령을 사용하여 설명하라.
답: "딱딱하다"란 것은 철로 된 아령을 뜻한다.

아니다. 철 이외에도 딱딱한 것은 많이 있고, 당장 어떤 재질이 딱딱한지 물어보고 있는 것도 아니니까 말이다.

그럼, 다시 한 번 문제를 잘 읽어 보자.

문제: "딱딱하다"라는 것은 어떤 얘기인가? 아령을 이용하여 설명하라.
답: "……."

땡! 제한 시간이 끝났다. 그러면 아령을 사용하여 답을 찾아보도록 하자.

이 문제의 답을 찾기 위해 일단 아령을 주먹으로 한 번 때려 보자. 주먹이 아플 뿐이지 아령에는 상처 하나 나지 않는다. 그러면 이번에는 아령을 망치로 두드려 보자. 그래도 아령에는 상처 하나 나지 않는다.

그때 처음으로 실감할 것이다. "야~, 이거 정말 딱딱하네"라고 말이다.

여기서 잠깐, 그렇다면 지금 "딱딱하다"란 것은 무엇이냐는 문제에 스스로 답을 찾아낸 것이다. 즉, 답은 "딱딱하다"라는 것은 다른 것으로 두드리거나 때려도 상처 하나 나지 않는 것을 의미했던 것이다.

이렇게 답을 이끌어 내는 것이 "프래그머티즘"의 사고방식이다. 행동의 결과로서, 사물을 알아 낼 수 있다는 것이다. 다시 말해 "결과가 전부"라는 것과 같은 의미이다.

이에 비해 기존의 철학은, 아령을 물끄러미 쳐다보다가 머릿속에서 "딱딱하다는 것은 무엇인가?"를 생각하는 식이었다. 이렇게 해서는 절대 답이 나오지 않는다.

사실 여태까지의 철학은 "선이란 무엇인가?", "정의란 무엇인가?" 등 궁극적인 문제의 답을 다른 세계에서 구하고 있었다. 그렇게 머릿속으로

---

* **프래그머티즘**(Pragamtism)
한국어로 실용주의 혹은 도구주의로 번역되는 미국의 사상 조류이다. C.S. 페어스에 기원을 두고 있으며 J. 듀이에 의해 교육학 이론에 적용되면서 대중화되었다.

만 생각하는 종래의 철학에 의문을 제기한 것이 "프래그머티즘"이다. 결과를 확인할 수 없는 것을 가지고 생각만 하지 말고, 일단 행동을 하라는 것이다. 역시 "Made in USA"답다.

하지만 여기까진 아직 "프래그머티즘"의 입구에 불과하다. 일류 비즈니스맨을 목표로 한다면 이 사상을 조금 더 많이 알 필요가 있다. 미국의 철학자 제임스는 당시 미국에서 막 탄생했던 "프래그머티즘"이라는 사상을 보다 알기 쉽게, 보다 실용성 높은 형태로 발전시켰다.

그러한 제임스의 "프래그머티즘"을 아로마테라피를 사용하여 살펴보도록 하자.

제임스의 사상

"프래그머티즘"이란 행동의 결과로서 사물의 개념이 밝혀진다는 사상이다. 결과를 확인할 수 없는 일을 생각만 하고 있지 말고, 일단 행동함으로써 확실하게 밝히자는 것이다. 그리고 실제 나온 결과를 놓고 사물을 설명하자는 것이다.

이 사상을 제임스는 어떻게 발전시킨 것일까?

그는 "지식이나 논리가 올바른지의 여부는 그것을 실제 행동에 적용시켜 보고, 그 결과가 유용한지 어떤지에 의하여 결정된다"고 하였다.

무슨 말인지 감이 잘 안 잡힌다면 이해하기 쉽게 아로마테라피에 비유하여 풀어 보도록 하자.

아로마테라피에서 사용하는 에센셜 오일은 종류에 따라 효능이 다르다. 예를 들면 라벤더는 긴장을 이완시켜 주고, 재스민은 신진대사를 좋게 해 주며, 민트는 기분을 상쾌하게 해 준다고 한다. 어쨌든 설명서에 그렇게 써 있으면 모두들 바로 그것이 올바른 효능이라고 믿을 것이다.

그런데 과연 에센셜 오일은 누구에게나 그렇게 똑같은 효과가 나타날까? 여기서 실험을 해보자.

여기에 한 개의 아로마테라피 오일 X가 있다. 뭔가 수상하게 생겼다. 설명서를 읽어 보려 했더니 백지다. 이것만으로는 어떤 효능이 있는지 알 수가 없다. 그리하여 X를 시험해 보기로 했다.

그랬더니 A씨는 "잠을 푹 잘 수 있었어요"라고 얘기한다. 반면에 B씨는 "피부가 좋아졌어요"라고 하고, C 씨는 "밥을 세 공기나 먹었어요"라고 대답한다.

세 명 모두 X의 효능에 만족하고 있다. 하지만 이 중 누구의 효능이 맞을까? 혹시 이 문제를 제임스에게 물어 본다면, 그는 아마 이렇게 대답했을 것이다.

"모두 다 정답이에요."

이것이 바로 제임스의 사상이다. 지식이나 논리가 올바른지 어떤지는, 그것을 실제 행동에 적용시켜 보고, 그 효과가 유용한지 어떤지에 따라서 결정된다는 것이다. 자신에게 있어서 유용하다면 즉, 좋은 결과가 나온다면 그것은 진리이다. 그렇다면 당연히 사람 수만큼 진리가 있다는 말이 된다. 결국 진리는 한 가지가 아니라는 것이다.

예를 들어 A씨에게 있어서 X의 효능의 진리는 잠을 잘 잘 수 있다는 것이고, B씨에게 있어서 X의 효능의 진리는 피부에 좋다는 것이며, C씨에게 있어서 X의 효능의 진리는 식욕 증진인 것이다.

이처럼 모두가 자신만의 진리를 이야기하고 있어서 누가 틀렸다고 할 수 없다. 이 모두가 다 정답이라는 긍정적인 방식이 바로 제임스가 말한 "프래그머티즘"이다.

그는 이 사고방식이 종교적인 진리에도 적용된다고 보았다. 종교 활동을 통하여 결과적으로 행복하다면 그 종교는 진리인 것이다. 반대로 가족으로부터 불평을 듣거나 친구에게 폐를 끼치는 등 결과적으로 "그런 종교 믿지 말 걸"이라고 생각된다면 그것은 진리가 아닌 것이다.

자신에게 좋은 결과가 나오면 그것은 진리라는 사고방식! 이보다 더 긍정적인 사고방식이 있을 수 있을까?

이 사고방식을 한 발 더 발전시키면 성공으로 가는 키워드를 발견할 수 있는데 미국의 일류 비즈니스맨들도 사용하는 비밀의 말이기도 하다. 즉, 이 말을 외우면 부정적인 생각은 모두 없어지고, 당신의 인생은 빛나기 시작할 것이라는 것이다.

"프래그머티즘"의 실천편

제임스의 사상이란 예를 들자면 이런 것이다.

낭떠러지에서 떨어질 때 "꼭 살 수 있어"라고 믿음을 갖고 떨어지는 것과, "절대 살아날 수 없어"라고 절망한 채로 떨어지는 것과는 그 결과에 큰 차이가 있다는 것이다.

이것은 매우 극단적인 상황이긴 하지만, 이와 같은 생각을 실제로 응용하고 있는 사람들이 많다. 운동선수들 같은 경우, 승리하여 기뻐하는 자신의 모습을 상상해 기분을 고양시켜 실제로 뛰어난 성적을 거둔 사례가 많다.

또 일이나 연애 같은 경우에서도 성공을 상상하고, 이를 믿으면 또 그렇게 될 가능성이 높다. 이것이 바로 "프래그머티즘" 사고방식이다.

그러면 "프래그머티즘" 실천편으로서 인생을 잘 살 수 있는 방법으로 두 가지를 소개하도록 하겠다.

인생을 잘사는 방법 1. 일단 웃기

사람은 즐거울 때 웃음을 짓는다. 하지만 "매일 차 심부름만 하는 것은 싫어"라고 생각하면, 웃으려 해도 웃음이 나오지 않는다. 그럴 때야말로 무리해서라도 웃고 즐거운 일을 상상해 보자. 그러면 점점 기뻐진다. 힘든 때야말로 즐거운 웃음을 상상하면 인생은 아마 기쁨으로 가득 찰 것이다.

인생을 잘사는 방법 2. Not을 붙이기

미국의 일류 비즈니스맨들이 마음속으로 되풀이하는 말이 바로 "Not"

이다. 우리는 평소 사물을 부정적으로 바라보는 경향이 있다. 예를 들면 상사가 일을 주면 "그건 안 돼", "해 봐야 소용없어", "전례가 없어"라는 식으로 대하는 경우가 많다. 그런데 이런 식으로 처음부터 비관하면 할 수 있는 일도 안 되게 마련이다.

여기서 Not이 등장한다. 미국의 일류 비즈니스맨들이 애용하는 말 Not을 모든 부정적인 생각에 붙여 보면 이렇게 된다.

"그건 무리야"에 Not을 붙이면 → "그건 무리가 아니야!"
"해봐야 소용없어"에 Not을 붙이면 → "해봐야 소용없을 리는 없어!"
"전례가 없으니 불안해"에 Not을 붙이면 → "전례가 없으니 불안할 건 없어!"라고 된다.

이렇게 Not을 붙이기만 하면 부정적인 생각이 긍정적인 생각으로 바로 바뀐다. 이 긍정적 사고가 바로 "프래그머티즘"에 따른 성공 철학이며, 미국 일류 비즈니스맨들이 지지하는 사상이다.

제임스는 말한다.

"인간의 생활 속에서, 논리적으로 검증할 수 없는 것이 있다. 예를 들면 '인생에는 보람이 있을까?'와 같은 문제이다. 이를 머릿속으로 생각만 해봤자 소용없다."

혹, 지금 고민하고 있는 사람이 고통스러운 인생에 굴하지 않고 돌진하다가, 결과적으로 "살길 잘했다"라고 생각한다면, 누가 뭐래도 인생에는 보람이 있다는 것이 진리인 것이다.

그래서 제임스는 "인생에는 보람이 있다고 믿어라, 그러면 그 신념이 보람을 가져다 줄 것이다"라고 말하고 있는 것이다.

믿으면 반드시 성공한다는 "프래그머티즘"의 사고방식은 정말 멋지다.

어떻게 제임스는 이런 생각을 갖게 되었을까? 그의 청년시절의 기묘한 체험이 이유가 되었다.

제임스 사상의 근원

뉴욕의 부유한 가정에서 태어난 제임스는 많은 것을 배우고 생각하는 삶을 살았다. 소년 시절에는 불어와 독일어에, 그리고 13살 때에는 그림에 열중했다. 이어서 표본 수집을 계기로 생물학에 관심을 갖게 되어 의대에 진학해 생리학과 해부학을 공부했다. 또 같은 시기에 유럽 철학을 독학으로 공부했다. 그 후에 그의 관심은 심리학으로 향했다.

그런데 제임스는 왜 그렇게 공부하며 생각하려고 했던 것일까? 그것은 청년기의 제임스가 보았던, 정신병원에서 울부짖는 환자의 모습 때문이었다.

이때 제임스는 이렇게 생각하게 되었다.

"어쩌면 나도 마음의 병에 걸리게 될지도 몰라."

이때의 불안이야말로, 제임스가 온몸과 마음을 다해 배우며 생각하려는 계기가 돼 준 것이다. 제임스에게 있어서 생각하는 일이란 불안으로부터 벗어나기 위한 수단이었던 것이다. 믿으면 꼭 성공할 수 있다는 사상을 깨달은 것도, 불안이 사색의 원동력이었기 때문일지도 모른다.

제임스는 이런 말을 남겼다.

"인생을 두려워하면 안 된다. 인생에는 보람이 있다는 것을 믿어라."

"우리는 행복하기 때문에 웃는 것이 아니고 웃기 때문에 행복하다"는 명언을 남긴 제임스. 믿으면 꼭 성공할 수 있다고 믿은 제임스. 우리도 그렇게 믿으면 반드시 그렇게 될 것이다.

deep knowledge

깊은 지식 코너

자유의지로의 행동

미국의 철학자 제임스. 하지만 그가 처음부터 철학자였던 것은 아니다. 제임스가 철학자로서 활약한 것은 1948년부터 68년까지의 20년간으로, 그전까지는 하버드 대학 등에서 심리학 강사로 일하는 심리학자였다.

심령, 유령, 텔레파시, 초능력 등의 연구도 하고 있었던 제임스는 1882년 영국에 설립된 심령현상연구회의 영향을 받아 미국에도 이와 같은 조직을 만들어 초능력 소유자의 연구 등에도 착수했다.

제임스의 저술 시기는 대략 세 단계로 구분된다. 첫 번째는 스코틀랜드와 독일 철학의 정신 이해와 골상학의 관점에서 심리학을 연구했던 당시 미국의 분위기와는 정반대로, 실험에 기초한 심리현상연구를 통해 독자적으로 기능주의 심리학을 수립한 시기로 『심리학 원리』를 출판했다.

두 번째는 종교나 철학에 관련된 주제들을 연구하던 시기이다. 이 시기에 제임스는 여러 곳으로부터 초빙을 받아 강의를 하였는데, 그 결과물은 책으로 출판되어 제임스에게 명성을 안겨다주기도 하였다.

세 번째는 프래그머티즘, 진리론, 그리고 그의 인식론적인 급진적 경험론에 대한 강연을 통해 자기만의 독특한 사상을 확립한 시기이다. 대표적인 강연은 1908~1909년에 행한 옥스퍼드 대학의 히버트 강연이다. 이 시기의 대표적 저술로는 『프래그머티즘』, 『다원적 우주』, 『진리의 의미』 등이 있다.

사실 제임스의 청년 시절은 프래그머티즘과 같은 긍정적인 자세와는 정반대였다. 몸이 약해서 몇 번이나 병에 걸렸고 고도의 항우울증 상태에 빠졌다. 항우울증은 자신의 가치를 의심하기에 이르렀다.

이때 읽은 것이 프랑스의 철학자 샤를 베르나르 루느비에의 저서였다. 이로부터 "자유의지를 가지고 행동한다면, 자신의 가치를 남김없이 발휘할 수 있다"고 확신하고, 그 후 그의 재능을 한꺼번에 꽃피웠다. 그야말로 한 권의 책에 의해 인생이 크게 바뀐 것이다.

27

로또로 바라본
비트겐슈타인의
논리철학논고

루트비히 비트겐슈타인
(1889~1951년)
오스트리아 태생의 수학적 논리학자이자 철학자이다. 빈 출신으로 후에 영국으로 이주했다. 처음에는 수학의 기초 이론과 논리학에 치중했으나, 후에 언어 게임의 이론 등 일상 언어가 가진 논리 연구에 몰두했다. 유일한 생전 저작물인 『논리철학논고(1922)』 이외에, 사후 제자들에 의해 연구 노트의 사상을 정리하여 발간된 『철학 탐구(1953)』가 있다.

오스트리아가 낳은 철학자 루트비히 비트겐슈타인은 29세의 젊은 나이에 『논리철학논고』를 집필했다. 제목부터가 심상치가 않은 이 철학적 사고는 "잘 모르는 일에 대해서는 입 닥치고 있어라"는 주제를 담고 있다. 읽고 싶은 마음을 싹 가시게 만든다고 생각할 텐데 그것은 매우 안타까운 일이다. 이를테면 먹음직스러운 회가 슈퍼마켓의 과자 코너에 그냥 방치된 것과 같은 상황인 것이다.

이 책은 그리 두껍지도 않고, 내용도 짧은 코멘트가 순서대로 적혀 있는 간단한 책이다. 물론 제목에서 풍기는 인상과 같이 그 내용은 무척 난해하다. 그렇다면 이 어려운 책을 우리와 매우 친숙해진 로또에 비유하여 그 의미를 살펴보자.

"논리철학논고"란?

"논리철학논고!"
이 책을 사람들은 이렇게 평가하곤 한다. 2000년간 이어진 철학의 역사를 파괴한 책이라고.

철학을 파괴했다는 소리는 무슨 의미일까? 사실 플라톤, 헤겔, 니체 등 위대한 철학자들이 쌓아 온 철학의 아성은, 모두 언어(말)로 이루어져 있었다. 그런데 비트겐슈타인은 이렇게 단언했던 것이다.

"여태까지의 철학은 언어를 잘못 사용했다. 그러므로 전혀 의미를 갖지 못한다!!"

무지하게 대담한 발언이다. 지금까지 쭉 여자라 생각했는데, 실은 그 사람이 남자였던 것만큼이나 충격적인 일이다. 비트겐슈타인은 철학자들의 말을 비판함으로써, 그 말을 의미 없는 것으로 만든 후, 결과적으로 과거의 철학 자체를 무의미한 것으로 만들고자 했던 것이다. 이를 "문제의 소거"라고 한다. 즉, 그는 철학이 다루어 왔던 문제를 모두 소거하여, 결과적으로 철학을 파괴해 버린 것이다.

논리철학논고는 이렇듯 충격적이다. 어쩌면 이 책을 읽고 나서 논리철학논고에 쓰인 것처럼 지금 떠안고 있는 모든 문제들을 모두 지워 없애 버릴지도 모르는 일이다.

비트겐슈타인은 스스로에 대해 다음과 같이 말하고 있다.

"내가 마지막 철학자이다."

그는 자신의 비판을 통해 철학은 더 이상 존재하지 못할 것이라고 생각했던 것이다. 그러면 비트겐슈타인은 철학을 어떻게 파괴한 것일까? 이를 푸는 열쇠는, 당첨되는 순간 큰 돈이 굴러 들어오게 되는 로또에 있다.

철학을 파괴하는 법

철학을 파괴한 논리철학논고. 당시까지의 모든 철학을 의미 없는 것으로 바꾸어 버린 비트겐슈타인의 철학이란 어떤 것일까? 비트겐슈타인의 철학은, 일단 "언어로 표현할 수 있는 것"과 "언어로 표현할 수 없는 것"을 구분하는 것이었다. 즉, 언어의 한계 = 지식의 한계 = 세계의 한계를 명확하게 구분하는 것이다.

예를 들어 "오늘, 로또 1등에 당첨되었다"란 말이 있다고 하자. 이것을 비트겐슈타인이 말하는 "의미 있는 명제"로 바꾸면 "오늘, 로또에 당첨되었다"가 된다.

그 반대로 "의미 없는 명제"란 것은 "놀랍게도 로또에 당첨되었다"와 같이 가치 판단을 포함하는 말이나 "로또에 당첨된 것은 하느님 덕분이야!" 등처럼 사실 확인을 할 수 없는 말을 뜻한다.

이런 말들은 세계에 정확하게 대응하지 못하므로 무의미하다는 것이다. 즉, 비트겐슈타인은 사실을 그대로 표현하지 않는 말은 틀린 것이 아니라 "의미가 없는 것"이라고 생각한 것이다. 그러면 그것이 왜 철학의 파기로 이어지는 것일까? 그 답은 그가 말한 다음의 말로 표현할 수 있다.

"말할 수 없는 것에 대해서는 침묵할 수밖에 없다."

무슨 말일지 도통 이해가 안 갈지도 모른다. 그렇다면 우리가 로또를 사러 간다고 가정하여 보자. 당신은 꿈같은 1등에 당첨되기 위하여 로또를 구입했고, 지금껏 수많은 당첨자를 낳았던 한 판매처에서 로또 100장을 구입했다. 많이 살수록 당첨 가능성은 그만큼 커지기 때문이다.

"이제 로또 당첨은 따 논 당상"이라고 생각하는 당신은 친구에게 이런 얘기를 시작한다.

"음, 당첨되면 뭐 사지? 롤렉스시계, 새 차, 아~ 아파트도 사야 하고……."

그러다 당첨도 되지 않은 로또 당첨금의 사용처에 대한 이야기를 계속 듣고 있다가 질려 버린 친구는, 당신에게 이렇게 대꾸한다.

"그런 얘기 해봤자 무의미하잖아."

맞는 얘기다. 지금 당장 로또에 당첨되어 돈이 수중에 있는 것도 아닌데 사용처에 대해 열심히 고민을 하고 있으니 말이다. 이처럼 지금까지의 철학은 이렇게 고민만 해 왔던 모습이라는 것이다.

한 술 더 떠 다음과 같은 문장을 살펴보자.

"동그란 삼각형은 동그라미일까, 아니면 세모일까?"

이런 질문을 하는 사람을 누구나 친구로 두고 싶지는 않을 것이다. 문장의 옳고 그름을 떠나 사실적인 요소가 하나도 없기 때문이다.

"죽음이란 무엇인가?", "신은 존재하는가?", "변하지 않는 실체는 존재하는가?", "궁극적 선이란 무엇인가?" 등과 같은 철학적 명제는 무수히 많이 존재하여 왔다. 그리고 많은 철학자들이 이 문제에 고민해 왔다. 하지만 비트겐슈타인에 따르면 철학적 명제들은 원래 사실 여부가 증명되지 않는 것이므로 모두 의미가 없다는 것이다.

그렇다면 여태까지의 노력은 도대체 뭐였을까? 이에 대해 플라톤, 데카르트, 헤겔 같은 사람들이 "그러면 우리는 동그란 삼각형은 동그라미일까, 아니면 세모일까? 하는 것 따위의 문제로 고민했다는 거야?"라고 투덜거리면서 황당해 하는 모습이 눈에 선하다. 비트겐슈타인은 그야말로 철학의 종말을 고하고 있는 것이다.

이렇게 "사고할 수 있는 것"과 "사고할 수 없는 것" 사이에 경계선을 긋는 것, 바로 이것이 비트겐슈타인의 첫 번째 과제였다. 그래서 비트겐슈타인은 다음과 같이 말한 것이다.

"말할 수 없는 것에 대해서는 침묵할 수밖에 없다."

하지만 여기에서 꼭 알아 두어야 할 것이 있다. 비트겐슈타인은 "말할 수 없는 것이야말로 인생에서는 아주 중요하고 신비로운 것이다"라고 생각했다는 것이다.

"물론 말로 표현할 수 없는 것은 존재한다. 그것은 그 자체를 나타낸다. 이것은 신비로운 것이다(논리철학논고)."

로또에 당첨되지 않는다 하더라도 그것은 우리에게 꿈을 안겨 주는 존재인 것과 같은 맥락의 말이다.

비트겐슈타인은 논리철학논고의 집필을 끝냈을 때, 다음과 같이 중얼거렸다.

"모든 철학의 문제는 해결되었다."

그리고 그는 이제 생각해야 할 일은 아무것도 없다고 판단하고 철학을 그만두기로 했다.

하지만 어느 날 친구가 나폴리에서 사람을 모욕할 때 제스추어를 취하는 걸 보고는 논리철학논고가 잘못되었다!는 것을 깨달았다. 그가 깨달은 논리철학논고의 잘못이란 도대체 무엇일까?

"논리철학논고"의 잘못이란?

"사실을 그대로 표현하는 것만이 올바른 말이다"라고 주장했던 논리철학논고에 대해 스스로 잘못을 시인한 비트겐슈타인.

그 잘못이란 도대체 무엇일까?

이를 여자들이 애교부릴 때 가끔씩 내는 소리인 "아~잉"을 예를 들어 살펴보자. "아잉"이란 말 자체에는 전혀 의미가 없다. "사실을 그대로 표현하고" 있지 않은 말인 것이다.

그러면 "아~잉"을 한 상황을 파악해 본다면 어떨까? 데이트를 할 때 늦게 도착한 그녀가 "아~잉" 포즈를 취하고 있다면 그것은 늦었다는 의미일 것이다. 또 그녀에게 "당신을 좋아해요"라고 고백했을 때 그녀가 이 포즈를 취한다면 그것은 "나도요"라는 의미일 것이다. 의미를 갖고 있지 않던 소리가 "의미를 가진 언어"가 되는 것이다.

따라서 논리철학논고에서 "세계와 말이 평행 구조를 이루고 있다"는 사상 이론은 뭔가 이상했다. 그래서 비트겐슈타인은 다시 생각하게 되었다.

말이 의미를 갖는 것은 외부로부터 무엇인가와 대응되는 것이 아니라, 말 자체가 일정한 규칙에 맞게 사용되기 때문이라고 보게 된 것이다. 여기서 비트겐슈타인은 "언어란 무엇보다도 먼저 활동으로서 이해해야 한다"고 말하면서, 이것을 언어 게임에 비유했다.

예를 들어 오리처럼도 보이기도 하고 토끼처럼도 보이기도 하는 그림이 있다고 치자. 이 그림은 어느 쪽을 묘사한 것일까? 주둥이일까, 아니면 긴 귀일까? 보는 방향에 따라서 어느 쪽으로도 보이기 때문에 이 그림만 가지고는 오리인지 토끼인지 정확한 단어를 찾을 수 없다.

하지만 이 그림 옆에 만약 거북이가 있다면 어떻게 될까? 그렇게 되면 이 그림은 토끼가 정확하다고 단언할 수 있지 않을까?

그래서 비트겐슈타인은 다음과 같이 말하고 있다.

"거기에 한 개의 규칙이, 길잡이처럼 서 있다("탐구" 85절)."

이리하여 비트겐슈타인을 필두로 철학이 언어를 탐구하는 시대가 도래했다. 이를 "언어론적 전회"라고 부른다.

비트겐슈타인의 삶

철학의 숨통을 끊는 일에 온 힘을 다한 비트겐슈타인. 그런 그의 삶은 어떠한 것이었을까? 그는 가위 바위 보 게임에서 가위에도, 바위에도, 보에도 이기는 이상한 손 모양처럼 기괴한 삶을 살았다.

1889년 비트겐슈타인은 당시 유럽 최고의 재산가의 대열에 있던 집안에서 여덟 형제 중 막내로 태어났다. 유럽의 산업왕이라 불리며, 강력한 카리스마로 사람들을 지배하고, 강한 권력을 가지고 있었던 아버지 칼은, 그 아들들 역시도 엄하게 키우려고 하였다.

아버지에게 속박당하는 생활 속에서 삶의 의미를 잃어버린 세 명의 형들은 차례로 자살로 생을 마감했다. 형들의 죽음에 깊은 상처를 입은 비트겐슈타인은 삶의 의미를 찾기 위해 철학의 세계에 발을 들여놓게 되었다.

하지만 철학은 그에게 삶의 의미를 가르쳐 주지 못했다. 그리하여 논리철학논고를 탈고한 2년 후, 아버지로부터 물려받은 막대한 유산을 모두 누나에게 양도하고, 비트겐슈타인은 가난한 마을의 초등학교 교사가 되었다.

거기서 그는 마을의 아이들에게 "신은 존재하지 않는다", "사실만이 전부"라는 식의 자신의 사상을 가르쳤다. 하지만 그의 사상을 어린 아이들이 이해할 리 없었다. 학부형을 비롯한 마을 사람들도 점점 그를 이상한 사람으로 취급하기 시작했다.

그럼에도 불구하고 마을에서의 생활은 비트겐슈타인에게 만족스러운 나날이었던 것 같다. 그가 자신의 은사에게 보낸 편지의 내용은 그 단면을 정확하게 보여 주고 있다.

"지금까지 저는 살아가는 것이 너무 힘들었습니다. 하지만 지금은 희망을 갖고 있습니다."

철학을 버리고, 재산을 버리고, 인생을 걸고 나서야 찾은 삶의 보람. 이것은 다름 아닌 아이들의 미소였던 것이다.

1939년 비트겐슈타인은 철학적 분석의 대가 G. E. 무어가 맡고 있던 케임브리지대학교의 철학 교수직을 승계했다. 제2차 세계대전 중에는 런던에 있는 가이스 병원에서 직원으로 일했으며, 나중에는 로열 빅토리아 병원에서 실험실 보조원으로 근무했다. 전쟁이 끝나고 다시 대학으로 돌아와 강의를 계속하다가 자신의 "철학적 탐구"를 완성하기 위해 대학을 그만두었다. 그리고 아일랜드 서부 해안가의 한 오두막에서 머물며, 대부분의 시간을 미국과 영국의 여러 친구들과 함께 보냈다.

비트겐슈타인은 암에 걸려 사망할 때까지 정열적으로 자신의 철학적 탐구를 계속 했다. 그는 자신이 암에 걸렸음에도 불구하고 병에 대해 전혀 괴로워하지 않았다. 왜냐하면 그때 그는 더 살려는 소망이 전혀 없었기 때문이다.

지금 당신은 무엇을 고민하고 있는가? 애정 문제, 아니면 직장 문제? 그런 당신에게 비트겐슈타인 식의 고민 해결법을 제시하고 싶다. 그러한 삶의 문제들을 소실燒失의 형태로 받아들이라는 것이다. 즉, 어떤 문제를 해결하려는 것이 아니라, 처음부터 그런 문제 따위는 없었던 것처럼 생각하라는 것이다. 당신의 고민은 처음부터 아무래도 괜찮은 것이었다. 어떤가? 해결되지 않았는가?

deep knowledge

평범한 사람과 천재의 이루지 못한 만남

비트겐슈타인이 14살 때에 아돌프 히틀러도 같은 학교에 다니고 있었다는 것은 유명한 일화이다. 하지만 동갑인 두 사람이 같은 반이 된 적은 한 번도 없었다. 왜냐하면 스스로를 평범하다고 생각했던 비트겐슈타인은 항상 한 학년 위에 있었고, 주위 사람들은 모두 다 바보이며 자신만이 빛난다고 생각했던 히틀러는 낙제하여 한 학년 아래에 있었기 때문이다. 그로 인해 자칭 "평범한 사람"과 자칭 "천재"인 사람은 결국 끝까지 만나지 못했다.

사실 비트겐슈타인은 철학뿐만 아니라 기계공학, 건축, 조각, 음악에도 비범한 재능을 보였다고 한다. 그야말로 천재였던 것이다. 그런데 조금 특이하게도 하던 일을 중간에 갑자기 그만두어 버리곤 했다. 하지만 뛰어난 성적에서 알 수 있듯이 처음부터 포기한 사람과 달리 두각을 나타내었다.

또한 비트겐슈타인은, "말할 수 없는 일에는 침묵"해야 한다고 스스로가 말했듯이 친구의 집을 방문해 놓고서는, 몇 시간이나 말없이 사색에 빠진 적도 있었다고 한다.

사실 분명히 따져 보면 "논리철학논고" 자체도, 무의미한 명제의 집합이었다. 비트겐슈타인 자신은 그것을 잘 알고 있었지만 29살이라는 젊은 청년의 자신감이 이 책으로 철학적인 명제를 궁극적으로 해결할 수 있다고 자만한 것이다. 물론 나중에 수정을 했지만 말이다.

아카데믹한 환경을 계속 거부했던 비트겐슈타인. 하지만 그는 카리스마를 가진 교사이기도 했다. 그의 비범함과 강한 신념은 사람들의 눈에 띄어 항상 고독을 추구했던 그임에도 불구하고, 그 주위에는 많은 친구들이 모여들었다. 이러한 그의 사상이 전 세계에 큰 영향을 끼친 것도 어쩌면 아이러니한 일이다.

28

초콜릿으로 들여다본 가르시아 마르케스의 백 년 동안의 고독

> **가르시아 마르케스**
>
> (1928~)
> 콜롬비아의 소설가이다. 현대 라틴아메리카 문학의 기수 중 한 사람이며, 매직 리얼리즘의 수법으로 현대소설에 새로운 바람을 불어넣었다. 노벨문학상 수상작 『백 년 동안의 고독(1967)』은, 역사의 흐름과 인간의 고독을 그린 것으로 전 세계에서 공전의 반향을 불러일으켰다. 그 이외의 저서로 『족장의 가을(1975)』, 『예고된 살인의 기억(1981)』 등이 있다.

노벨문학상 수상 작가인 가르시아 마르케스. 그의 이름을 콜롬비아의 작가에서 일약 현대 라틴아메리카 문학을 대표하는 문학가로 알려지게 한 작품이 바로 『백 년 동안의 고독』이다. 어렸을 적에 들은 할머니의 이야기를 힌트 삼아, 매직 리얼리즘이라는 참신한 소설의 기법을 탄생시킨 그의 소설을 초콜릿에 비유하여 알아보자. "왜 초콜릿이야?"라고 의아해 할 수 있는데 이 책의 매직 리얼리즘 기법 때문에 그 비유가 성립될 수 있는 것이다.

『백 년 동안의 고독』은 어떤 책일까?

남미 콜롬비아가 낳은 천재 소설가 가르시아 마르케스가 쓴 『백 년 동안의 고독』을 사람들은 세상의 가치를 뒤흔든 소설이라고 평가하기도 한다.

그런 『백 년 동안의 고독』을 읽어 내는 키워드는 만화적 표현이다.

예를 들면 소설의 이런 장면이 등장한다.

"마을의 신부가 교회를 지을 자금을 모으기 위하여, 초콜릿을 마시고 공중을 떠다니질 않나…….

절세 미녀가 어느 날 갑자기 얼굴이 투명해져서, 그대로 요람에 싸여 하늘로 날아가거나…….

4년 11개월간 비가 오는 바람에, 물고기가 문으로 들어와서 이 방 저 방을 헤엄친다거나……."

정말 코믹하지 않는가. 더 과격하게 말하자면 엉망진창이라 할 수도 있다.

하지만 이것이야말로 『백 년 동안의 고독』이 사람들의 가치관을 뒤흔든 원인이다. 현대에 비유하자면 일본 애니메이션을 참고하여 만들었다가 그 영상의 참신함으로 화제가 된 『매트릭스』같은 영화라 할 수 있다. 그런 가르시아 마르케스의 『백 년 동안의 고독』, 꽤 긴 페이지에 이르는 이 작품의 내용을 30자 이내로 요약하면 이렇다.

마콘도라는 마을을 만든 부엔디아 일족의 100년 동안의 이야기. 끝!

줄거리는 이것이 전부다. 이 소설의 진가는 그 디테일에 있는 것이다.
사실 만화적 표현이 군데군데 등장하는 가르시아 마르케스의 『백 년 동안의 고독』은 세계 22개국어로 번역되어 3,000만 부 이상 팔린 초베스트셀러 중의 베스트셀러이다. 얼마나 많이 팔렸으면 작가 본인이 "핫도그처럼 팔렸다"라고 비유했겠는가.

그럼 왜 『백 년 동안의 고독』은 핫도그처럼 많이 팔린 책이 되었을까? 그 비밀은 이 소설에 사용된 표현에 있었다.

초콜릿으로 풀어 보는 "백 년 동안의 고독"

핫도그처럼 팔린 『백 년 동안의 고독』에서 가르시아 마르케스가 쓴 수법은 매직 리얼리즘이다.

이 말을 사전에서 찾아보면 "중남미 소설의 특징인 현실과 신화적 환상을 섞은 기법"이라고 나온다.

무슨 말인지 이해를 돕기 위해 다음을 읽어 보자.

밸런타인데이 날에 흔히 볼 수 있는 광경을 리얼리즘 즉, 보통 표현으로 묘사하면 이렇다.

"긴장한 그녀가 초콜릿을 건넸더니, 그가 무척 기뻐했다."

하지만 이 장면을 매직 리얼리즘으로 표현하면 이렇게 변한다.

"긴장한 나머지 돌처럼 딱딱해진 그녀가 초콜릿을 건넸더니, 그는 하늘을 날며 즐거워했다."

이처럼 매직 리얼리즘이란 초콜릿을 건넨다는 현실과, 돌이 되거나 하늘을 난다는 환상을 섞어서 묘사하는 애들 만화 같은 기법이다.

그러면 왜 매직 리얼리즘이라는 표현법을 사용한 『백 년 동안의 고독』은, 이처럼 사람을 매료시키는 소설일까? 이를 초콜릿으로 풀어 보자.

사실 초콜릿 전문점에는 항상 직장 여성들로 바글바글하는 경우가 대부분이다. 최고급 원료를 사용하여 맛을 내고 있기 때문이다. 하지만 거기에만 이유가 있는 것이 아니다. 초콜릿의 디자인에도 그 비밀이 숨어 있다. 특히 인기를 끌고 있는 초콜릿을 보면 주로 애들 만화 같은 환상적인 형태로 디자인되어 있는 경우가 많다.

즉, 초콜릿

이라는 맛과 꼭 갖고 싶을 만한 디자인을 혼합하여 두 번 즐길 수 있게 만드는 것, 바로 이것이 초콜릿의 매직 리얼리즘인 것이다.

초콜릿의 매직 리얼리즘이 인기를 끄는 것처럼, 코믹하고 이상한 세계와 현실을 섞은 『백 년 동안의 고독』이 인기를 끌지 않을 이유가 없는 것이다. 즉, 『백 년 동안의 고독』은 우리들의 일거양득을 노리는 욕망을 자극하는 소설이었던 것이다. 이것이 3,000만 부를 팔아치운 베스트셀러가 된 이유의 하나였던 것이다.

가르시아 마르케스는 매직 리얼리즘의 수법을 확실하게 하기 위하여, 한 가지 더 고안을 했다고 한다. 그것은 저널리즘적 눈속임이다.

그냥 "코끼리가 날고 있어"라고 하면 단순한 환상 이야기에 불과하게 될 것이다. 하지만 "코끼리가 23마리가 날고 있어"라고 표현하면 어떨까? 조금 사실처럼 보이지 않는가?

가르시아 마르케스는 이러한 저널리즘적 눈속임을 사용하여 매직 리얼리즘을 발전시켰다고 한다. 하지만 『백 년 동안의 고독』의 진수는 이런 기법이나 눈속임에만 있는 것이 아니다. 『백 년 동안의 고독』의 진수는 이 매직 리얼리즘을 사용한 이유에 있다.

매직 리얼리즘을 사용한 이유

그러면 왜 가르시아 마르케스는 『백 년 동안의 고독』에 매직 리얼리즘이라는 기법을 사용했을까? 그것은 바로 어렸을 때 들었던 할머니의 이야기를 표현하고 싶었기 때문이다.

가르시아 마르케스의 고향인 남미 콜롬비아는 유럽의 식민지 지배로 인하여 그 역사는 폭력에 의하여 만들어졌다고 할 수 있을 만큼 비참한 것이었다. 그런 와중에 소설가가 된 가르시아 마르케스는 이런 고민을 하고 있었다.

"민중의 눈으로 본 남미의 역사를 소개하고 싶다."

하지만 그것을 있는 그대로 표현하면 너무 비참하고, 어려워서 대중이 읽어 주지 않을지도 모른다. 그때 그는 문득 "할머니의 말투를 쓰면 어떨까?"라는 생각을 떠올렸다.

예를 들어 우리나라 사람들이 좋아하는 전래동화의 하나인 별주부전과 같은 식이다. 별주부전은 용왕이 아파서 토끼의 간을 먹으려 했는데, 토끼가 꾀를 내어 도망쳤다는 이야기이다.

그런데 이것을 사람으로 표현하면 어떻게 되겠는가? 사람의 간을 먹겠다고 한다면 아무래도 무서운 얘기가 될 수밖에 없을 것이다. 그러나 토끼와 자라가 등장하는 환상적인 표현으로 바꾸어 즐길 수 있는 것이다. 어쩌면 이런 비유는 일본 사람들이 좋아하는 옛날 이야기인 "원숭이와 게의 대결"을 보면 더 쉬울 것이다.

어쨌든 "원숭이와 게의 대결"의 일부를 사람으로 표현하면 이렇다.

게 아줌마는 자기 집 감을 자기 맘대로 먹는 원숭이 군을 야단친다. 이에 화를 낸 원숭이 군은, 손에 든 감을 게 아줌마에게 던졌다. 운 나쁘게 그 감을 머리에 맞은 게 아줌마는 죽고 말았다.

엄마인 게 아줌마의 죽음을 들은 아들들은 원숭이군에게 복수하기로 다짐한다. 도우미를 구하여 원숭이 군을 잡는 데 성공한 후, 아들들은 가위로 원숭이 군을 갈기갈기 찢어 버렸다는 것이다.

꽤 잔혹한 내용이 되어 버렸는데 사람 대신 원숭이나 게가 등장하는 환상적인 표현으로 인하여, 그 비참함을 잊고 즐길 수 있었던 것이다.

이와 같이 가르시아 마르케스도 남미의 비참한 역사를 알기 쉽게, 재미있게 전달하기 위하여 매직 리얼리즘*이라는 수법을 사용했다.

실례를 든다면 아르카디오 부엔디아가 죽는 장면을 이렇게 그려 내고 있다.

"어느 집에서 권총 소리가 났다.

한 줄의 피가 문틈에서 밖으로 흘러 나와, 울퉁불퉁한 길을 지나 터키인 거리를 빠져나갔다. 그리하여 부엔디아 일가의 집 문 아래를 통하여 아내가 빵을 만들기 위하여 36개의 계란을 깨려고 하고 있는 부엌에 나타났다.

그것을 본 아르카디오의 아내는 이렇게 말했다.

어머, 큰일이네!"

죽음이라는 비참한 장면을, 이렇게 코믹하고 놀라운 표현을 사용하여 묘사한 가르시아 마르케스! 이 표현을 통하여 남미의 현실을 전달한 『백 년 동안의 고독』은, 아직도 아이들로부터 어른들에 이르기까지 여러 사람들에게 사랑받고 있다.

할머니의 말투로 남미의 비참한 현실을 표현한 가르시아 마르케스. 그러면 그는 왜 남미의 비참한 현실을 소설로 삼으려 했던 것일까?

---

* **매직 리얼리즘**
눈속임을 뜻하는 매직과 인간의 이성으로 바라보는 세상만을 믿는 리얼리즘이라는 두 세계가 만나 이루어진 마술적 사실주의를 뜻하는 장르이다. 1920년대부터 대두되어 1960년대 라틴 아메리카의 문화가 전 세계에 보급되고 유행하면서 큰 인기를 끌었다. 두 노벨상 수상 작가 가브리엘 마르케스와 알드레 아스뚜리아스의 작품은 많은 예술가들에게 영감을 불어 넣었다.

남미의 현실을 소설의 주제로 삼은 이유

가르시아 마르케스는, 어릴 적에는 콜롬비아의 따뜻한 카리브해 연안에서 조부모로부터 사랑을 받고 자랐다. 하지만 9살 때에 이르러 조부모로부터 떨어져 나와 어머니에게 가게 되었지만, 집이 가난하여 장학금을 받고 기숙학교에 들어가게 되었다.

가족과 지낸 따뜻한 카리브에서의 생활에서 안데스의 추운 도시에 이주하게 된 그는, 그곳에서 고독한 생활을 보내게 된다. 그러다가 20살이 되었을 때쯤 그에게 한 사건이 일어났다. 그가 좋아했던 할아버지의 죽음이었다.

그 후 시골로 돌아간 가르시아 마르케스는 그곳에서 엉망으로 망가진 옛 집을 보게 되었다. 그때 그는 생각했다.

"결국 사람은 무에서 태어나 발전하다가, 몰락을 맞아 다시 무로 돌아간다"라고.

그 생각은 남미의 현실 그 자체였다.

식민지 지배, 빈곤, 차별 등 남미 사람들이 가진 것이라고는 고독한 죽음 이외에 아무것도 없었던 것이다. 바로 이것이 가르시아 마르케스가 남미의 현실을 표현하고자 했던 이유이다.

그는 『백 년 동안의 고독』을 통하여 "사람은 항상 고독하다"는 것을 전달하고자 했는지도 모른다.

이제 가르시아 마르케스의 『백 년 동안의 고독』이 이해되었을 것이다. 혹시 인생에서 조금이라도 고독을 느낀다면 이 책을 읽어 보는 게 어떨까? 고독의 의미를 조금은 이해할 수 있게 될지도 모르는 일이다.

마르케스의 비참했던
콜롬비아의 삶

마르케스가 결정적으로 작가가 되기로 결심하게 된 것은 프란츠 카프카의 『변신』을 읽고 나서였다고 한다. 그 소설을 읽고 그는 이런 일들도 현실 속에서 벌어질 수 있을 거라고 생각했다고 하는데, 아마 그보다는 이런 이야기라면 자신이 훨씬 더 많이 알고 있고, 또 잘 쓸 수 있다고 생각했기 때문이 아닐까 싶다. 그만큼 그가 살았던 남미 콜롬비아의 삶은 비참했던 것이다.

『백 년 동안의 고독』의 무대가 된 허구의 땅 마콘도와 브엔디아 일족은 다른 마르케스의 작품에도 자주 등장한다.

『백 년 동안의 고독』을 읽고 난 다음에는 다른 베스트셀러인 중편 『예고된 살인의 기록』을 읽어 보는 것은 어떨까? 혼례 소동이 일어난 다음 날, 범행 예고가 있었음에도 불구하고 일어난 잔혹한 살인사건! 매직 리얼리즘은 그다지 많이 나오지 않으므로 스토리와 표현을 즐길 수 있을 것이다. 참고로 이 작품은 영화로도 만들어졌다.

한편 가르시아 마르케스는 1986년에 결성된 신 라틴아메리카 영화기금(FNCL)의 이사장도 맡고 있다. 그는 영화와도 관련이 깊은 인물인 것이다. 그는 멕시코에서 영화 각본을 쓴 적도 있다.

/ 29

여자 아나운서로 독해한
사르트르의
존재와 무

장 폴 사르트르
(1905~1980년)
프랑스의 철학자이자 작가이다. 프랑스에서 처음으로 현상학을 사용한 철학을 확립했다. 스스로는 무신론적 실존주의의 입장을 취했으며, 『구토(1938)』로 일약 유명인사가 되었다. 제2차 세계대전 발발하자 전쟁에 참여하여 포로가 되어 독일군수용소에 수용되기도 하였으며, 수용소에서 탈주하여 파리에서 지내며 『존재와 무(1943)』라는 대작을 집필하기도 하였다. 전쟁이 끝난 후에도 정력적인 집필 활동을 계속하는 한편 사회적, 정치적 문제에도 적극적인 발언을 했다. 사회참여 즉, 앙가주망을 주창했다. 다른 저작으로 『성 주네(1952)』, 『변증법적 이성비판(1960)』 등이 있다.

프랑스의 철학자 사르트르는 1980년에 세상을 떠났다. 언뜻 생각하면 아주 먼 옛날 인물인 것처럼 느껴지지는데 그만큼 유명한 인물인 것이다.

그는 1940년대부터 60년대까지에 걸쳐 철학은 물론이고 소설이나 희극 등의 집필 활동을 했으며 혁신적인 라이프스타일과 적극적인 행동 등으로 세계적인 영향력을 지니고 있었다. 사르트르는 사상계에 있어서 패션 리더라고 부를 만한 존재이다. 그의 대표작은 『존재와 무』이다. 이 『존재와 무』는 마음의 비밀을 밝힌 인류 필독서 중의 하나가 되고 있다. 그런데 그 내용은 무척이나 어렵고 난해하며 책의 두께도 아령 체조가 가능할 정도로 만만치가 않다. 그러니 모두들 이 책에 다가갈 엄두가 쉽게 나지 않을 것이다.

하지만 이 어려운 책을 해석하는 데에는 의외의 힌트가 있다. 바로 여자 아나운서이다. 여기서는 그의 난해한 책의 대표격인 『존재와 무』를 여자 아나운서에 빗대어 풀어 보자.

사르트르의 "존재와 무"란?

"나는 뭐지?", "지금부터 어떻게 해야 하지?", "무엇을 목표로 살아가야 할까?" 등 이러한 것을 생각하기 시작하면 사람은 누구나 불안해진다. 어쩌면 사람은 언제나 자기 속에 불행의 싹을 품은 채 살아가고 있는 것인지도 모른다. 그러기에 20세기의 여러 분야의 거장들은 이러한 인생에 있어서의 불안을 자신의 작품에서 표현하려 했다.

예를 들면 뭉크*는 "절규"라는 작품에서 유소년기의 절망감을 표현했고, 카프카(본서 20장 참조)는 『변신』이라고 하는 소설에서 사는 것에 대한 불안을 절절히 묘사하고 있다. 그리고 불안을 표현하는 사람이 또 나타났는데 그가 바로 장폴 사르트르다. 그는 제2차 세계대전이 한창일 때, "내가 어떻게 존재하는 것일까?"를 명확히 짚어 주며 삶의 지침을 밝히는 철학을 들고 나왔다. 다시 말해 그는 젊은 눈으로 후설의 현상학에 감명을 받아 의식과 세계의 관계 방식에 대해 사색을 넓혀 마침내 초대작 『존재와 무』를 완성했던 것이다.

『존재와 무』의 내용은 지금으로 따지면 "나는 누구? 여기는 어디? 당신은 누구?"라고 하는 의문에 답하고 있다. 기억을 잃은 주인공이 수수께끼를 풀어가는 영화 "메멘토**"와 같은 서스펜스 철학인 것이다.

이러한 내용 때문에 이 책은 전후 허무감에 사로 잡혀 있는 젊은이들에게 열광적인 지지를 받아 하나의 커다란 붐을 일으키게 되었다. 이 책을 읽으면 인생은 왜 이처럼 부조리한 것일까? 사람은 왜 인생에 대해 불안에 빠져 드는 것인가라는 수수께끼의 답을 찾을 수 있는 것이다. 다시 말해 큰 걱정거리를 안고 있는 사람일수록 꼭 읽어야 한다. 그렇다고 해도 실제 읽으려고 하면 상당히 난해해 두렵기까지 하다. 그런데 사르트르의 『존재와 무』를 지극히 간단하게 해석해 버리는 방법이 있다. 평상시에 텔레비전 화면에서 화려하게 활동하고 있는 여자 아나운서를 통해서 말이다. 그녀들이 안고 있는 걱정을 캐치하면 바로 『존재와 무』를 이해할 수

---

* **뭉크** (Edvard Munch, 1863~1944)
  노르웨이의 화가이자 판화가이다. 표현주의의 선구자이기도 하다. 병과 죽음의 이미지를 주제로 선택했다. 대표작으로는 "절규", "키스" 등이 있다.

** **메멘토** (2000년, 미국. 감독 : 크리스터놀란, 주연: 가리피어스, 캐스앤모스, 조 판톨리아노.
  10분 전의 기억을 잃어버리는 남자가 폴라로이드 사진과 육체에 기록한 메모를 기초로 범인에게 다가선다는 내용이다. 인디펜던트한 작품임에도 불구하고 입소문 등으로 평판이 흘러서 전미 10위권에도 들어간 영화이다.

있게 된다.

여자 아나운서와 "존재와 무"

우선 먼저 책의 제목인 "존재", 그리고 "무"라는 뜻부터 알아보자. 책의 내용을 충실하게 요약하면 다음과 같다.

"존재라는 것은…… 그것이 있는 곳에 있는 것이고 있지 않은 곳에 있지 않은 것 같은 존재이다. 그리고 무라는 것은 그것이 있는 곳에 있는 것이 아니고 있지 않은 곳에 있는 것 같은 존재이다."

말해 두지만 "존재와 무"는 같은 음이 반복되어 적힌 말장난 같은 책이 아니다. 지독하게 난해한 책이다. 그렇다면 위에서 말한 것과 같이 "존재"는 마이크나 카메라 같은 물체라고 보고, "무"는 여자 아나운서라고 생각해 보자. 다시 말해 사르트르가 쓴 것은 "마이크나 카메라 같은 여러 가지 물건과 아나운서라는 사람"에 대해 쓴 책이라고 생각해 보자. 훨씬 친근감이 들 것이다. 우선, 카메라나 마이크처럼 의식을 가지고 있지 않는 것은 자신이나 다른 것들의 일을 생각하지 않는다. 이것이 사르트르가 말하는 "존재"이다. 반면에 사람은 언제나 무언가를 의식하고, 그 의식한 바를 다시 한 번 의식해 버리는 복잡한 구조로 되어 있다.

이것은 바로 방송 아나운서가 텔레비전에 비춰진 자기 자신의 모습을 다시 한 번 보고 있는 듯한 느낌이다. 자신이긴 하지만 자신은 아닌 것이다. 지금은 자신이라고 생각하고 있지만, 1초 후에는 또 다른 아나운서가 되어 버리는 것이다.

이처럼 사르트르는 마이크나 조명 같이 의식을 가지지 않은 채 전혀 고민 같은 것을 하지 않는 존재를 "즉자존재*"라 하고, 의식을 가지고 외부와의 관계에 고민하는 인간의 존재를 "대자존재*"라고 불렀다. 그런데 "대자존재"로서의 의식은 언제나 "~은 아니다"라고 부정하는 활동을 가지고 있다. 한번 생각해 보자. 만약 당신이 눈앞의 펜이나 컵을 보고 있다면 분명 자신도 모르는 사이에 "이것은 내가 아니야"라고 생각할 것이다.

이처럼 아나운서도 텔레비전에 비춰진 자신을 보고 무의식중에 "이것은 내가 아니야"라고 느끼고 있음에 틀림없다. 즉, 사람은 완전히 자기 자신이 되는 것이 불가능하다는 것이다. 의식은 자신을 부정해서 짧은 순간에 다른 의식으로 변화하고 있는 것이다.

사르트르는 이것을 "자기 안에 금을 만들고 있는 존재"라고 표현하고 있다. 즉, 인간은 항상 자신의 과거로부터 탈출하고 새로운 자신이 되어 가려고 하는 존재라는 것이다. 확실히 자기 자신은 아니다. 그래서 인간은 "무"인 것이다. 즉, 사르트르가 쓴 『존재와 무』는 바로 "물질과 의식"이

---

* **즉자존재, 대자존재**

"즉자존재"라는 것은 컵이나 펜과 같이 의식을 가지지 않는 존재이다. 그렇기 때문에 고민하거나 불안해하지 않는다. 반면에 "대자존재"는 의식을 가지고 있는 존재이다. 즉, 사람에 대한 것이다. 사람은 자기반성을 하기 위해 자신을 둘러보고 언제나 자신을 부정해서 극복해 나가려고 하는 존재이다. 그러므로 불안이 떠나지 않는다.

라는 의미인 것이다. 그럼 이를 다시 여자 아나운서로 더 풀어 보자.

지금은 아나운서이지만, 방송사에 입사하기 전의 이 아나운서는 무엇이었을까? 아마 평범한 여대생이나 취업 준비생에 지나지 않았을 것이다. 다시 말해 지금은 아나운서로 존재하고 있지만, 아나운서가 되기 위해 그녀 나름의 과거를 극복한 것이다.

하지만 그녀는 아나운서가 되기 전에 분명 이런 고민을 안고 있었을 것이다. "지금 공부하고 있는 것이 정말 취업에 도움이 될 것인가?", "자신이 정말로 아나운서가 될 수 있을 것인가?" 등 장래에 대해 상당한 불안감을 갖고 있었을 것이다.

이에 대해 사르트르는 인간이 불안에 휩싸이는 원인을 이렇게 표현하고 있다. "인간은 무이므로 불안해진다"고.

장래에 대한 불안을 안고 있던 평범한 여대생은 그 염원이 이루어져 방송사에 입사해 여자 아나운서라는 존재가 되었다. 하지만 아나운서로 몇 년이 지나자 이번에는 이런 고민을 하기 시작할 것이다. "이대로 괜찮을까? 프리랜서가 되어야 하는 것은 아닐까?"라고 말이다.

만일 아나운서라는 직함을 버리고 프리랜서가 된다면, 그것은 아나운서라는 존재로부터 다시 새로운 존재로 도전한다는 것이고, 그것은 또 한층 더 불안이 덮쳐 온다는 걸 의미할 것이다. 이처럼 당신이 고민하고 있는 것은 당신의 의식이 언제나 "이렇게는 안 된다. 이것은 내가 아니다"라고 외치고 있는 것과 같다.

이에 대해 사르트르는 "인간은 어차피 무익한 수난이다"라고 설명하고 있다. 즉, 사람은 번민으로부터 도망치는 게 불가능한 존재라는 것이다.

이제 조금은 "존재와 무"를 읽은 것 같을 것이다. 하지만 사르트르의 사상은 여기서 그치지 않는다.

사실 『존재와 무』에서 그가 정말 말하고 싶어 했던 요점은 "고민을 안고 있는 인간은 어떻게 주체성을 회복하는 게 좋을까?"였다. 바로 여기에서 사르트르의 존재주의가 크게 빛을 발하고 있기도 하다.

사르트르의 인생 고민 해결법

사르트르가 『존재와 무』를 발판으로 해서 보다 발전시킨 것이 바로 실존주의이다. 사실 이 실존주의는 문장 하나를 외우는 것만으로도 대충 이해할 수가 있다. "실존은 본질에 우선한다*"는 말이다. 간단하게 말하면 "인간은 우선 실존하고 그것으로부터 자기 자신을 만든다"는 것이다.

조금 어렵다면 다시 여자 아나운서의 이야기로 돌아가 보자. "실존은 본질에 우선한다"는 것을 아나운서에 빗대자면 "아나운서는 먼저 존재하고 그로부터 어떤 캐릭터가 될지는 자신이 선택한다"는 말과 같다.

만약 그 아나운서가 참한 캐릭터라고 하자. 물론 여기에는 그 프로그램을 만드는 여러 사람들의 노력이 들어가 있겠지만, 중요한 것은 그 캐릭터가 누군가에 의해 결정되어 만들어진 것은 아니라는 것이다. 그녀가 프로그램을 담당해서 자기 자신이 만들어 완성한 것이다.

역으로 말한다면 지금에 와서 다른 생각을 품고 있다고 한다면 다른

---

* **실존은 본질에 우선한다**
본질을 만든 신이 존재하지 않는 이상 인간은 먼저 본질을 가지고 태어나는 것은 아니다. 우선 이 세상에 던져져서 실존하고 그로부터 자기 자신을 만든다. 즉, 인간은 자유로운 존재다. 하지만 자유롭기 때문에 자신의 행동에 책임을 져야 한다.

캐릭터의 여자 아나운서가 될 수도 있다는 것이다. 극단적으로 말하면 아나운서를 그만두고 여배우가 될 수도 있고, 프로야구 선수와 결혼해서 주부가 될 수도 있는 것이다. 즉, "사람은 자유롭게 무엇이든 될 수 있다. 그러므로 절망적이라고 해서 고민할 필요는 없다"는 것이다.

사실 조명등이나 마이크는 처음부터 역할이 정해져서 만들어진 제품이다. 조명등은 주변을 비추게 되어 있는 것이고, 마이크는 소리를 내게 되어 있는 것이다. 이 경우엔 먼저 "그것이 무엇이다"라는 즉, 본질이 결정되어 존재하기 때문에 "본질은 존재에 앞선다"는 것이 가능하다.

그렇지만 인간은 다르다. 사람은 우선 세상에 던져지게 되고 스스로 자신이 무엇인가 즉, 본질을 결정하는 것이 가능한 존재이다. 그러므로 우선 존재하고 그것으로부터 자기 자신을 만드는 것이다. 이것이 "존재는 본질에 우선한다"라고 하는 내용이다. 인간은 자신의 본연의 모습을 자유롭게 선택하는 것이 가능하다는 것이다. 바로 이 점이 "인간은 자유로운 존재"라는 의미이기도 하다. 그러니 적극적으로 지금부터 자기 자신을 만들어 가면 되는 것이다. 이것이야말로 인생의 궁극적인 고민 해결법이 될 수 있다. 단 여기서 한 가지 마음속에 담아 두지 않으면 안 되는

"실존은 본질에 우선한다"

사르트르의 말이 있다.

"사람은 자유의 형틀에 묶여져 있다."

이것을 간단하게 표현하면 "사람은 자신을 자유롭게 만들 수 있기 때문에 그 행동에 대하여 일체의 책임을 져야만 한다"는 것이다.

그러면 자유의 형틀이라는 건 어떤 것일까? 이를 다시 아나운서의 예로 들어 보자. 자신이 선택한 아나운서라는 길, 그 행동에는 확실히 책임을 져야만 한다. 자유를 누리는 만큼 그에 따른 위험도 수반되는 법이니, 어떤 프로그램을 맡든 최선을 다해 실패하는 일이 없어야 하며 혹여 실패하더라도 그것에 대한 책임을 져야 하는 것이다.

사르트르의 연애와 실존주의

『존재와 무』를 쓰고 언제나 인간의 존재에 대해 자문자답했던 사르트르를 보고 있으면 정말로 머리가 좋을 것 같은 신사의 이미지가 떠오른다.

하지만 사르트르 류流라고 하면 그것의 본질은 매우 여자를 좋아한다는 것이다. 학생시절부터 애인 보부아르*가 있었음에도 염문이 끊이지 않았다. 신장도 160센티미터로 작고, 언제나 벌레를 씹은 듯한 표정을 짓고 있었으며 게다가 잘생긴 것도 아닌데 말이다. 그런데도 왜 인기가 많았던

---

* **보부아르** (Simonese de Beauvoir 1908~1986)
프랑스의 소설가이자 철학자이다. 사르트르의 반려자로 파리의 상류계급으로 태어나 소르본느 대학에서 철학을 전공했다. 고등학교에서 교편을 잡은 후 43년 『초대받은 여자』로 작가 대열에 들어섰다. 주 저서인 『제2의 성』은 여성해방운동에 큰 영향을 주었다.

것일까? 사르트르와 연애한 여자는 그 이유를 다음과 같이 밝히고 있다.

"사르트르란 사람은 황금의 입을 가지고 있어요."

사실 사르트르는 황금의 입과 명석한 두뇌를 구사해서 계속해서 새로운 여자를 만들어 갔던 것이다. 그렇다고 한다면 사르트르가 힘겹게 완성한 실존주의야말로 바람기의 변명이라고 대담한 반론을 세울 수 있다.

"인간은 자유롭게 무엇이든 될 수 있다. 하지만 책임을 지지 않으면 안 된다." 즉 "남자는 자유롭게 몇 명이라도 여성을 사귈 수 있다. 하지만 책임을 지지 않으면 안 된다"고 말이다. 그렇다면 여자를 좋아하는 사르트르가 생각했던 남자는 어떻게 살아야 하는 것일까라는 철학, 바로 그것이 『존재와 무』이고, 실존주의라고 말할 수 있을지도 모른다.

그는 사람은 우선 태어나서 그 후로 자신의 선택에 의해 자신을 만든다는 철학을 지니고 있었던 것이다. 조금 전까지만 해도 인생이란 아무것도 아니라고 절망했다면 충분히 다시 태어날 수가 있다. 모든 게 "무"이므로 이 순간에 다시 태어날 수 있는 것이다.

자유로운 연애를 즐긴 사르트르

사실 사르트르는 어린 시절에 오른쪽 눈이 거의 실명 상태가 되어 왼쪽 눈에 의지할 수밖에 없었다. 게다가 만년의 1973년 이후로는 그 왼쪽 눈도 거의 실명 상태가 되어 독서와 집필 활동이 불가능했다.

극작가로서 재능을 발휘했던 그는 노벨문학상을 거부하기도 했다. 그의 희곡 『파리떼』, 『갇힌 방』, 『더러운 손』, 『악마의 신』, 『알토나의 유폐자들』 등은 자신의 사상을 드라마한 것으로 높게 평가받고 있다.

또한 『공손한 부부』, 『광기와 천재』, 등 희극작가라고 하는 측면도 있었기 때문에 대단하다고 할 수 있다.

한편 그는 보부아르와 자유로운 연애에 합의했는데, 그것을 지식인답게 "계약결혼"이라는 어려운 말로 설명했다. 즉, "연애에서는 필연적 연애와 우발적 연애가 있다. 그 어느 쪽도 중요하다"고 하는 것으로 사르트르가 제안했다고 한다.

다른 상대와 우발적 연애를 즐겨도 괜찮지만 서로의 사이에는 비밀을 만들지 않는 것이었다. 이에 보부아르도 동의해 계약은 성립했지만, 우발적 연애는 사르트르 혼자만 즐겼고, 그녀는 질투로 힘들어 했다고 한다.

마침내 1980년 4월 15일, 그가 세상을 떠났을 때 프랑스의 여러 신문들은 이 사실을 아주 크게 보도했고, 장례식장에는 수만의 군중들의 추모 행렬이 이어졌다고 한다.

30

차를 통해 풀어 보는
융의
인간과 상징

칼 구스타브 융
(1875~1961년)
스위스의 심리학자이자 정신분석학자이다. 프로이트와 함께 정신분석학의 발전에 큰 공을 세웠다. 처음에는 프로이트와 사제 관계였지만, 이후에 분파를 형성하여 인간의 심층 해석에 주목하는 융 심리학이라는 독자적인 영역을 개척했다. 인간의 내부에는 선조로부터 이어 온 경험이 공통적으로 축적되어 있다는 집단 무의식의 개념 등을 제기했다. 그 외에도 성격을 외향적, 내향적으로 분류하거나 콤플렉스라는 개념을 수립한 것으로도 유명하다.

당신은 프로이트 파? 아님 융 파? 누군가가 그렇게 물어본다면, 당신은 뭐라고 대답할 것인가? 선뜻 대답을 할 수 없을 것이다. 그런데 이 질문은 스타벅스에서 커피를 주문할 때 점원이 "톨 사이즈로 하시겠어요?"라고 물어 보는데 "톨이 뭐예요?"라고 다시 물어 보면서 허둥대는 것과 같은 상황이다.

융은 프로이트와 함께 인간의 마음 깊숙한 부분을 탐구하는 학문인 심리학의 문을 열고, 그것을 새로운 학문으로 확립시킨 사람이다. 심리학의 창시자인 프로이트가 "아, 그거 성욕, 저것도 성욕, 모두 다 성욕 때문이야!"라고 심층 심리를 해석했다고 한다면, 융은 "UFO, 유령, 괴기현상? 그것 다 심리학의 범위 안이야"라고 주창한 사람이다. 이런 융의 사상을 "홍차, 녹차 등은 결국 모두 다 차!"라는 차의 세계에 빗대어 파악해 보도록 하자.

『인간과 상징』은 어떤 책인가?

스위스의 심리학자 칼 구스타브 융은 프로이트와 함께 정신분석학계를 양분하는 인물이다.

프로이트 하면 대표적인 업적이 무의식의 발견이다. 그는 다음과 같이 주장했다.

"사람의 마음은 빙산과 같아서, 평소에 자각하고 있는 의식은 바다 위에 나와 있는 부분과 같다. 그것은 어디까지나 마음의 일부분에 지나지 않으며, 그 밑에는 방대한 무의식이 자리하고 있다."

융 또한 무의식에 주목했는데 융은 프로이트보다도 더 깊은 무의식의 세계를 탐구했다. 예를 들어 프로이트가 전복을 잡기 위해 일정 부분 이상만 잠수하는 해녀라고 한다면, 융은 최대한 깊이 들어가 잠수 신기록을 세운 챔피언이라고 할 수 있는 것이다. 이 융이 만년에 자신의 연구 성과를 정리한 책이 『인간과 상징』이다.

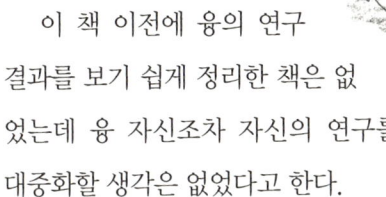

이 책 이전에 융의 연구 결과를 보기 쉽게 정리한 책은 없었는데 융 자신조차 자신의 연구를 대중화할 생각은 없었다고 한다.

하지만 융의 연구 결과를 세상에 알리고 싶어 했던 주위 사람들이 그를 열심히 설득한 결과 제자들과 함께 집필 작업을 시작한 것이다. 그리고 이 책을 탈고한 10일 후, 그는 세상을 떠났다. 『인간과 상징』은 융이 후세에 남긴 메시지가 된 셈이다.

융의 무의식의 세계

프로이트가 생각한 무의식과 융이 생각한 무의식은 과연 무엇이 다른 것일까?

우선 프로이트가 생각한 무의식이란 개인의 마음 깊은 곳에 존재하는 것으로 각각의 사람마다 다른 것이다. 하지만 융은 다음과 같이 말하고 있다.

"가장 깊은 층은 한 사람 한 사람이 독립된 개인으로서의 모습을 벗어나는 층으로, 거기서는 인간의 마음 영역이 확대되어 인류 전체의 마음이라는 영역으로 통합된다."

도시 무슨 말인지 잘 이해가 안 갈 것이다. 이를 차로 비유하여 풀어 보자. 먼저 편의점에 가서 어떤 차가 판매되고 있는지 살펴보자. 거기에는 녹차, 홍차 등 많은 종류의 차가 판매되고 있을 것이다.

모두가 다 다른 차처럼 보이지만 사실 잘 생각해 보면 원재료는 모두 녹차, 홍차와 같은 찻잎이다. 그리고 더 깊이 들어가면 모두 동백과의 차나무 잎이라는 결론에 도달할 것이다. 즉, 어떤 종류의 차라도 그 근본을 따져 보면 서로 다른 것이 아니라, "차나무"라는 공통된 결론이 나오는 것이다.

이처럼 "인간의 무의식도 얕은 곳에서는 각자 다르지만 한층 더 깊은 곳에서는, 인류 공통의 무의식이 존재한다"고 융은 생각한 것이다. 다시 말해 이 무의식을 "집합적 무의식"이라 이름 붙여, 인간의 마음은 모두 깊은 곳에서 연결되어 있다고 설명하고 있다.

집합적 무의식

융은 인류 전체에 공통된 이 무의식의 개념을 어느 정신분열병 환자의 망상에서 착안했다고 한다. 어느 날 환자가 하늘을 쳐다보면서 말했다.

"태양의 페니스가 좌우로 움직이고 있는 것처럼 보인다. 거기서 바람이 발생하고 있다."

이 이야기를 듣고 융은 깜짝 놀랐다. 환자의 망상이 고대 기도서에 적힌 것과 똑같았기 때문이다. 이상하게 생각한 융은 세계의 신화와 옛날이야기를 조사해 본 결과, 서로 접점이 없음에도 불구하고 공통된 이미지가 있다는 것을 발견했다. 그래서 융은 인류의 공통된 이미지를 "원형"이라 불렀다. 이 원형의 대표적인 것이 위대한 어머니(Great Mother)로 이름 그대로 어머니의 이미지를 말한다. 어머니라는 이미지는 따뜻한 이미지와 무서운 이미지 두 개를 다 갖고 있다. 이와 같이 Great Mother에게는 모든 것을 자애롭게 감싸 주는 측면과 모든 것을 없애 버리는 두 가지 측면이 있다고 한다.

"태양의 페니스가 좌우로 움직이고 있다"

예를 들면 자애롭게 감싸주는 면은 성모 마리아나 관음보살 등에서 볼 수 있고, 모든 것을 없애 버리는 측면은 그림 동화책의 마녀나 옛날 이야기의 마귀 할멈에서 찾아볼 수 있다.

그래서 융은 Great Mother를 포함한 이와 같은 원형은 모든 인류의 마음을 잇는 집합적 무의식이 존재하기 때문에 태어날 수 있다고 생각했다. 인류의 마음 깊은 곳에 존재하는 집합적 무의식, 믿기 어렵겠지만 융은 이 집합적 무의식 현상이 우리 주위에서도 종종 일어난다고 보고 있다.

일례를 들어 콧노래를 부르고 있는데 그 노래가 갑자기 라디오에서 흘러나오는 경우가 있다. 이러한 현상들을 융은 그냥 우연의 일치라고 보지 않고 집합적 무의식의 산물이라고 본 것이다.

공시성
Synchronicity

전화를 걸려고 전화기를 들려고 했더니, 바로 그 순간 전화를 걸려고 했던 상대방에게서 전화가 와 깜짝 놀라게 되는 경험은 누구나 한 번쯤 있을 것이다. 보통 사람이라면 우연이라고 치부할 테지만 융은 달랐다.

세상사 모든 일들이 원인이 있고 결과가 있는 법이다. 다시 말해 위에서 예로 든 전화의 경우 나중에 전화한다는 문자가 왔었다면 슬슬 전화가 올 것이라고 예측을 했을 것이다. 그래서 전화가 온 거라면 그 사실에는 인과관계가 존재한다. 하지만 아무 일도 없었는데 그냥 전화를 하려던 참에 전화가 온 것이라면 전화하려고 생각한 것과 전화가 걸려온 것 사이에는 아무런 인과관계가 없다.

이와 같은 원인 불명의 일치가 바로 융이 말하는 공시성이다. 당신도 짚이는 것이 있진 않은가? 데이트에 빨간 옷을 입고 갔더니, 남자 친구도 빨간 옷을 입고 오는 경우라든가, 카레가 너무 먹고 싶었는데, 집에 들어오니 그날 저녁 식단이 카레인 것과 같은 경우 말이다.

이것은 우리 주변의 일상의 예뿐만이 아니라 역사 속의 사건들 가운데서도 공시성의 실례를 찾을 수 있다.

영화 "타이타닉"으로도 유명한 타이타닉호의 비극, 사실 이 사건이 일어나기 14년 전에, 마치 그 일을 예견한 듯한 소설이 출판이 되었다. 모건

로버트슨이 쓴 『타이탄호의 난파』라고 하는 책인데, 호화 여객선이 빙산에 충돌하여 침몰한다는 이 소설의 내용은 타이타닉호 사건과 내용이 흡사할 뿐 아니라, 배 이름(타이타닉/타이탄), 크기(882피트/800피트), 승객 수(약 2,200명/2,000명), 속도(24노트/24노트), 구명보트 수(20/24) 등 세부적인 사항까지 우연이라고 보기에는 신기할 정도로 비슷했다. 이것이야말로 공시성이라고 볼 수 있다.

    융 자신도 직접 공시성을 경험한 적이 있다.

    어느 날 한 여자 환자를 진료하고 있었다. 그녀는 황금으로 된 풍뎅이를 얻는 꿈을 꾸었다고 이야기를 하고 있는데 마침 그때 창문을 두드리는 소리가 났다. 살펴보니 거기에 방으로 들어오려고 하는 풍뎅이가 있었다. 보통 풍뎅이는 밝은 곳을 향하여 나가는 것이 일반적이다. 그런데 이 풍뎅이는 밝은 밖에서 일부러 어두운 그 방 안을 향해 날아 들어온 것이다. 마치 융과 여자 환자를 찾아온 것처럼 말이다.

    융은 이와 같은 공시성도 집합적 무의식에 의해 일어나는 것이라고 판단했다. 즉, "집합적 무의식은 인류에 공통적으로 나타날 뿐만 아니라 전 세계의 여러 현상이나 벌레, 식물에 이르기까지 모든 사물에서 보편적으로 발견된다"는 것이다.

융과 프로이트

취리히 대학 정신병원에서 의사로 일하던 융은 어느 날 한 권의 책을 읽고 충격을 받는다. 그 책은 정신 분석의 기초를 닦은 프로이트의 『꿈의 해석』이었다.

융은 자신의 연구 성과인 "언어 연상 연구"를 프로이트에게 보냈다. 그것이 계기가 되어 두 사람은 공동 연구를 하게 되었고 우정을 쌓아 나가게 됐다. 융이 프로이트의 수제자가 된 것이다. 나중에 융은 프로이트를 처음 만났을 때의 인상을 다음과 같이 말했다.

"처음으로 현실적으로 의미 있는 남자와 만났다."

이 말은 융이 지니고 있던 심리적인 문제를 상징적으로 보여 주고 있다. 융은 어린 시절, 내성적이고 소심한 아버지에게 실망을 했다. 그래서 항상 마음 속 깊은 곳에서 이상적인 아버지 상을 그리고 있었다. 그런 융에게 19살 연상의 프로이트는 이상적인 아버지처럼 느껴졌다.

동시에 프로이트에게도 융은 중요한 존재였다. 유태인이었던 프로이트는 당시 유럽 사회에서는 인정받기 힘든 존재였다. 때문에 스위스 사람인 융을 이용하여 자신의 연구를 인정받으려 했던 것이다. 그리하여 프로이트의 추천에 의하여 융은 국제정신분석협회의 회장으로 취임했다.

하지만 서로 상부상조하는 것처럼 보였던 프로이트와 융의 밀월 관계는 어느 날 종말을 맞게 된다. 두 사람의 관계를 끝장낸 것은 무의식에 대한 생각의 차이였다. 프로이트는 무의식의 세계는 모두 성적 욕구와 관계가 있다고 생각했다. 이에 반해 융은 그런 개인적인 수준을 넘어서서 인류 공통의 무의식이 존재한다고 바라보았다.

융은 그런 자신의 이론을 정리하여, 프로이트의 성욕 이론을 비판한 책 「리비도*의 변용과 상징」을 출판했다. 이 책은 말하자면 프로이트에 대한 융의 이혼장이 된 셈이다.

이렇게 프로이트와 융은 결별을 했다. 이 결별은 융에게 있어 실질적인 부모로부터의 독립이기도 했다. 하지만 융은 홧김에 부모로부터 독립을 하긴 했지만 어떻게 해야 할지 모르는 아이와 같은 불안감에 사로잡혔다. 그 불안을 피하기 위해 융은 마음 속 깊은 곳에 내재된 자신의 무의식에 집중했다. 그리하여 무의식과의 대화, 원형, 집합적 무의식에 이르는 융의 독자적인 이론이 완성된 것이다.

융과 프로이트를 비교할 때, 프로이트 파 사람들이 쓴 해몽에 관한 책은 모두 성에 관련된 내용으로 해석이 가능하다. 따라서 미팅이나 소개팅 등에서 가벼운 화제로 쓸 수 있다. 그 반면에 융의 책들은 어렵지만 다루는 주제는 "이런 게 학문이야?"라고 말하고 싶을 정도로 웃기는 내용이 많기 때문에, 황당한 책을 좋아하는 이에게 권할 만하다.

＊ 리비도

보통 말하는 성욕, 다시 말해 성기性器와 성기의 접합을 바라는 욕망과는 다른, 넓은 개념을 말한다. 프로이트는 리비도는 사춘기에 갑자기 드러나는 것이 아니라 태어나면서부터 서서히 발달한다고 보았다. 리비도는 계속 발달이 되는 것이 아니라 중지되기도 하며 완전히 발달했다가 거꾸로 되돌아 가는 경우도 있다고 보았으며 이상성욕(동성애 등)이나 신경증神經症이 이에 속한다고 했다.

대상에 주입注入되어 축적되는 리비도를 대상對象 리비도라고 하며 우정, 부자간의 정, 연애 같은 것이 이에 속한다. 그리고 자아自我에게 주입된 리비도를 자아 리비도 또는 나르시즘적 리비도라고 하는데 자기의 건강 상태를 이상스러울 정도로 걱정하는 상태, 말하자면 심기증心氣症 같은 것이 해당된다.

이제 당신은 프로이트 파인가? 아니면 융 파인가? 지금까지 조사된 바에 의하면, 뜨거운 녹차를 좋아하는 사람의 68퍼센트는 융 파라고 한다. 그렇다면 이제부터 당신은 뜨거운 녹차를 마실 것인가? 찬 녹차를 마실 것인가?

융과 프로이트의 결별 이유

융이 프로이트와 결별하게 된 이유는 크게 2가지라고 알려져 있다. 하나는 리비도에 대한 생각의 차이이고 또 하나는 해석의 장소와 관념의 차이다. 프로이트는 1914년에 쓴 『정신분석학운동의 역사』라는 에세이에서 이렇게 서술하고 있다.

"나에게 있어 중요한 것은 징후의 해석 가능성이 아니라, 병에 이르는 심리적 메커니즘이었다."

『리비도의 변용과 상징(1912)』라는 책 때문에 프로이트와 융은 완전히 결별하게 되었다. 이 결별은 융에게 있어서 아주 큰 부담으로 다가왔다. 이 시기 그러니까 1913년부터 1916년까지 융은 훗날 엘렌베르거라는 학자가 이름 붙인 "창조의 병"이라는 내적 위기에 직면하여 책조차 쓸 수 없을 정도였다고 한다. 정신적으로 불안정한 상태에 있었던 융은 무의식적으로 원을 그리는 자신을 발견했다. 원을 그리고 있으면 이상하게도 마음이 안정되었던 것이다. 이 원이 의미하는 것이 무엇일까, 고민을 하던 융은 동양의 만다라를 떠올렸다. 명상의 도구이기도 한 만다라와 마음의 안정을 가져다주는 원의 일치감, 여기서 융은 집합적 무의식의 존재를 본 것이다. 이렇듯 고통스러운 시기의 "무의식의 대결"을 토대로 그 나름의 분석심리학의 체계가 구축되었다. 결별 이후의 엄청난 고통을 극복하고 그것을 극복했을 때 그전보다 큰 열매를 얻을 수 있다는 사실을 몸소 보여 준 것이다.

그는 원형이 패턴이나 그 과정을 연구하기 위해 원시적인 종족을 방문하기도 했다. 1924년부터 1926년까지 뉴멕시코나 아리조나의 인디언, 케냐의 엘곤 산중의 주민 등과 함께 생활했다. 또한 그는 1900년경, 취리히 대학의 정신과 진료소에서 블로일러(Eugen Bleuler, 1857~1939)의 조수로 일했다. 이때 그는 연상 실험 결과 별견한 불안, 부적응 반응을 일으키는 영향을 가진 무의식의 개념을 "콤플렉스"라고 이름 붙였다.

31

휴대전화로 풀어 보는
들뢰즈와 가타리의

안티
오이디푸스

질 들뢰즈, 펠릭스 가타리
(1925~1995년), (1930~1992년)

프랑스의 철학자인 질 들뢰즈와 마찬가지로 프랑스의 정신의학자인 펠릭스 가타리는 공동 저작으로 『안티 오이디푸스(1972)』, 『천 개의 고원(1980)』, 『철학이란 무엇인가(1991)』 등을 남겼다. 그들은 전쟁 기계, 트리와 리좀rhizome, 기관 없는 몸, 다면다양체 등 많은 단어를 제시하면서, "지의 유목민"이라는 사상을 전개했다.

『안티 오이디푸스』의 공동 저자 들뢰즈와 가타리! 그런데 때로는 들뢰즈=가타리라고 쓰여 있어 동일 인물로 착각하는 경우가 있는데 이들은 콤비이다.

한때 세계적으로 "어려운 것은 훌륭하다, 훌륭한 것은 멋있다"라는 지적 유희를 즐기는 뉴 아카데미즘이 유행한 적이 있었다. 그 유행을 대표하는 키워드가 스키조와 파라노이다.

이 용어의 출전이 바로『안티 오이디푸스』이다. 이 사상을 휴대전화에 비유하여 알아 보자.

"안티 오이디푸스"란 무엇인가?

『안티 오이디푸스』는 질 들뢰즈와 펠릭스 가타리가 공동으로 집필한 대표적인 철학서 가운데 하나이다. 이 책은 1972년에 출판되자마자 프랑스의 젊은이들로부터 압도적인 지지를 받더니 철학서로는 이례적으로 베스트셀러가 되었다.

그런데 이 난해한 책인『안티 오이디푸스』가 어떻게 베스트셀러가 되었을까? 그 힌트는 그들의 지지자였던 철학자 푸코가 쓴 서문에서 찾아볼 수 있다.

"안티 오이디푸스는 프랑스에서 쓰인 첫 윤리학 책이다."

푸코가 말하는 윤리학 책이란 인간이 바르게 살아가기 위한 안내 책자를 말한다. 그때까지의 철학 책은 "인간은 이렇게 살아야 한다. 진리란 무엇이다"라고 일방적으로 지시하는 것들뿐이었다.

하지만 들뢰즈와 가타리는 답을 하나로 한정하지 않았다. 즉, 인간의 삶은 한 가지가 아니라고 하면서 지금까지 없었던 자유로운 사상을 전개했다. 그 때문에 젊은이들의 지지를 얻었던 것이다.

80년대의 스타 들뢰즈와 가타리

들뢰즈와 가타리! 그들의 사상을 지지한 것은 프랑스의 젊은이들뿐만이 아니었다. 80년대 초 일본의 경우, 파라노와 스키조라는 말이 철학 용어의 영역을 넘어 유행패션처럼 당시의 젊은이들 사이에서 퍼져 나갔다. 게다가 영화 "섹스, 거짓말, 그리고 비디오테이프", "트래픽", "에린 브로코비치", "오션스 일레븐" 등으로 알려진, 할리우드에서 가장 신뢰받고 있는 영화감독 스티븐 소더버그*도, 자금이 풍족하지 않았던 80년대에 들뢰즈와 가타리의 영향을 받아 "스키조 폴리스"라는 컬트영화를 찍은 바 있다(주연은 소더버그 본인).

이처럼 세계의 지식인과 예술가를 매료시킨 안티 오이디푸스에는 유행했던 파라노와 스키조 같은 것 외에도 매력적인 말들이 참 많이 등장한다. 욕망은 생산한다, 욕망하는 기계…… 등 용어뿐만 아니라 그 사상 자체가 아주 매력적인 것이었다.

---

* 스티븐 소더버그 (1963~)
미국 조지아주 애틀란타에서 태어나 13세부터 영화를 만들기 시작했다. 고등학교 졸업 후 할리우스에서 프리랜서로 활동하면서 영화를 편집하였고 영화 〈섹스, 거짓말, 그리고 비디오테이프〉는 자신이 직접 시나리오를 쓴 것이다.

욕망은 생산한다

『안티 오이디푸스』에 등장하는 중요한 명제는, "자본주의 사회란 무엇인가?"이다. 쉽게 말해 자본주의 사회란 보고 싶은 것, 듣고 싶은 것, 먹고 싶은 것 등 다양한 욕망에 응하도록 만들어진 사회라는 것이다. 예를 들면 멀리 있는 사람과 이야기하고 싶다는 욕망으로 인해 전화가 발명되었고, 더 쉽게 통화를 하고 싶다는 욕망이 핸드폰의 발명을 가져온 것이다.

들뢰즈와 가타리는 이와 같은 자본주의 사회의 구조를 다음과 같이 말하고 있다.

"욕망은 생산한다. 그것도 실존하는 물건을 생산한다."

무슨 소린지 잘 이해가 되지 않는다면 핸드폰에 비유하여 풀어 보자. 예를 들어 당신은 반년 전에 최신 핸드폰을 구입했다고 치자. 그런데 그 핸드폰을 충분히 사용할 수 있는데도 새로운 기능이 나오면 또 갖고 싶어져서 사고 만다. 바로 이것이 "욕망은 생산한다"는 의미이다.

사실 기업들은 사람들이 새롭게 원하는 기능을 추가함으로써 계속 새 기종을 생산하고 있다. 그런 무한의 욕망에 의하여 움직이는 사회를 들뢰즈와 가타리는 "욕망하는 기계"라고 이름 지었던 것이다.

욕망하는 기계

욕망하는 기계인 자본주의가 점점 진화하면 최종적으로 어떤 사회가 될까? 그것은 갖고 싶다고 생각하자마자 충족되는 사회이다. 이것 역시 이해가 잘 되지 않는다면 핸드폰으로 비유하여 보자. 어쩌면 이것은 이미 핸드폰이 아닐 수 있다. 이야기하고 싶다고 생각하는 순간, 상대방이 어디에 있든 간에 바로 이야기할 수 있는 텔레파시와 같은 상태가 되는 것이니까 말이다.

언뜻 보면 이러한 일련의 흐름은 이상적인 사회의 전형으로 보이지만 사실 인간의 끝없는 욕망을 충족시키는 완벽한 것은 없기 때문에 지루한 사회가 연출될 수 있다. 이것이야말로 자본주의의 죽음인 것이다.

그럼 어떻게 해야 할까? 그 실마리를 또 핸드폰에 비교해 보자. 언제 어느 때라도 멀리 있는 사람과 이야기하고 싶다는 욕망에서 만들어진 핸드폰은 요즘에 와서는 그 고르는 기준이 전혀 달라져 있다. 다루기 쉬운 것, 디자인이 멋진 것, 카메라 성능이 좋은 것뿐만 아니라 텔레비전도 당연히 볼 수 있는 것 등 원래의 목적을 따지면 통화 기능만 우수한 것을 고르면 되지만 지금은 그렇지가 않은 것이다. 전화 본래의 기능이 아닌 사진이나 동영상 등 다른 기능으로 고르는 사람들이 더 많아지고 있다. 사실 이것이야말로 자본주의 사회를 구원하는 비결이다.

전화가 멀리 있는 사람과 이야기하고 싶다는 욕망만 충족시키면 된다고 볼 때 그것은 바로 벽에 부딪히고 만다. 텔레파시가 가능할지 어떨지는 모르겠지만 말이다.

하지만 문자나 카메라와 같은 다른 욕망을 낳는다면 자본주의 사회의 발전에 새로운 길이 열리는 것이다. 핸드폰에 계속 다른 기능이 첨가되는 것은 자본주의 사회가 끝나는 것을 막기 위한 것이다.

이와 같이 새로운 욕망을 계속 만들어 내는 것, 말하자면 자본주의가 죽지 않도록 발전을 계속하는 사회, 그것이 들뢰즈와 가타리의 미래상인 것이다.

자본주의는 욕망의 사회이다. 우리는 매일 텔레비전을 보면서 저게 먹고 싶다거나 사고 싶어지고, 잡지를 보면 많은 것을 갖고 싶어진다. 그러면 이런 자본주의 사회 안에서 우리는 어떻게 살아가야 할까? 이 질문에 대답하기 전에 먼저 다음의 문제를 풀어 보자.

다음 4가지 중 다른 것은 무엇일까?
① 무 ② 당근 ③ 우엉 ④ 배추

답은 다 알다시피 ④ 배추이다. 그 이유는 나머지는 다 뿌리를 먹는 야채인데 배추만 잎을 먹기 때문이다.

하지만 자본주의 사회에서는 이렇게 끝이 나면 안 된다. 무슨 소리인지 모르겠다면 다음 내용을 읽어 보자.

자본주의 사회를 사는 법

"우리가 살고 있는 자본주의 사회는 욕망하는 기계이다."

이 관점에서 들뢰즈와 가타리는 인간에게는 두 가지 타입이 있다고 말한다. 그것이 파라노와 스키조이다. 여기서 파라노는 한 가지 일에 집착하는 사람을 말한다. 반면에 스키조는 한 가지 일에 집착하지 않고 자유롭게 살아가는 인간이다.

이를 핸드폰의 사용법으로 살펴보면 어디까지나 전화 본래의 기능인 통화 기능만 사용하는 것이 파라노이고, 핸드폰 사용법의 한계를 넘어 자유롭게 즐기는 유형은 스키조이다.

이러한 삶은 너무나도 극단적이다. 여기서 들뢰즈와 가타리가 내린 결론은, 노마드로서 사는 삶이었다.

노마드란 유목이라는 뜻이다. 스키조를 추구하면서도 지나치지 않게, 절대로 파라노가 되지 않는 것이 노마드이다.

핸드폰도 어디까지나 전화이므로 전화를 걸고 받는 것이라고 그렇게 단정 짓지 않는다. 때로는 카메라로 사용하고, 때로는 알람시계로 이용하고, 때로는 종이가 날라가지 않게 위에 올려놓기도 하고, 때로는 전화기로 사용하기도 한다.

파라노에게는 핸드폰이란 통화의 도구라는 한 가지 가치밖에 없지만, 노마드에겐 핸드폰에 다양한 가치를 부여한다. 즉, 노마드란 한 가지 사고 방식에 얽매이지 않는 유연한 삶의 방식을 뜻하는 것이다.

그럼 여기서 조금 전의 문제를 다시 풀어 보자.

다음 4가지 중에, 다른 것은 무엇일까?
① 무 ② 당근 ③ 우엉 ④ 배추

조금 전의 정답은 ④ 배추라고 했다. 왜냐하면 배추만 잎을 먹는 야채이고, 나머진 다 뿌리를 먹는 야채이기 때문이다. 하지만 이는 어디까지나 파라노적인 관점이다. 노마드적인 관점으로 이 문제를 풀어 보면 ①도 답이 될 수 있고, ②도 답이 될 수 있

다. ①이 답이 되는 이유는 나머지는 전부 다 두 글자이지만, 무만 한 글자이기 때문이다. 또 ②가 답이 되는 이유는 당근만 두 글자에 다 받침이 들어갔기 때문이다.

이처럼 들뢰즈와 가타리는, 노마드가 가진 유연함이야말로, 자본주의 사회를 살아가는 비결이라고 말하고 있다.

들뢰즈와 가타리

들뢰즈는 대학에서 철학사를 전공한 철학자이고, 가타리는 의과대학을 나와 실험적인 정신분석을 하던 정신의학자였다. 들뢰즈는 니체와 스피노자, 베르그송 등의 철학자들을 좋아한 니체주의자였다면, 가타리는 고등학교 시절부터 학생운동을 한 마르크스주의자였다. 이들 두 사람이 만난 것은 1968년 러시아 혁명을 전후해서였다. 그 시기는 1960년대를 풍미하던 구조주의*의 물결이 퇴조하면서 포스트구조주의(post-structuralism)** 정신분석학이 각광받던 시기였다.

들뢰즈는 구조주의를 통해 언어학과는 다른 방식으로지만 '의미의 논리'에 대해 천착하게 되었고 반면 정신의학자 가타리는 정신분석학의 한계와 난점에 대해 먼저 주목했는데, 구조주의적 관념에서 자유로웠다. 이

---

* **구조주의**
어떤 사물의 의미는 개별로서가 아니라 전체 체계 안에서 다른 사물들과의 관계에 따라 규정된다는 인식을 전제로 하여, 개인의 행위나 인식 등을 궁극적으로 규정하는 총체적인 구조와 체계에 대한 탐구를 지향한 현대 철학 사상의 한 경향이다.

** **포스트 구조주의**
프랑스에서 일어난 철학운동으로, 구조주의 안에서 나온 사상이 아니라 구조주의라는 과학이 제기하는 철학적 속내를 철저히 하려는 것이다. 인간 자체를 중시한 나머지 관계라는 것을 경시한 실존주의에 대한 비판에서 등장한 것이며, 인간경시人間輕視에 대한 반작용으로 나타난 것이다. 그러므로 구조주의에서는 무시되었던 종교와 역사의 역할을 중요시한다.

런 두 사람이 콤비가 되어 위대한 공동저자가 탄생하게 된 것이다.

콤비가 한 권의 책을 쓰는 경우에도 그 쓰는 법은 여러 가지이다.

예를 들면, 『Y의 비극』으로 유명한 엘러리 퀸(사촌형제인 프레데릭 다네이 Frederick Dannay와 맨프래드 리Manifred Lee의 공동 필명)의 경우, 추리나 힌트 등의 큰 요소는 다네이가 정하고, 그 다음에 리가 사건에 살을 붙였다고 한다.

또 『사실은 무서운 그림 동화』를 쓴 기류 미사오(우에다 카요코와 츠츠미 사치코의 공동 필명)의 경우, 자료의 해독이나 정리는 둘이 함께 했지만 집필은 우에다가 담당했다고 한다.

그러면 들뢰즈와 가타리의 경우는 어떠했을까?

이 두 사람은 1969년 여름에 만났는데 한눈에 반했다고 한다. 당시 가타리의 사상에 깊이 감동한 들뢰즈는 가타리에게 책을 써서 출판할 것을 권했고 가타리는 함께 작업을 하자고 제안했다. 그리하여 들뢰즈와 가타리라는 명콤비가 탄생한 것이다.

두 사람의 작업은 일단 편지로 문제점을 제시하고 만났을 때 서로 준비한 자신의 생각을 말한 다음, 그것에 대해 숙고를 했다. 그래도 다소 분담은 정해져 있어서 두 사람의 역할에 대해 가타리는 이렇게 말하고 있다.

"군사적으로 비교하자면 들뢰즈가 지휘하는 입장이고 내가 공격대를 맡았다."

이처럼 기본적인 아이디어를 제공하는 것이 가타리였고, 그것을 정리하는 것은 들뢰즈가 맡았다. 하지만 가타리의 사고방식은 특이해서, 한 가지 아이디어를 제공하고는 바로 다음 아이디어에 몰두했다. 때로는 들뢰즈가 가타리의 아이디어를 이해하는 데만 반년 이상 걸린 적이 있다고 한다. 그리고 한 가지 아이디어를 몇 년씩이나 오해하면서 계속 작업한 적도 많았다고 한다. 즉, 둘이 의견을 일치시키면서 쓴 것이 아니라 일부러 둘 사이에 의견의 차이를 만들면서 한 권의 책을 쓴 것이다.

의견의 차이가 있었기 때문에 노마드 즉, 한 가지 일에 얽매이지 않는 자유로운 삶이라는 사상이 태어났던 것이다. 이것이야말로 들뢰즈와 가타리가 콤비를 결성한 성과라 할 수 있을 것이다.

들뢰즈와 가타리가 선보인 노마드적인 삶의 방식. 이는 결코 사회로부터 달아나는 것이 아니다. 한 가지 사고나 욕망에 얽매이지 않고 시야를 넓게 가지고 자유롭게 사는 것을 의미한다.

deep knowledge

깊은 지식 코너

가타리는 번개,
들뢰즈는 피뢰침

사실은, 『자본주의와 분열증』이라는 제목의 제1부가 "안티 오이디푸스"이고, 제2부가 "천 개의 고원"이다.

명콤비를 이루었던 두 사람의 관계에 대해 들뢰즈는 이렇게 말했다.

"가타리는 그야말로 번개이고, 나는 피뢰침이다. 나는 번개를 대지에 던져 넣는다."

계속 참신한 아이디어를 쏟아 낸 가타리, 그리고 그 아이디어를 정리한 들뢰즈. 자석의 양극과 같이 서로 매료당했던 두 사람! 이들의 만남은 가히 운명적이라 할 수 있을 것이다.

그런데 들뢰즈는 1995년 11월 4일, 파리의 자기 집에서 투신자살했다.

들뢰즈는 교수직을 퇴임한 후 줄곧 좌파를 옹호하며 집필과 방송활동을 했다. 그는 구조주의 등 1960년대의 서구 근대 이성의 재검토라는 사조 속에서 스토아학파 - 스피노자 - 라이프니치 - 니체 - 베르그송 등의 비주류에 근거하여 기존 개념들과 기성 가치들을 재검토하고 비판하고자 했다.

그는 또한 욕망은 곧 실재이며, 살아 있는 모든 것들은 자신의 힘을 모두 발휘하고 싶어 하고, 결여가 아닌 생산의 과정으로 바라보았다. 다시 말해 욕망을 반사회적이고 부정적으로 생각하게 만드는 오이디프스적인 억압을 깨어 버리라는 것이다. 즉, 니체가 권력에의 의지라고 표현한 것처럼 생애의 힘을 행하라고 말하는 것이다.

32

전골요리로 해독한 조이스의
율리시스

제임스 조이스
(1882~1941년)
아일랜드의 작가이다. 의식의 흐름에 의한 심리 수법이나 내적 독백에 의한 내면 묘사 등 실험적인 언어를 사용한 그의 독창적인 작품들은, 19세기 당시의 소설 개념을 파괴하고, 20세기 문학에 결정적인 영향을 끼쳤다. 저서로는 단편집 『더블린 사람들(1914)』, 『젊은 예술가의 초상(1916)』, 『피네강스 웨이크(1939)』 등이 있다.

20세기가 끝날 무렵에 세계의 석학들이 모여 20세기 문학을 진단하는 기획 모임을 종종 가졌다. 여러 문학 작품 중에서, 그들이 일관되게 베스트로 꼽은 작품은 바로 조이스의 『율리시스』였다. 이 책은 화려한 수사 표현이 집대성되어 있는 걸작품이라고 할 수 있다. 그러므로 여기서는 여러 재료를 한 냄비로 맛보는 전골요리에 빗대어 풀어 보자.

"율리시스"는?

아일랜드가 낳은 위대한 소설가 제임스 조이스의 대표작 『율리시스』. 사람들은 이 책을 20세기를 대표하는 양대 소설 중 하나라고 평가하곤 한다.

그러면 양대 소설 중 다른 하나는 무엇일까? 그것은 프루스트의 『잃어버린 시간을 찾아서(본서 19장 참조)』이다.

이 두 권은 문학계의 2대 거두라 할 수 있는 명작이다.

그러면 이렇게 높은 평가를 받고 있는 『율리시스』는 도대체 어떤 소설일까? 그 해답은 조이스의 다음과 같은 말에 잘 나타나 있다.

"나는 아주 많은 수의 수수께끼들을 이 작품에 넣어 두었다. 이후 수백 년 동안, 이 책은 대학 교수들에게 논란의 대상이 될 것이다."

한마디로 말해 『율리시스』는 수수께끼로 가득 찬 책이다.

예를 들어 작품 속에 나왔다 말았다 하는 맥킨토시 코트를 입은 남자, 이 수수께끼의 인물을 둘러싸고 그의 정체는 무엇인지, 몇 번 등장하는지에 대해 학자들은 "원리를 찾아라"와 같이 토론을 계속하고 있다. 게다가 『율리시스』의 수수께끼를 풀기 위하여, 전 세계적으로 조이스 협회나 조이스 사전들이 만들어지고, 국제회의까지 개최되고 있는 실정이다.

『율리시스』는 또한 아주 과격한 소설이기도 하다. 이 소설이 출간된 1920년대에는 아직 성적인 화제는 사회적으로 금기 대상이었다. 하지만 조이스는 그 금기에 과감하게 도전했다. 결과적으로 출판을 둘러싸고 재판 문제로까지 발전했고, 출판 금지 처분을 내리는 나라가 속출했다. 당시 우리나라에서 발간된 번역본만 해도 과격한 내용은 삭제된 채로 출간되었다.

이처럼 『율리시스』는 수수께끼로 가득 찬 쇼킹한 문제작이다. 쉽게 말해서 문학계에 갑자기 나타난 거대한 미스터리 서클* 같은 것이다. 『율리시스』는 이처럼 세계를 떠들썩하게 만든 충격적인 작품이었던 것이다.

2001년 12월, 『율리시스』의 원고 중 28장이 뉴욕의 크리스티에서 경매되었는데, 그 낙찰 가격은 놀랍게도 1억 7000만 원이나 되었다.

그런데 이처럼 지금도 화제를 제공하고 있는 이 작품의 그 줄거리는 의외로 아주 단순하다.

『율리시스』의 줄거리

『율리시스』는 어떻게 탄생했는가? 그 과정은 전골요리와 아주 비슷하다.

여러 재료들을 육수에 끓여 먹는 전골요리는 다양한 재료만큼이나 다양하고 훌

---

* **미스터리 서클** (Mystery Circle)
크롭 서클(Crop Circle)이라고도 부르는데 곡물이 일정한 방향으로 눕혀져 전체적으로 보면 어떤 무늬가 만들어지는 현상을 말한다. 대개 밀이나 옥수수밭에서 발견되며 귀리, 보리밭 등의 평지에서도 발견된다. 영국, 네덜란드, 미국, 호주 등 전 세계에서 이런 현상이 일어나고 있다.

류한 맛으로 많은 사랑을 받고 있다.

『율리시스』도 이와 마찬가지다.

1920년대의 유럽에서는, 과거 작품의 설정이나 문장을 빌려 소설을 쓰는 것은 표절이라고 인식되고 있었다. 여기에 조이스가 도전을 한 것이다. 그는 고대 그리스의 유명한 대서사시 『오디세이아』의 설정을 빌려, 다양한 소설의 문체를 모방하여 획기적인 소설을 탄생시켰다. 『율리시스』는 바로 모방 소설인 것이다. 게다가 그 줄거리는 중년 남자인 블룸과 그의 아내 몰리, 그리고 문학청년인 스티븐, 이 세 사람의 평범한 일상을 적은 것이었다.

이처럼 단순한 소설이, 그것도 모방에 불과한 소설이 왜 혁명적이고 획기적이라는 평가를 얻게 되었을까? 그것은 30종류 이상의 참신한 소설 기법이 사용되었기 때문이다.

그러면 그 소설 기법의 일부를 빌려서 간단하게 줄거리를 소개하도록 하겠다.

1~6장. 자연주의적 문체

1904년 6월 16일, 장소는 아일랜드의 수도 더블린. 광고회사에 다니는 레오폴드 블룸은 아침 식사를 한 후 화장실에 갔다가 집을 나선다. 그리고 아내 몰리의 외도를 걱정하면서 친구의 장례식에 참석한다.

7장. 신문기사 기법

정오경, 블룸 씨(38)는, 광고 계약을 위하여 신문사를 방문했다. 오후 1시경, 블룸 씨는 도서관으로 향했다.

11장. 음악적 기법

블룸 씨는 편지를 쓰네~. 펜팔 하는 아가씨에게 쓰네~.

12장. 불량한 문체

그리고는 블룸 자식은 술집에서 시비 걸려 싸우고 말았지. 그놈은 그래도 간신히 토꼈어.

13장. 소녀체

그 후, 내 왕자님인 블룸 씨는, 해변에서 내 속옷을 보고 흥분하고 말았어. 그때 정말 꿈처럼 아름다운 불꽃이 터졌지 뭐야.

14장. 고전 패러디

하오나 밤이 올 적에는 블룸은 병원에 있었으니, 그곳에서 스티븐을 만나 한때를 보냈노라.

15장. 환상 연극형

아, 블룸과 스티븐이여! 그들은 환각과 귀신으로 가득 찬 매음굴로 향했던 것이다.

17장. 교리문답형

그 후 이 둘은 무엇을 했을까? 정답은 둘이서 사이좋게 오줌을 누러 갔다.

18장. 내적 독백 기법

난 블룸의 아내 몰리. 오늘은 바람을 피우고 왔어. 그것 말고는 계속 자다가 깼더니 그가 돌아와서 일어났어. 여러 가지로 생각해 봤지만, 역시 그가 좋은 것 같아.

"율리시스"는 이것으로 끝.

이와 같이 『율리시스』는 온갖 시험적인 기법을 구사하여 완성된 최고의 잡탕 전골요리와 같은 것이다. 누구나 보낼 만한 평범한 하루를 묘사한 소설이 세계 최고라 칭송받다니 정말 대단한 일이다. 종이비행기를 날려서 공중 체류시간 18.10초라는 세계기록을 수립하는 것처럼 말이다.

그러면 여기서 『율리시스』의 위대함을 조금 더 자세히 살펴보도록 하자.

조이스의 소설 기법

다양한 기법을 구사한 조이스. 그중에서도 가장 훌륭하다는 평을 듣고 있는 세 가지, 기법의식의 흐름, 조이스어, 에피파니를 소개한다.

1. 의식의 흐름

의식의 흐름이란 말로 표현되지 않은 사고까지 문장으로 나타내는 기법이다. 좀 어려우니 전골을 가지고 예를 들어보자.

전골 파티에 A양이 참석했다고 치자. 이때 A양이 실제로 한 말은, "이거 정말 맛있네!"라는 한마디였다. 하지만 그때 A양의 머릿속에서는 이런 생각이 펼쳐지고 있었다.

'오늘의 전골 파티, 정말 좋은 남자 없네. 아, 빨래 돌려 놓고 그냥 왔다. 어떡하지? 뭐 할 수 없지 뭐. 내일은 세일 가서 새 코트 사고 싶은데……. 이거 맛있네! 하지만 너무 많이 먹으면 살찔 거야.'

의식의 흐름이란, 이런 것까지 써야 되나 싶을 정도로 적나라하게 마음을 묘사하는 기법이다.

"율리시스" 안에는 이런 묘사가 있다.

"저 하얀 스타킹 신은 여자, 다리 정말 굵네. 비라도 와서 엉망이 되면 좋으련만. 완전 촌뜨기 티내고 있고……. 저러면 여자들이란 아무래도 무다리가 돼. 몰리의 다리도 예쁘지 않고."

정말 적나라하지 않는가?

2. 조이스어

『율리시스』 1권에는 셰익스피어의 모든 작품을 다 합친 것보다도 많은 3만 종류의 단어가 나온다. 이 중에서도 조이스가 만들어 낸 독특한 언어들 그것이 조이스어이다.

요즘 우리나라 식으로 말하면 얼짱이니 완소니 훈남이니 하는 말처럼 단어를 줄여서 새로운 언어를 만들기도 하고, 또 전혀 새로운 뜻을 가진 신조어를 만든 것이다.

즉, 조이스어란 여러 개의 단어를 섞고, 약간의 뉘앙스를 더한 언어를 뜻한다. 예를 들면 무르클그냐오Mrkrgnao가 바로 그것이다. 이것은 우유를 조르는 고양이의 울음소리를 나타낸 말로 우유milk + 고양이 울음소리miaow를 합성한 것이다.

이런 언어를 만들어 내는 조이스야말로, 언어의 마술사라 할 수 있을 것이다.

3. 에피파니Epiphany

에피파니란 평범한 것을 고상한 것으로 바꾸는 기법이다.

예를 들자면 A양과 남자친구가 찌개를 먹고 있다고 하자. 이 일은 평범한 일상생활에 지나지 않는다. 하지만 여기서 그가 이런 말을 한다면 상황은 달라진다.

"평생 너와 함께 찌개를 먹고 싶어."

이 순간 찌개는 "결혼"이라는 인륜지대사를 상징하는 사건의 상징이 된다. 이 행복의 순간을 에피파니라고 한다.

실제로 『율리시스』에서는 에피파니가 이렇게 쓰이고 있다.

아까 나왔던, 블룸과 스티브가 오줌을 누는 장면에서,

"하늘의 직녀성에서부터 별들을 넘어 십이궁의 사자자리 저편으로 천공을 가로지르며 빠른 속도로 돌진하는 한 개의 별!"

이렇게 써 놓으면 노상방뇨가 뭔가 고상한 것처럼 보일 것이다. 이처럼 조이스는 『율리시스』를 그리스 신화에 빗댈 만한 이야기로까지 승화시켰다.

소설에 혁명을 가져온 『율리시스』. 그런데 이 소설은 1904년 6월 16일이라는 평범한 하루를 묘사하고 있다. 그러고 보면 조이스는 왜 이 날을 소설의 무대로 삼았던 것일까? 사실 이 날은 조이스에게 있어서 특별한 날이었던 것이다.

1904년 6월 16일

까다로운 문학청년이었던 조이스는 문학적으로 인정받지 못하고 고뇌하는 젊은 시절을 보냈다. 그러던 어느 날, 조이스는 한 여성과 운명적으로 만난다. 그녀의 이름은 노라. 길을 걷던 노라에게 한눈에 반한 조이스. 조이스의 적극적인 태도에 노라는 조금씩 마음을 열게 된다. 결국 만난 지 6일째 되는 날, 두 사람은 데이트를 하게 되었다.

바로 이날이 1904년 6월 16일, 『율리시스』의 무대가 된 날이었던 것이다. 그 후 조이스는 자신을 인정하지 않는 조국 아일랜드를 떠나, 노라와 함께 유럽으로 망명했다. 각지를 떠도는 힘든 생활 속에서 소박하고 활달한 노라만이 조이스의 희망이었다. 그러던 어느 날, 조이스는 친구로부터 충격적인 고백을 듣는다.

"나, 옛날에 노라와 사귀었었어."

사실 이 말은 친구의 거짓말이었지만 진실이라고 착각한 조이스는 노라를 의심하게 되었다. 이와 동시에 조이스는 조국 아일랜드에 대해 복잡한 심정을 가지게 되었다. 왜냐하면 그곳은 노라를 만난 곳임과 동시에 노라를 의심하게 된 곳이기 때문이었다. 그때 조이스의 머리에는 새로운 소설의 플롯이 떠올랐다.

"바람피우는 아내를 둔 중년 남자 블룸의 이야기. 무대는 아일랜드의 수도 더블린. 날짜는 노라와 데이트한 1904년 6월 16일."

『율리시스』는 조이스 자신의 노라와 조국 아일랜드에 대한 애증이 낳은 소설이다.

새로운 말을 잇달아 만들어 낸 조이스. 실례로 "셜록 홈즈하다"는 말은 조이스어로는 "추리하다"는 뜻이다. 그럼 "쉽게 설명하다"를 조이스 식으로 얘기한다면 어떻게 될까? 아마 " "가 될 것이다.

블룸의 날

조이스의 아버지는 테너 가수였고, 어머니는 피아니스트로 유명했다. 아들인 조이스도 그 재능을 이어받아 콩쿠르에 출전하기도 하고, 아일랜드의 유명 테너 가수인 존 매커맥과 겨루었다는 일화도 남아 있다.

조이스는 아일랜드에서 최초로 영화관 사업을 시작하기도 했다. 조이스의 지인이기도 했던 영화감독 에이젠슈타인은 「율리시스」를 영화화하려고 했다.

「율리시스」는 주인공 블룸과 아내 몰리, 그리고 문학청년 스티븐의 하루를 그린 소설이다. 이 스티븐이란 인물은, 1916년에 쓰인 조이스의 자전적 소설 「젊은 예술가의 초상」의 주인공 스티븐 디덜러스이다.

호메로스의 서사시 「오디세이아」에 등장하는 주인공 오디세우스(그리스어)의 영어 이름이 바로 「율리시스」이다.

「율리시스」의 무대가 된 6월 16일은 주인공의 이름을 따 "블룸의 날"로 불린다.

이날에는 매년 세계 각국의 조이스 애호가가 더블린에 모여들어, 「율리시스」에 등장하는 바와 같이 호텔에서 축제를 벌인다.

2004년 6월 16일은 율리시스의 배경이 된 날부터 100년째 되는 날이었던지라, 성대한 기념행사가 치러졌다. 아내와 처음 데이트한 날을 100년이나 축하받다니, 조이스는 정말 행복한 사람이다.

마키아벨리 「만드라골라」 (81p)

　모두 5막으로 되어 있는 희극으로 군주론에 가려서 거의 빛을 보지 못하다가 근세기에 들어서 비로소 걸작으로 평가받기 시작했다. 전통적인 관점에서 18세기의 카를로 골도니가 이탈리아 최고의 희극 작가로 인정되고 있긴 하지만, 머콜리 등의 비평가들은 만드라골라가 골도니의 희극보다 더 뛰어나다고 평가하기도 한다. 늙은 법률가의 정숙한 아내를 사랑하게 된 젊은이 만드라골라가 사랑을 얻는 과정을 그린 내용으로 애정 이야기보다는 잘못된 현실을 비판하는 마키아벨리의 메시지가 인상적인 희극이다. 군주론에서 보여 주었던 인간에 대한 비관적인 관점을 더욱 구체적으로 보여 주고 있는 작품이다.

키르케고르 「불안의 개념」 (185p)

　인간의 내면에 자리 잡고 있는 불안 심리를 파헤친 최초의 저작으로 카르케고르가 1844년에 펴낸 책이다. 우울증 환자였던 아버지의 성격을 그대로 이어받아 평생 불안에 시달리는 삶을 살았던 그는 27살 때 레기네 오르센을 만나 약혼했으나 지나친 불안과 우울증 탓으로 결혼에 이르지 못하게 된다. 그는 "인간이 신이나 초월자에 의지하는 것도 결국 불안에서 벗어나기 위한 것"이라며 "인간이 불안에서 완전하게 벗어날 수 있는 유일한 길은 죽음 밖에 없다"고 강조한다. 또한 모든 인간은 아담에게서 죄성罪性을 물려받았다는 전통적인 교리에 대해서도 반기를 들고 있는데, 인간은 불안의 탈출구를 찾지 못할 때 죄를 범하게 된다고 주장하고 있다.

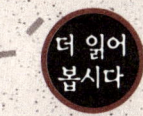

괴테 「젊은 베르테르의 슬픔」 (205p)

괴테 본인이 1774년 비련悲戀을 겪고 나서 쓰게 된 작품으로 이 소설로 일약 문단에 이름을 떨치면서 독일적 개성해방個性解放 문학운동인 '슈투름 운트 드랑(Sturm und Drang:질풍노도)'의 중심인물로서 활발한 창작활동을 시작하였다. 작품에서 운명과도 같은 여인 로테를 만나게 되는 베르테르는 이미 약혼자가 있는 그녀와 슬픈 사랑을 시작하게 된다. 결국 베르테르는 자살에 이르는데 1774년 이 소설이 출간되자마자, 젊은 독자층은 감동의 소용돌이 속에 빠진다. 실연당한 남자들이 베르테르처럼 자살하는 일도 생겼고, 젊은 남자들은 베르테르처럼 노랑 조끼에 파랑색 상의를 입었으며, 여자들은 로테처럼 사랑받기를 원했다. 이 작품은 괴테가 불과 14주만에 완성한 작품이다.

도스토예프스키 「백치白痴」(215p)

도스토예프스키가 두 번째 여행 기간(1867~1871) 동안에 쓴 것으로 1867년 봄 페테르부르크(지금의 상트페테르부르크)를 떠나면서 러시아 통보 지로부터 선불금을 받은 상태에서 집필이 시작되었다. "백치"라고 할 만큼 무구한 순수성을 지닌 주인공 미슈킨 공작이 요양지인 스위스의 병원에서 페테르부르크로 돌아와, 욕망의 화신인 상인 로고진, 에판친 장군 집안의 도도한 딸 아그라야, 소설의 여주인공이며 불행하면서도 오만하고 비극적 아름다움을 갖고 있는 나스타샤와 인간 정열 드라마를 펼쳐낸다. 이 작품은 도스토예프스키의 5대 장편 가운데 하나로 서정적이라는 평을 받고 있다.

카프카 「심판」 (237p)

실존주의 문학의 선구자로 특히 프랑스에서 높은 평가를 받았다. 본인은 이 작품을 실패작이라고 생각했지만 카프카를 전 세계적으로 알리게 된 계기가 된 작품이다. 주인공 피고인 요제프 K는 아무런 이유도 없이 어느 날 아침 체포를 당한다. 이해할 수 없는 상황에 처해 어떤 도움도 받지 못하고 부조리에 대항하는 외로운 투쟁, 최후의 발판조차 빼앗겨 설 자리와 자신의 지향점을 상실한 고독한 존재인 인간의 절규로, 카프카의 자전적 고백을 다루고 있다. 현대인의 불안과 방황을 예견한 천재적인 작가의 세기말에 대한 투시력이 돋보이는 소설로 「심판」은 그의 대표작 「성」과 「변신」과 3대 작품으로 불릴 정도로 뛰어난 구성력을 지니고 있다.

제임스 조이스 「젊은 예술가의 초상」 (381p)

20세기 모더니즘 문학을 이끈 작가의 자전적 교양 소설이다. 유년기에서 청년기에 이르는 스티븐 디덜러스라는 한 젊은 예술가의 유년기에서 청년기에 이르는 과정을 그리고 있는데 정치적·종교적·지적 편력과 가정, 종교, 국가를 초탈한 그가 예술가로서의 포부를 실현하기 위해 결국에는 자기 유배의 길을 떠나는 성장 과정을 묘사하고 있다. 이 작품은 실험적인 기법의 사용, 감각적 현실 파악 방식으로 인해 서구 모더니즘 사상을 대변하고 현대 소설의 형식적 전통을 선도한 작품으로 평가되어 왔다. 특히 이 소설에서 주목을 끄는 것은 이른바 의식의 흐름이라는 기법이 시도되고 있는 점이다.